Philippa Merivale • Die Aura-Soma-Farbtherapie

Philippa Merivale

Die Aura-Soma-Farbtherapie

Das Handbuch zur Kunst
der Farbheilung

Aquamarin Verlag

Titel der Originalausgabe:
Healing with Colour
An experience of Aura-Soma
© Element Books, Shaftesburg, England
Philippa Merivale
1. Auflage 1999
© der deutschen Ausgabe
Aquamarin Verlag • Mühlenstr. 43 • D-85567 Grafing
Übersetzung: Dr. Edith Zorn
Titelphoto: Ralf Blechschmidt
Umschlaggestaltung: Annette Wagner
Druck: Ebner Ulm
ISBN 3-89427-116-7

Inhalt

Danksagung

Mein tiefster Dank gilt den vielen Menschen, die mir während einiger schwieriger Jahre ihre Hilfe und Unterstützung in mannigfacher Weise schenkten. Obwohl nur einige der Freunde, Kollegen und Familienmitglieder namentlich genannt werden können, hoffe ich, daß sie alle um meinen Dank wissen.

Ganz besonders möchte ich meiner Kusine Prof. Patricia Merivale und meinen beiden Schwestern Ann Merivale und Alexandra Van Duivenbode für ihre Langmut sowie meinen Freunden Polly Willmington, Erik Pelham, William Grey-Campbell, Kathleen Colhoun und Lizzie Webster danken. Claudia Booth erwähne ich im Buch selbst, aber ihre tiefe, unermüdliche Liebe und Unterstützung lassen sich mit Worten nicht umschreiben. Das Gleiche gilt für Aaron Booth. Beiden danke ich herzlichst. Mein Dank geht auch an Judy Marshall, deren Initiative in einer Krisensituation bereits mit der Verleihung einer Medaille Anerkennung fand.

Größten Dank schulde ich Ew. James Mackey für seine spezielle Unterstützung bei der Abfassung dieses Buches. Er stellte mir nicht nur sein Haus für unbegrenzte Zeit zur Verfügung, sondern gewährte mir zudem seine rasche und scharfsinnige Kritik bei der Herausgabe des Buches sowie bedingungslose Ermutigung. Edwyn Courtenay ließ mich an seinen tiefen Einblicken teilhaben, als ich begann, mich mit Farben zu beschäftigen. Einige davon sind im Text paraphrasiert enthalten. Edwyn malte auch die Originalbilder der Auren von Magdalen, aus denen der Künstler die in diesem Buch enthaltenen Abbildungen schuf. Susan Lascelles, meine Lektorin bei Element, gewährte mir unschätzbare Führung und Hilfe, mich auf mein Vorhaben zu konzentrieren.

Mein Dank gilt auch Michela Ducco, deren Illustrationen den Text bildlich unterstützen.

Meinen Studenten und Klienten, die mich vieles gelehrt haben, bin ich sehr dankbar. Jede Beratung und jeder Workshop gestaltet sich für mich und hoffentlich auch für sie als ein Geschenk und eine Lernerfahrung.

Ganz besonderen Dank möchte ich meinen drei Kindern Nicola, Stephen und Magdalen für das, was sie mitgemacht und mich gelehrt haben, aussprechen. Und schließlich danke ich Mike Booth, meinem Lehrer, Mentor, Arzt und Freund, ohne den ich dieses Buch nie geschrieben hätte und dem ich es widme.

Anmerkung in Bezug auf die Fälle

Allen Personen der jeweiligen Fallstudien wurden englische Namen gegeben, obwohl es sich um eine Sammlung von Studien verschiedener Nationalitäten handelt. Um die Anonymität zu wahren, sind Einzelheiten abgeändert worden. Der Kern einer jeden Geschichte bleibt jedoch erhalten, um das Wesen der Farbe, die ich beschreibe, zu illustrieren.

Vorwort

Dem Inhalt des Buches werden sie entnehmen können, daß ich Philippa gut kenne. Es war mir vergönnt, nicht nur ihre Entwicklung bezüglich Aura-Soma beobachten zu dürfen, sondern auch ihre Präsentationen, die ihrem eigenen Innern entsprangen.

Es bereitet mir große Freude, ihr Buch mit einem kurzen Vorwort einzuleiten. Der Inhalt fügt sich sehr gut in das Informationsfeld über Aura-Soma, und ich hoffe, daß Philippa viele Menschen mit ihren Worten berührt. Sie besitzt die Gabe der Kommunikation, die nicht dem Intellekt, sondern dem Herzen entspringt, was sich in ihrem Buch niederschlägt. Doch sie beginnt erst, das ihr Gegebene der Welt mitzuteilen.

Philippa lehrt Aura-Soma in verschiedenen Teilen der Welt. Ihre dadurch gewonnene Erfahrung und Kenntnis vermittelten ihr Perspektiven, die meiner Ansicht nach nicht nur dem allgemeinen Leser und Anfänger in diesem Bereich von Nutzen sein werden, sondern auch jenen, die bereits tiefer in die Materie eingedrungen sind und selbst als Berater wirken. Die in dieser Arbeit gegebene Information ist zwar unmittelbar zugänglich, bietet aber zugleich Raum für weitere Betrachtungen.

Als Direktor der internationalen Aura-Soma Akademie für Farbtherapie, deren Hauptsitz sich hier in Tedford befindet und weitere Niederlassungen in Texas (USA) sowie in Coff's Harbour (Australien) besitzt, kann ich dieses Buch ohne Zögern den Aura-Soma Praktizierenden auf der ganzen Welt als sehr hilfreich empfehlen.

Philippa hat wesentlich dazu beigetragen, das Wissen über Aura-Soma weiterzutragen, insbesondere in Japan und Rußland, wo sie auch weiterhin die Menschen inspiriert und lehrt, die Farbe als Bewußtsein zu begreifen. Jeder, der sich für Farbe und Aura-Soma als Therapiesystem oder aber für Licht im Hinblick auf die Zukunft der Menschheit und des Planeten interessiert, wird von diesem Buch profitieren. Aura-Soma spielt durchaus eine Rolle in der heutigen Bewußtseinsentwicklung. Philippas

Worte und das, was sie zu geben hat, werden sicherlich manchen Leser inspirieren, sich intensiver mit dem Gefüge von Farbe und Licht auseinanderzusetzen.

Philippa, ich danke dir für die Gelegenheit, an deinem Werdegang teilnehmen zu dürfen und für die Kenntnisse, die du mir vermittelt hast.

Mike Booth
(Direktor der internationalen
Aura-Soma Akademie für Farbtherapie)

Einführung

Wenn Sie, lieber Leser, dieses Buch in die Hand nehmen, dann lade ich Sie zu einer Entdeckungsreise ein, die vor wenigen Jahren ihren Anfang nahm. Sie führte mich durch eine Reihe von bizarren und zermürbenden Ereignissen, bis sich mir schließlich erstaunliche und farbenprächtige Gefilde eröffneten. Es war zwar eine mühsame, spannungsreiche Zeit, die quälende Schmerzen mit sich brachte, doch letztlich auch eine offenbarende und Freude bringende Erfahrung.

Das vorliegende Buch, in dem es hauptsächlich um Farbe geht, erzählt von dieser Reise, die in einem Labyrinth der Dunkelheit, Verwirrung und Verzweiflung begann und in eine völlig neue Welt von Farbe und Licht führte.

Seit vielen Jahren habe ich die Farbtherapie gelehrt und praktisch angewendet. Die folgenden Seiten besitzen jedoch nicht Lehrbuchcharakter. Meine Arbeit daran hat mir unter anderem eher gezeigt, wie wenig ich tatsächlich über das geheimnisvolle Wirken des Universums im Einzelnen wissen kann. Abgesehen von wenigen außergewöhnlichen Wesen, denen die seltenste aller Gaben verliehen ist, gilt das wohl für die meisten von uns. Ich versuche lediglich, meine Erfahrung wiederzugeben und auf diese Weise einen winzigen Einblick in das zu bieten, was ich im Grunde als Erleuchtung empfand. Die häufig eingestreuten theoretischen Überlegungen sind unvermeidbar, da sich Farbe und Licht äußerst aufregend enthüllen. Bisweilen ist es schwierig, der Versuchung zu widerstehen, andere an seiner Passion teilhaben zu lassen und zu erläutern, woran man glaubt und was man erfahren hat. Es läßt sich mit dem Verlangen vergleichen, über neue Entdeckungen auf musikalischem Gebiet oder einen guten Film zu reden.

Bei diesem Buch handelt es sich eigentlich um die Erörterung der Frage, warum sich Licht- und Farbenergien auf unser Wohlbefinden und unser Verstehen in solch bemerkenswerter Weise auswirken. Es lädt Sie ein, durch Wort und Bild die Farbenergien neu wahrzunehmen, was zur weiteren persönlichen Suche führen mag. Vielleicht entsteht der Wunsch, die Wohnzimmerwände neu zu streichen oder sich selbst entdecken zu wollen oder ganz einfach ein Stück andersfarbige Seife oder einen neuen Seidenschal zu kaufen. Es spielt wirklich keine Rolle.

Wenn sie dieses Buch lesen, dann legen Sie bitte so, wie ich es tun mußte, alle rationalen Überlegungen und bereits erworbenen Kenntnisse für einen Augenblick beiseite. Ich glaube nämlich, daß die Vernunft oft den Zwang empfindet, ein außerhalb ihrer Domäne liegendes Universum zu kontrollieren. Wenn wir uns von unserem Kontrollbedürfnis zu lösen vermögen, können wir uns öffnen, um zu empfangen. Für manche Menschen mag das eine völlig neue Erfahrung sein. Das Universum ist gütig und bedingungslos großzügig, obgleich viele Menschen anders denken mögen. Die innere Bereitschaft, aus der unendlichen Quelle des Lichts und der Liebe zu schöpfen, gleicht dem Verlassen einer feuchten Höhle, um in den warmen Sonnenschein zu treten. Das Licht mag uns zunächst blenden, aber unsere Augen werden sich rasch daran gewöhnen.

Wir können das Universum nicht kontrollieren und beherrschen. Leiden wird größtenteils durch derartige Versuche hervorgerufen. Außerdem vermag der Mensch, in seiner teilweisen Begrenztheit von Raum und Zeit, das Leben und Wirken des Universums in seinen feinsten Einzelheiten nicht zu erfassen. Die in diesem Buch auftretenden Vereinfachungen wurden bewußt und absichtlich vorgenommen. Wir können aber lernen, etwas von der universalen Struktur zu verstehen. Wir können entdecken, daß diese Struktur von machtvollen geistigen Gesetzen gelenkt wird. Nichts ist dem Zufall überlassen, nichts geschieht willkürlich; es gibt kein Glück oder Unglück. Alles ist geplant. Befände sich die Erde zum Beispiel nur um ein Prozent weiter von der Sonne entfernt, würde sie erstarren, doch eine um fünf Prozent nähere Lage an der Sonne ließe sie verdampfen. Dieses Beispiel veranschaulicht die präzise Strukturierung unseres Universums. Seine Gesetze sind die Gesetze, nach denen auch wir leben, ob wir uns dessen bewußt sind oder nicht. Das Verständnis für Farben bietet die Möglichkeit, uns zu einem harmonischen Zusammenwirken mit diesen alles beherrschenden Universal- oder Naturgesetzen zu führen. Sobald wir ihr Wirken erkennen und verstehen und sie bewußt in unserem Alltag anwenden, schwingen wir im Einklang mit ihnen, anstatt unsere Energie bei dem Versuch zu vergeuden, gegen den Strom zu schwimmen. Dann vermögen wir Liebe, Harmonie, Frieden und Gesundheit zu finden.

Einige Forderungen der Vernunft beiseite schiebend, möchte ich den Begriff Verständnis eher im Hinblick auf Erfahrung definieren: »Unsere Füße sind unser Ver-Stehen.« Ich bin keine Wissenschaftlerin. Die hinter allen in diesem Buch aufgeführten Theorien liegende Überzeugung stammt nicht aus dem, was ich gelesen oder studiert, sondern was ich gelebt habe. Es handelt sich dabei um lebendige Energien, von denen meine Lebenserfahrungen durchwoben sind. Farbe und Musik geben meiner Ansicht nach der Liebe Nahrung.

Meine Lehr- und Beratungstätigkeit hat mich in verschiedene Teile der Welt geführt. Oft arbeite ich mit Menschen, deren Sprache ich weder verstehe noch spreche. Oberflächlich gesehen könnte dieses sehr frustrierend sein, da man nicht auf die alltäglichen Kommunikationsweisen zurückgreifen kann, wie das einleitende Geplauder, wenn man neue Leute trifft. Es besteht auch keine Hoffnung, eine anständige Unterhaltung zu führen. Oft beschränkt sich unser Wortschatz auf ein »Hallo«. Die einzige Möglichkeit, mit den Klienten oder Studenten Kontakt aufzunehmen, geschieht mittels eines Übersetzers und einer Reihe von Glasflaschen, angefüllt mit den schönsten Farben dieser Seite des Paradieses. Abgesehen von dem Dolmetscher sind wir völlig abhängig von der universalen Farbsprache. Die Reaktion ist stets die gleiche. »Wir haben«, so heißt es, »verschiedene Beratungsarten versucht. Aber keine ist so tief gedrungen.«

Worauf mag das zurückzuführen sein? Eine Antwort auf diese Frage hoffe ich im Folgenden übermitteln zu können. Unzählige Menschen sind auf der Suche. Sie suchen nach Antworten und wissen kaum, wo sie beginnen sollen. Oft haben sie nicht einmal das Problem als solches entdeckt. Die Farbe vermag neue und unerwartete Wege zu öffnen. Farbe spricht uns auf der tiefsten Bewußtseinsebene an, mit einer Sprache, die weit jenseits aller Worte liegt. Worte können uns jedoch helfen, zu ihrer eigentlichen Bedeutung hinzuführen. Das Verständnis für die Sprache der Farbe läßt uns Antworten finden, die in den Seelentiefen verborgen liegen. Jeder trägt die Verantwortung für sich selbst und sein eigenes Schicksal. Zahlreiche Faktoren beeinflussen uns: Unsere Beziehungen, unser Umfeld, selbst die Mondphasen. Doch nichts besitzt letztlich eine größere Kraft auf unserem Lebensweg als unser Wille und unsere Gedanken.

Oder anders ausgedrückt, unsere Denkungsweise schafft unsere Wirklichkeit!

Die Qualität der von uns ausgestrahlten Energie kehrt als Erfahrung zu uns zurück. Das ist ein Naturgesetz. Das Arbeiten mit Farbe kann uns helfen, diese Energie zu erkennen und sie umzuwandeln. Mit anderen Worten, unsere Selbsterkenntnis wird gefördert, und wir vermögen uns selbst mit all unseren unbewußten Neigungen und Verhaltensmustern leichter anzunehmen. Seltsamerweise sind wir erst dann frei, uns zu wandeln, wenn wir uns selbst so akzeptieren, wie wir sind. Wir können uns von alten Mustern lösen. Wir können jegliche Furcht beiseite schieben. Wir können unsere Macht zurückgewinnen. Wenn wir unsere eigene Wirklichkeit schaffen, dann können wir sie auch positiv gestalten. Auf diese Weise lernen wir, Stück um Stück die Verantwortung für unser Schicksal zu übernehmen, uns selbst zu öffnen und ein Leben der Schönheit und Fülle anzunehmen.

Farbe öffnet die Türen zu den verborgenen Winkeln unseres Selbst. Sie zeigt uns sanfte Wege zu unserem Unterbewußtsein, dem Sitz vieler Antworten auf die Schwierigkeiten des Lebens und damit den Schlüssel zu unserer inneren Kraft. Aura-Soma, eine Farbtherapie, verhilft uns zur Bewußtseinswandlung, sie verstärkt unsere Aufnahmefähigkeit und bereichert somit unser Leben.

1
Der Weg der Wandlung

Es gibt eine Legende über den Hl. Franziskus. Es war mitten im eiskalten Winter, und die Bäume trugen keine Blätter. Der Heilige rief zu einem Mandelbaum: »Sprich mir von Gott!« Der Mandelbaum begann zu blühen. Aus jedem Zweig sprossen Blätter und Blüten.

Diese verblüffende Geschichte veranschaulicht, daß aus irgendeiner Quelle ununterbrochen Energie hervorbricht, die unsere physische Welt beständig schafft und neu erschafft. Solange es Leben gibt, gibt es auch Energiebewegung, die sich als Farbe zum Ausdruck bringt. Im Frühling und Sommer wirkt diese kreative Kraft am intensivsten, und die Natur steht in voller Farbenpracht. Wir sprechen von der »Blüte« der Jugend und der Reife des Erwachsenenalters. Zeiten, in denen wir auf dem Gipfel unserer Kreativität und unserer Kraft stehen.

Die meisten von uns sind sich ihrer Lieblingsfarben bewußt. Wechseln sie mit den einzelnen Lebensphasen oder Gemütsschwingungen? Sobald sie darüber nachzudenken beginnen, stellen viele Menschen fest, daß ihre Gedanken und Gefühle und selbst einige ihrer Erfahrungen durch Farben gekennzeichnet sind. Ein »grauer Tag« heißt nicht nur, daß es regnet. Verbinden Sie die sieben Tage der Woche mit verschiedenen Farben? Für viele Kinder versinnbildlicht der Samstag beispielsweise Entspannung und Spaß und nimmt daher eine strahlende, frohe Farbe an, während sie ihre unbeliebtesten Tage mit langweiligem Grau oder Schwarz verbinden. Werbung und Politik bedienen sich ebenfalls der Farben, und wir alle verwenden sie, wenn auch unbewußt, in unserer Sprache. Wir sprechen von »rosarotem Wohlgefühl«, wenn alles gut geht, und »having the blues« drückt Niedergeschlagenheit aus. Wir nennen einen gesunden Ausbruch von Ärger »Rot sehen« und den eher destruktiven Aspekt »schwarze Wut«. Wir beschreiben unsere Mitmenschen als »grün vor Neid« oder » blaßer Typ«, wenn sie keine Courage haben. Abgesehen von wenigen Ausnahmen finden wir diese Ausdrücke in allen Sprachen. Die Ursache hierfür liegt in der Tatsache, daß sich die den Körper umhüllende Aura (bzw. das Licht) aufgrund des jeweiligen geistigen oder körperlichen Zustands oder der Herzensempfindung entsprechend verändert.

Kinder besitzen ein ganz natürliches, klares Farbbewußtsein. Wieviele liebevolle Eltern haben eine Unmenge Geld für neue Bekleidung ausgegeben, mit dem Erfolg, daß diese zugunsten des vom Nachbarn abgelegten, farbenprächtigen T-Shirts ignoriert wird.

Patienten mit schweren Depressionen beschreiben ihre Welt als völlig grau und farblos. Unfallopfer und andere Menschen, die eine Nahtod-Erfahrung durchlebten, sind in diesen Augenblicken erhöhten Wahrnehmungsvermögens sehr farbbewußt. Farbige Träume sind ganz besonders lebendig.

Im Nachkriegsengland der fünfziger Jahre fehlten die Farben. Geschirr, Möbel, Kleidung, alles war zweckmäßig, nicht aber ansehnlich. Durch die Stärkung des einzelnen Menschen und der Wirtschaft gestaltete sich die Welt der Materie immer farbenfroher. Fernsehen und Kino gingen zur Farbe über, einer Farbwelt, die sich in zunehmendem Maße auch auf dem Gebiet des Computers und in Einzelfällen sogar bei der Tele-Kommunikation breitmacht. Wenn wir wollen, können wir uns mit größerer Farbenpracht umgeben, als es jemals in der Geschichte möglich war. Technologischer Fortschritt bringt stets eine umfassendere Verwendung von Farben mit sich. Es scheint, daß dieser Vorgang parallel zu der Tatsache verläuft, daß Bewußtseinserweiterung und zunehmende Farbbewußtheit Hand in Hand gehen. Die Frühkulturen sahen nur Schwarz und Weiß. Mit zunehmender Bewußtseinsentwicklung enthüllt sich dem Menschen ein größeres Farbspektrum.

In seinem Buch »An Evil Cradling« spricht Brian Keenan über ein Erlebnis als Geisel. Eines Tages ließen die Gefängniswärter eine Schale mit Obst in seiner Zelle zurück:

»Doch warte. Meine Augen brennen fast von dem, was ich da sehe. Dort steht eine Schale vor mir, die vorher nicht da war; eine braune Schale mit einigen Aprikosen, kleinen Orangen, ein paar Nüssen, Kirschen und einer Banane. Die Früchte, die Farben nehmen mich mit stillem Entzücken, das sich mir im Kopfe dreht, gefangen. Die Farben bezaubern mich. Ich nehme eine Orange heraus und halte sie in meiner schmutzigen Hand, fühle und rieche sie und lecke an ihr. Die Farbe Oran-

ge, die Farbe, die Farbe, mein Gott, die Farbe Orange. Vor mir liegt ein Farbenschmaus. Langsam beginne ich zu tanzen. Ich bin berauscht von Farbe. Ich fühle die Farbe in schlafwandlerischer Sucht. Welch ein Wunder, welch ein absolutes Wunder in einer solch unbedeutenden Frucht.«

Vor einigen Jahren begegnete ich einer Therapieform, die sich im Laufe der vergangenen vierzehn Jahre von der stillen Arbeit einer halbblinden Heilerin zu einem Therapiesystem entwickelt hat, das zur Zeit in vierzig Ländern praktiziert wird. Es hat Millionen von Menschen überall auf der Welt geholfen. Seit ich die Therapieart, die sich Aura-Soma nennt, kennengelernt habe, hat sich mein Leben völlig verändert.

Da es sich bei dieser Heilweise im Wesentlichen um eine Anzahl von kleinen Glasflaschen mit zweifarbigen Flüssigkeiten handelt, hielt ich die Möglichkeit, damit einzelnen Menschen oder der Welt helfen zu können, zunächst für recht unwahrscheinlich. Daher möchte ich die Gelegenheit ergreifen, etwas über die Umstände und Ereignisse zu berichten, die mich zur Entdeckung eines profunden Heilmittels führten. Es übersteigt bei weitem das, was wir normalerweise als Heilmittel oder Heilverfahren bezeichnen, da diese Farben und ihre Sprache meiner Ansicht nach eine Gabe enthalten, die sich jedem, der näher hinschaut, offenbart.

Die Reise beginnt

Im Sommer 1990 verließen mein Mann und ich mit unseren drei kleinen Kindern das Zentrum der geschäftigen Universitätsstadt Oxford und zogen hinaus ins ländliche Lincolnshire, in einen Landstrich, der fast ausschließlich der Anpflanzung von Getreide dient. Dort erlebte ich eine traumatische Periode des Wandels, die ich mir in meinen wildesten Träumen nicht vorgestellt hätte. Ich hatte gerne in Oxford gelebt, und der Gedanke, es zu verlassen, schmerzte. Andererseits jedoch war seit langem alles schiefgegangen: Strafzettel, Reifenpannen, mein Auto brach zusammen, und das gewöhnlich des Nachts und im Winter. Fuhren wir in die Ferien, konnten wir sicher sein, daß zumindest einer die Darmgrippe erwischte, und nie hatten wir genügend Geld. Was meinen Mann anbetrifft, so war er nur selten zu Hause, jedenfalls nicht dann, wenn es darauf ankam. Als die Zimmerdecke herunterfiel, befand er sich Tausen-

17

de von Kilometern entfernt. Bei seiner Rückkehr fand er alles wunderschön repariert vor. Abgesehen von meinen Freunden, war ich immer alleine. Ich war auf der Suche, wußte aber nicht, wonach ich suchte. Ich hatte immer irgendwie gehofft, daß ein glücklicher Ehemann und keine Geldsorgen alle Wunden heilen könnten.

Man hatte uns in Aussicht gestellt, alles nach Lincolnshire zu verlegen, einem nordöstlich gelegenen Landkreis, in dem es keine Universität und keine Autobahn gab, nur wenige Autos und noch weniger Leute. Ich war auf der Jagd nach Familienglück. Ich versuchte mich zu überzeugen, daß die Kinder und ich zwar unsere vielen guten Freunde vermissen würden, wir dafür aber weniger finanziellen Sorgen und einem »Familienleben« entgegensehen könnten. Ich hatte ohnehin lange genug die Rolle der guten Ehefrau gespielt, daß ich schon nichts anderes mehr kannte. Im Stillen fürchtete ich die Isolation. Ich hatte nie viel für das Landleben übrig gehabt. Das Sozialleben in einer ländlichen Gemeinde bestand meiner Ansicht nach aus An- und Verkäufen in der örtlichen Kirchenhalle – selbstgemachte Marmelade, eingemachte Pflaumen und Sämlinge. Mich interessierte nichts davon. Meiner Ansicht nach eignete sich die ländliche Gegend recht gut, um Flachs und Weizen anzubauen, nicht aber für Menschen. Dennoch, irgendwie würde ich mich schon anpassen.

Der Umzug war im Grunde genommen mein letzter verzweifelter Versuch, meine Ehe zu retten. Immer zu Extremlösungen neigend, wußte ich, daß dieser Umzug meinem Mann die Chance bot, endlich seine langjährige Phantasie, ein ländliches Dasein zu führen, auszuleben. Hier war die Möglichkeit eines Hauses mit rund einem halben Hektar Land, das uns vom nächsten Nachbarn trennte, gegeben. Das würde jedoch erst später sein, nach der Auktion. Unterdessen zogen wir in ein anonymes, haferbreifarbenes Haus einer Wohnsiedlung am äußersten Rande eines kleinen Marktfleckens ein. Auf der einen Seite unseres neuen Heims erstreckten sich unendliche Felder und auf der anderen Seite dehnten sich Reihen ähnlicher Häuser am Rande unserer zukünftigen neuen Heimat entgegen. Diese besaß vierzig oder fünfzig Geschäfte, vielleicht tausend oder ein wenig mehr Einwohner und einige Pubs, von denen in einem die örtliche Theatergruppe ihr jährliches Spiel aufführte. Verkehrsstockungen wurden von langsam dahinschleichenden Traktoren verursacht, und das hauptsächliche Straßenrisiko bestand in dem Dreck, den sie mitschleppten und verloren.

Dieses kleine Haus im Taschenformat nannten wir einige Monate lang unser Zuhause. Seine Haferbreifarbe erinnerte mich verschwommen an das Fegefeuer. Von frühester Kindheit an hatte ich mir den Himmel stets als einen angenehmen Ort vorgestellt, angefüllt mit warmen Farben, wenn auch ein wenig überschwenglich für die Mittelklasse. Die Hölle dagegen war absolut schwarz. Aus farblicher Sicht hatte ich das Fegefeuer weder hier noch dort angesiedelt. Es war ein Ort, an dem man auf etwas wartete; langweilig aber sicher. Viel später erkannte ich jedoch, daß Fegefeuer *reinfegen* bedeutet, ein Ort der Läuterung und Klärung; ein Ausräumen des Alten und eine Vorbereitung für etwas Neues.

Dann wurde das Traumhaus zur Auktion freigegeben, ein Haus aus der georgianischen Zeit, umgeben von etwa einem halben Hektar Grasund Waldland, besser gesagt - ein ehemaliges Haus. Denn die früheren Besitzer hatten aus irgendwelchen unerfindlichen Gründen beschlossen, daß es eine Verschwendung war, allzu viele Räume zu besitzen und daher den rückwärtigen Teil des Hauses entfernt und lediglich die Innenwände zum Schutz gegen das grimmige Wetter stehengelassen. Es glich einer billigen Version von *Wuthering Heights* - Wind gepeitscht und kahl. Es war reif zum Umbau und besaß jene Eigenschaft, die Makler überall auf der Welt als »potentiell« anpreisen. Wir kauften es nicht für das, was es war, sondern für das, was es einmal werden sollte. Aus der Sicherheit unseres kleinen, haferbreifarbenen Hauses heraus plante ich die Farben der Teppiche und Vorhänge, Wände und Türen. Mit dem Verkauf unseres wunderschönen Stadthauses blickte ich zuversichtlich einer angenehmen und sicheren Finanzlage und einer geordneten persönlichen Zukunft entgegen.

Ich kaufte zwei Ponys. Für jemand, der dem Landleben eigentlich nicht so recht zugetan war, übertrieb ich damit wohl ein wenig. Aber Pferde waren die frustrierende Leidenschaft meiner Kindheit gewesen (selbst mein Name bedeutet *Pferdeliebhaberin* und eine, die von Pferden geliebt wird). Unsere Tochter, die fast in ihren Teenagerjahren stand, war verrückt nach Pferden. Ich fühlte mich schuldig, sie von einem Leben wegzuziehen, das sie liebte. Im Unterbewußtsein wußte ich vielleicht schon, daß dieses Leben, in das wir sie hineinzwangen, eher ein Alptraum als eine sommerliche Freude für sie werden würde. Doch wenn wir uns tatsächlich dem Landleben hingeben wollten, sollte es auch richtig sein.

Leider fehlte uns die Weisheit, ein Haus zu verkaufen, bevor wir ein anderes erstanden. Unser Haus in Oxford schien eine sichere Sache zu sein. Wir planten, es für eine Geldsumme zu veräußern, mit der wir nicht nur das Landhaus kaufen, sondern auch modernisieren konnten. Das Oxford Haus befand sich in einer ausgezeichneten Verkehrslage, von der aus man alles zu erreichen vermochte. Das dachten auch die Hausbesetzer. Sie zogen ebenso oft ein, wie wir sie hinausschmissen, was jedesmal Verwüstung und Chaos mit sich brachte. Wir erfuhren von der Existenz einer Hausbesetzer-Agentur. Erst einmal auf ihrer Liste stehend, handelte diese blitzschnell. Jedesmal, wenn ein Mieter auszog, um den Weg für einen aussichtsreichen Käufer freizugeben, wurde die Hintertür eingeschlagen und die nächste Kolonne von Hausbesetzern machte sich breit. Für beide Häuser zahlend, standen wir bald vor dem finanziellen Ruin. Die in ihren besten Zeiten gebrechliche Ehe wackelte und kollabierte unter dem Druck.

Doch bevor dies geschah, waren wir mitten im Dezember mitsamt den Pferden in unser neues Landhaus eingezogen. Es sollte der seit Jahren strengste Winter in dieser Gegend sein. Vor dem Umzug hatten wir das Haus ausgeräumt und planten, die Umbauarbeiten während des Winters weiterlaufen zu lassen. Das allerdings sollte anders kommen. Sechs Monate nach unserem Einzug hatte sich immer noch kein Käufer für unser Haus in Oxford gefunden. Lange vor Winterende waren unsere Finanzen versiegt und die Bauarbeiter abgezogen und hatten uns mit einer mehrere Zentimeter breiten Öffnung zwischen den kahlen Wänden und dem Dach zurückgelassen. Mein Mann, der nie Kälte verspürte, verbrachte die Tage in einem zentral geheizten Büro. Ich wußte nichts Rechtes mit mir selbst anzufangen. Der Brunnen, unsere einzige Wasserquelle, war versiegt. Es schneite unbarmherzig weiter, und die einzige Wärme kam von den offenen Feuerstellen im Erdgeschoß. Selbst bei Sonnenschein hatte ich mich nie für Camping begeistern können. Als die Temperatur in der Küche minus dreizehn Grad Celsius erreichte (die Außentemperatur war nur $-12°$ C), wurde es kritisch. Aber wir konnten nicht mehr aussteigen. Eines Tages kehrte ich von der Schule, in die ich die Kinder gefahren hatte, zurück und stand eingehüllt in Schal und Mantel in der Küche, um zu überlegen, wie ich wohl die nächsten Stunden überleben konnte. Um ein Feuer anzuzünden, hätte ich nach draußen in das Schneegestöber gehen und Holzscheite holen müssen, aber dazu war mir einfach zu kalt. Ich konnte nirgendwo hingehen; also stand ich eine Weile in der Hoffnung da, Mut zu fassen und ein Feuer zu entfachen. Dann verlor ich das Bewußtsein. Als ich wieder zu mir kam, war es früher Nachmittag, einen halben Tag näher am Frühling.

Doch das war erst der Beginn. Die eigentlichen Prüfungen lagen noch vor mir. Es war jedoch die Zeit, in der ich Mike und Claudia Booth begegnete. So, wie die Sonne sich mehr und mehr in den Winterhimmel zurückzog und die Temperaturen jeden Tag ein wenig tiefer fielen, so kamen auch unsere Finanzen und unsere Moral allmählich zum Stillstand. Die Isolation schmerzte ebenso wie der Winter. Es war eine Erleichterung, Claudia zu treffen, die ich irgendwie zu kennen schien, obwohl ich ihr nie begegnet war. Wir entdeckten jedoch, daß wir vor zehn Jahren in Oxford sozusagen Nachbarn gewesen waren.

Die Entdeckung von Aura-Soma

Als ich Claudia zum ersten Mal besuchte, erzählte sie mir, daß ihr Mann, »wohl eine Art Heiler«, sehr mit Vicky Wall, einer älteren Dame, beschäftigt war, mit der sie während der letzten fünf Jahre eng zusammengearbeitet hatten und die nun im Sterben lag. Sie berichtete mir auch von einem anderen Ereignis in ihrem Leben. Zwei Jahre zuvor war der Sohn Aaron, aus der ersten Ehe ihres Mannes, von einem Lastwagen angefahren worden. Er war erst kürzlich aus dem Koma erwacht und körperlich stark geschädigt und an den Rollstuhl gefesselt. Die Bedürfnisse Aarons und ihre ältere Freundin Vicky nahmen sie daher stark in Anspruch.

Dennoch, einige Tage später stellte mich Claudia ihrem Mann Mike vor. Wir sprachen vielleicht ein Dutzend Worte miteinander. Ein unbedeutendes Ereignis, und doch, ich erinnere mich an jede Einzelheit dieser ersten Begegnung mit Claudia und Mike Booth. Auf irgendeiner Ebene spürte ich sofort, daß diese Verbindung den Beginn einer neuen Phase in meinem Leben kennzeichnete. Als sie uns zum Essen einluden, fühlte es sich wie ein wärmendes Kaminfeuer mitten im Winter an, und das in vielerlei Hinsicht.

An jenem Tage nahmen uns Claudia und Mike zu einem Besuch von Dev Aura mit, dem ehemaligen Pfarrhaus von Tedford, jenes Dorfes, in dem wir alle lebten. Vicky Wall war gerade gestorben. Einige Jahre zuvor hatte sie das heruntergekommene Haus aufgekauft, das eine kleine Gruppe von Freunden mit der Absicht zum jetzigen Zustand herrichteten, es in eine Art Lehrzentrum zu verwandeln. Die Lehrtätigkeit hat eigentlich schon begonnen. Wir schauten uns einen Videofilm an, in dem sich Vicky mit einer Anzahl von Studenten aus der ganzen Welt unterhielt. Sie sprachen über Farben. Wir schauten uns im Haus und dem wunderschönen Garten um und betrachteten eine Reihe von Glasflaschen, die stark kolorierte Flüssigkeiten enthielten. Diese bestanden aus zwei Teilen - der ölige Anteil stand über dem wässrigen. Die Mehrzahl der Flaschen beinhaltete somit zwei unterschiedliche Farben. Es gab ungefähr achtzig solcher Fläschchen, die den Namen *Balance-Flaschen* trugen.

Ich habe inzwischen die verschiedensten Reaktionen von Menschen überall auf der Welt erlebt, wenn sie diesen Aura-Soma Balance-Flaschen zum ersten Mal begegnen. Einige werden geradezu lyrisch und sprechen von Regenbögen oder davon, daß sie nach Hause gekommen sind. Viele scheinen vom ersten Augenblick an gewußt zu haben, daß diese Flaschen sie riefen und scheuten keine Mühe, Wege und Mittel zu finden, um den Kursen beizuwohnen und eine Sache zu verfolgen, die rasch von Begeisterung getragen wird. Ich muß gestehen, ich empfand nichts dergleichen. Vielleicht waren mein Geist und meine Emotionen durch die Jahre der Unterdrückung verschlossen, vielleicht auch durch die Kälte eingefroren. Ich hielt die Farben für außerordentlich schön, doch mein skeptischer Verstand bot jeglicher Intuition sofort Einhalt. Ich sehe immer noch den Raum mit den Balance-Flaschen ganz klar vor mir, selbst die Wand, an der die Regale standen. Ein schwer zu definierender Bereich meines Bewußtseins war fast unmerklich gerührt und bewegt, vergleichbar mit dem Minutenzeiger einer Uhr, von dem man erst im Nachhinein erkennt, daß er sich überhaupt bewegt hat. Meine Vernunft stand im Vordergrund, und ich verbannte das Ganze lächelnd aus meinen Gedanken. Die Farben allerdings waren einfach wunderschön. Aber die Vorstellung, irgendeine Art Heilsystem auf hübsche Lösungen zu basieren, schien mir allzu stark vereinfacht zu sein.

An jenem Abend führte ich eine kurze Unterhaltung mit Mike, in deren Verlauf ich nach seiner Arbeit fragte, womit er seine Zeit zubrachte und wie er seinen Lebensunterhalt verdiente. Ich wußte bereits von seiner Heiltätigkeit, konnte mir aber nicht vorstellen, wie diese kleinen Flaschen dort hineinpaßten. »Waren sie seine Hauptbeschäftigung?« Ich fragte ihn danach und wunderte mich im Stillen, was er wohl damit anfing.

»Nun, wir müssen eine Wahl treffen, nicht wahr?« entgegnete Mike still. »Wir stehen an einem Scheideweg und können die eine oder andere Richtung einschlagen. Entweder bleiben wir auf dem alten Pfad und zerstören uns selbst, oder wir wenden uns einem neuen zu.«

Eine solche Antwort hatte ich nicht erwartet. Ich erfaßte nur einen Bruchteil ihrer Bedeutung und vermochte die Glasflaschen einfach nicht darin unterzubringen. Jahre später schrieb mir Mike: »Wir können den Fluß nicht antreiben. Er fließt mit seiner ihm eigenen Geschwindigkeit.«

Mike sprach wenig über die Balance-Flaschen als Antwort auf meine Fragen. Er erzählte mir, daß zum ersten Mal in einem Heilsystem diese Flaschen alle Eigenschaften der Pflanze in einer einzigen Verpackung zurückbrachten: den wässerigen Bestandteil, den öligen Bestandteil und die Farbe. Der wässerige Anteil enthielte die Pflanzenessenzen, wie sie in der Pflanzenmedizin eingesetzt werden, und der ölige Bestandteil die ätherischen Öle, die in der Aromatherapie ihre Anwendung finden. Zusammengenommen bilden sie ein Heilsystem, dessen Sprache die Farbe ist.

Das war es zunächst. Ich selbst mußte mich um das einfache Überleben kümmern, Wasser am anderen Ende eines Feldes schöpfen und Feuer entfachen, um die lähmende Kälte abzuwehren. Für einige Monate schob ich den Besuch von Dev Aura in den äußersten Winkel meiner Gedankenwelt und beschäftigte mich weiterhin mit der Gartenarbeit, indem ich Büsche anpflanzte, die ihr Bestes tun würden, sich diesen gnadenlosen Stürmen zu widersetzen und vielleicht tief in den Boden drangen, um Nahrung zu finden. Wie wir, würden auch sie für die Zukunft sorgen. Wie aber war es um die Gegenwart bestellt? Immer noch braußten die Stürme mit voller Kraft vom Hügel herab auf uns zu und heulten ums Haus. Nun gut, es handelte sich um die Winde des Wandels. War das wirklich mein Bemühen, die Ehe zu retten? Es glich eher einem Todeswunsch, so wie jemand es einmal ausdrückte: Ein Willkommenheißen von Unbehagen bis zu einem solchen Ausmaß, daß alle Häuslichkeit zusammenbricht und der Veränderung Raum bietet. Was sonst könnte einen Menschen dazu veranlassen, einen solchen feindseligen Ort mit offenen Armen aufzunehmen?

Diese Monate ließen sich jedoch besser ertragen, da mir Mike Booth aus irgendwelchen Gründen angeboten hatte, mich regelmäßig zu behandeln. Es war ein unglaubliches Geschenk. Er verabreichte mir nicht nur homöopathische Mittel und renkte meine Wirbelsäule ein – wofür ich bei meinem Belastungspegel allein schon zutiefst dankbar war. Er gab mir auch noch etwas völlig Neues und Unerwartetes, die Heilung auf einer Ebene, die ich nie vermutet hätte. Mike schenkte mir einen Aspekt bedingungsloser Liebe, in dem ich mich absolut sicher fühlte, eine bedingungslose Akzeptanz, die die Dinge genau so beließ, wie sie waren. Dennoch, innerhalb dieses Raumes forderte er mich auf tiefster Ebene heraus, für jede Kleinigkeit meines Lebens die Verantwortung zu übernehmen. »Wenn der Schüler reif ist«, sagte er, »erscheint der Lehrer.«

Es war ein langer Winter. Mitfühlende Verwandte ermöglichten uns eine Verbindung zur Hauptwasserquelle, und wir legten uns einen alten, aber immer noch funktionierenden Rayburn Ofen zu. Solange wir nicht vergaßen, ihn mit Heizmaterial zu versorgen, verbreitete er eine feine Kohlenstaubwolke durch das ganze Haus und lieferte uns große Mengen heißen Wassers. Das war Luxus, und mit dem ausgehenden Winter hatten wir einen Zustand erreicht, den die Rechtsanwälte als »unheilbare Zerrüttung der Ehe« bezeichnen. Mitten in einer denkwürdigen Nacht wachte ich auf und entdeckte, daß ich neben einer Person lag, die ich geheiratet hatte, aber nicht mehr ertragen konnte, auch wenn der arme Mann fest schlief. Um zwei Uhr früh kroch ich also aus dem Bett und verbrachte den Rest der Nacht im Bad, getröstet von wiederholten heißen Duschen.

Mike schenkte mir Inspiration und Kraft, doch meine Freude lag in den Kindern. Meine älteste Tochter Nicola konnte das Landleben in Lincolnshire nicht ertragen. Sie wurde von einer guten Fee gerettet und in ihre geliebte Schule in Oxford als Internatsschülerin zurückgebracht. Mein Sohn Stephen hatte seinen anfänglichen Widerwillen rasch überwunden und gewann eine feste Gruppe von Fußballfreunden. Meine Jüngste, Magdalen, die inzwischen fünf Jahre zählte, hatte eigentlich nie irgendwelche Schwierigkeiten mit der neuen Umgebung gehabt. Zwei Jahre zuvor hatte sie ihre Ankunft im Kindergarten bei einem Weihnachtskonzert mit ihrer Solo-Darstellung von »Twinkle Twinkle Little Star« kundgetan und nie wieder zurückgeblickt. Da ich wußte, daß alle drei irgendwie ihren Weg machen würden, vermochte ich mich nach und nach von meiner Ängstlichkeit und dem elterlichen Schuldgefühl zu befreien, sie solchen Schwierigkeiten ausgesetzt zu haben. Ich begann, meine Aufmerksamkeit teilweise anderen Dingen zuzuwenden. Erschöpft und verwirrt über die ständig angreifenden Kräfte, die ich nicht verstand, entdeckte ich überrascht und erleichtert, daß das englische Landleben nicht nur aus gesunden Wanderungen und Eiern von Freilandhühnern bestand. Ohne die Unterstützung der internationalen Gemeinde, die inzwischen um Dev Aura aufblühte, wage ich mir gar nicht vorzustellen, wie es ansonsten ausgesehen hätte. Die Sitzungen mit Mike fanden regelmäßig statt. Seiner Einladung folgend und mit der praktischen Hilfe von Seiten Claudias, nahm ich an Kursen in Dev Aura teil. Es leuchtete mir nicht recht ein, warum Mike mir soviel Unterricht und Unterstützung zukommen ließ, doch es war nicht meine Sache, damals danach zu fragen. Ein wenig zweifelnd, doch mit großer Erleichterung nahm ich es in meinem angeschlagenen Zustand einfach an. Seit Jahren spürte ich eine unbestimmte Begabung im Heilbereich. Ich war daran gewöhnt, mit meinen Händen zu arbeiten, aber nur wenn sich die Gelegenheit dazu bot. Vielen Menschen hatte ich auf diese Weise oft die Schmerzen genommen. Es glich einem automatischen Schalter, der angeknipst wurde, sobald jemand litt, aber ich wußte kaum etwas darüber, wie ich den Vorgang regulieren konnte. Ich hatte ein wenig über Homöopathie gelernt und einen Kurs in therapeutischer Massage absolviert und dies einigen Leuten in meiner spärlichen Freizeit angeboten, doch darüber hinaus ging es nicht.

Die Kurse in Dev Aura besaßen eine außerordentliche Wirkung. In diesem kleinen Dorf, dem unscheinbarsten Ort in England, fanden sich Menschen aus aller Welt ein. Ebenso wie ich machten auch sie die Erfahrung von etwas Neuem und Tiefgreifendem. Einige hatten ebenfalls mit großen Schwierigkeiten zu kämpfen; andere waren bereits Therapeuten verschiedenster Disziplinen; es gab Designer und Künstler unter ihnen, die nach einem neuen Farbverständnis suchten. Aus allen Ecken der Welt und den verschiedensten Gründen versammelten sie sich in Dev

Aura. Einige hatten diesen Ort ganz bewußt für ihre persönliche Heilung und Entwicklung gewählt und hielten nach einem Mittel Ausschau, das sie in ihrem Evolutionsprozeß unterstützen konnte, während andere aus dem schlichten Empfinden heraus kamen, daß das Leben mehr Möglichkeiten bereithalte, als ihnen bis dahin zugänglich gewesen waren.

Wir erlernten eine völlig neue Sprache, die Sprache der Farben. Diese Universalsprache setzt sich über alle Barrieren von Rasse, Kultur oder Glaubensbekenntnis hinweg. Sie erhebt sich über jegliche Persönlichkeit und spricht uns unmittelbar auf der Ebene reinen Bewußtseins an. Unsere Lieblingsfarbe erkennend, begannen wir, in jenen Workshops zu entdecken, wer wir auf tiefster Ebene eigentlich sind. »Du bist die Farbe deiner Wahl, diese reflektiert die Bedürfnisse deines Seins.« Dieser Ausspruch wird in Aura-Soma häufig wiederholt, da wir buchstäblich die Farben unserer Wahl sind und durch sie unbewußt mehr erkennen können, als ein geschulter Therapeut uns zu sagen vermag. Mit erstaunlicher Genauigkeit und Klarheit finden wir Zugang zu uns selbst. In diesem Zusammenhang begann ich, zunächst allerdings noch verschwommen, die Wahrheit dessen zu verstehen, was Mike mich seit einiger Zeit gelehrt hatte: Durch unsere unbewußte Wahl schaffen wir unsere eigene Realität, unsere eigenen Erfahrungen. Nichts ereignet sich rein zufällig. In Anbetracht der Dinge, die sich immer noch um uns herum abspielten, ließ sich diese Tatsache nur schwer verdauen. Auf unserer Farm nahmen die Unannehmlichkeiten zu. Ich erinnere mich nur an Winter. Wie im Garten von Oscar Wildes selbstsüchtigem Riesen war es immer nur Winter dort.

Einer der anziehendsten Aspekte des Umzugsabkommens, das die Firma meines Mannes angeboten hatte, bestand in einer großzügigen Zuwendung für die Innenausstattung. In meinem üblichen Enthusiasmus hatte ich sofort Gebrauch davon gemacht und für jeden Raum neue Vorhänge bestellt. Zum ersten Mal in meinem Leben brauchte ich sie nicht selbst anzufertigen und beauftragte einen Dekorateur, der die Arbeit übernahm. Da hingen sie nun, lächerlich in all ihrer Herrlichkeit; wunderschöne Stoffe hoben sich vom garstigen Hintergrund abbröckelnden Mörtels und kahler Ziegelsteine ab. Es gab nicht einmal ein heiles Dach zu ihrem Schutz. Sie repräsentierten die Überbleibsel eines rosa Farbtons, der so lange unsere Lebenssicht übertüncht hatte. Sie hielten das Licht teilweise ab, nicht aber den Wind. Das Universums schien uns den Hinweis zu geben, die Dinge endlich richtig zu sehen. Die üppigsten Materialien der Welt wären nicht imstande gewesen, die miserable häusliche Szene zu erhellen, beziehungsweise die zerfallene Fassade unserer Ehe. Sechzehn Jahre der Einsamkeit und des Mißbrauchs, geleugnet und unterdrückt, während jede Fiber meines Seins nach Kameradschaft und ein wenig Wärme geschrien hatte. Ohne unterstützende Struktur ließ sich die Angewohnheit der Verleugnung nicht länger aufrechterhalten.

Unser Haus in Oxford war allen potentiellen Käufern als verschuldet bekannt, und wir verloren monatlich Unsummen an Geld. Dann erhielt ich eines Tages ganz unerwartet einen Scheck. Ein Sparbuch, das mir bei der Geburt gegeben worden war, hatte die stolze Summe von fünfzig Pfund hervorgebracht. In Anbetracht unserer monatlichen Verluste nahmen sie sich wie eine Kupfermünze aus. Das Leben hatte begonnen, einer Art groteskem Monopoly-Spiel zu gleichen. Was sollte das bedeuten, ein kosmischer Scherz? Welche Karte würden sie als nächste auflegen? »Gehe ins Gefängnis. Kassiere keine zweihundert Pfund ein.« Ich fand es nicht witzig.

Ich wußte natürlich nicht, wer *sie* waren. Die Karten, so schien es mir, wurden rein willkürlich verteilt. Mit absoluter Sicherheit wußte ich nur eines, ich war ein Opfer. Man konnte mich für das allgemeine Chaos in keiner Weise verantwortlich machen.

Die Zeit für eine weitere Sitzung mit Mike kam heran. »Gott sei Dank«, dachte ich. Die Hoffnung schlich sich ein, daß er, nachdem ich alles auf ihn abgeladen hatte, mit einem kristallenen Zauberstab eine völlig neue Welt erschaffen würde. Tränenüberströmt teilte ich ihm mit, daß ich mich am Ende meiner Kräfte befände. »Ich erkenne keine Anzeichen«, erwiderte Mike ruhig, »daß du auch nur nahe dem Ende bist.«

Wieder hatte er mich übertrumpft und mir genau das Gegenteil von dem gesagt, was ich zu hören erwartet hatte. Welch ein Segen liegt doch darin, daß wir nicht wissen, was auf uns zukommt. Es war erst der Anfang. Die Ereignisse zeigten, daß Mike es genauer getroffen hatte, als wir beide es uns hätten vorstellen können.

Einige Tage später lud mich Mike zu einem weiteren Aura-Soma-Kurs ein.

2.

Wiedergeburt

Licht und Farbe lassen sich in mannigfacher Weise erleben. Die *Balance-Flaschen*, diese gesammelte Farbkraft von Pflanze und Mineral, vermag so still hinter den Kulissen zu wirken, daß sich eine Veränderung zunächst nicht erkennen läßt. Sie kann aber auch mit der Geschwindigkeit und Macht eines Blitzes direkt in die Bewußtseinszellen fahren. Das hängt von vielerlei Dingen ab, teilweise vielleicht von unserer Bereitschaft zum Wandel.

Die Fläschchen, der Brennpunkt eines jeden Aura-Soma-Trainingskurses, standen heiter und gelassen auf ihren Glasregalen. Ihre fröhlich strahlenden Farben glichen exotischen Seiden und Orchideen, kostbaren Steinen und tropischen Fischen. Schillernd glühten und funkelten sie im Licht des Raumes und strömten ihre Leuchtkraft mit der sanften Selbstsicherheit aus, die um ihre Kraft weiß. Jedes einzelne Farbpaar, jedes Zusammentreffen von Öl und Wasser schien eine eigenständige Persönlichkeit zu besitzen. Wie in allen starken Beziehungen, barg jede Farbkombination tiefgründige und spezielle Geheimnisse. Dennoch richtete sich ihr Augenmerk nach draußen; bereitwillig übermittelten sie ihre Weisheit jenen, die sich ihnen lauschend und mit offenem Herzen näherten.

Der Namenszug auf diesen Flaschen lautete Farbe, und Farbe war auch ihre Sprache, mit der sie uns anredeten. Obwohl vielen noch unvertraut, überwand sie Kultur- und Glaubensschranken, eine Sprache, so alt wie die Zeit selbst.

Unsere tägliche Aufgabe bestand darin, zunächst eine Auswahl unserer bevorzugten Balance-Flaschen, vier insgesamt, zu treffen. Als erste wählten wir unsere Lieblingsflasche, von der wir fühlten, daß wir sie für immer behalten möchten; dann folgte unsere nächst favorisierte Farbkombination und so weiter. Die Reihenfolge, in der die Farben ausgesucht wurden, besaß ebenso große Bedeutung wie die Farben selbst. Signifikant war auch ihre Anordnung in Bezug auf die beiden Teile, also welche Farbe oben und welche unten saß.

Der Workshop war in vollem Gange. Die Teilnehmer waren inzwischen in dieser Farbsprache sehr bewandert und verbanden sie mit ihren bereits erworbenen mannigfachen Kenntnissen. Ich war damals wohl die Unerfahrenste in dieser Gruppe. Überfordert und erschöpft von den häuslichen Gegebenheiten, hatte ich den vorangegangenen Kursen nur wenig Aufmerksamkeit geschenkt und war am Ende einer Studienwoche mit wirrem Kopf und einer Reihe von Notizen nach Hause zurückgekehrt, die sich ebenso chaotisch ausnahmen wie der Rest meines Lebens. Die häusliche Lage hatte sich eher verschlimmert als gebessert, doch ich hatte begonnen, Notiz zu nehmen. Eines Tages bat ich um besondere Aufmerksamkeit. Verwirrt und gleichzeitig fasziniert, daß ich einige Farbkombinationen gewählt hatte, von denen ich mich früher abgestoßen fühlte, fragte ich mich nach deren Bedeutung. Jeden Nachmittag fand ein »Zum Beispiel«-Gruppentreffen statt, bei dem alle Anwesenden ihre Ideen zu einem Auswahlset von Flaschen äußerten. Ich bat um Erlaubnis, meine Farben vorstellen zu dürfen.

Die Auswahl, die ein Klient oder Student trifft, besteht aus vier Flaschen, die ihn am stärksten anziehen, und zwar in der Reihenfolge ihrer Bevorzugung. Die erste Farbkombination nennt sich die »Seelen-Flasche« oder die »Wahre Aura-Flasche« und deutet auf das Wesen der Person hin, die sie gewählt hat, ihren Lebensweg und ihr Potential. Die zweite Flasche spricht die hauptsächlichen Schwierigkeiten der Vergangenheit an und den Gewinn, der daraus entstand, wenn sie gemeistert wurden. Die dritte zeigt, wie die Person sich gegenwärtig in solchen Fällen verhält; hat sie sich mit einigen Hauptschwierigkeiten auseinandergesetzt oder ist sie immer noch in der alten Thematik verfangen? Die dritte Flasche schließlich weist die Richtung, in die wir uns bewegen, da unser Sein und unser Verhalten in der Gegenwart schrittweise unsere zukünftigen Erfahrungen gestaltet.

Die Flaschen werden grundsätzlich bei ihrer Verschlußkappe gehalten, um eine Beeinträchtigung der fein ausbalancierten Energien ihres Inhalts mit unseren eigenen zu vermeiden. Man wählt sie mit der linken Hand. Das ist wichtig. Die linke Körperseite korrespondiert mit der rechten Gehirnhälfte, der rezeptiv intuitiven Seite, während die rechte Körperseite/linke Gehirnhälfte eher zur Kontrolle neigt.

Ich stellte meine Flaschen in der Reihenfolge auf den Tisch, in der ich sie ausgesucht hatte. Mike stand ganz in der Nähe, und alle etwa dreißig Teilnehmer konnten sie sehr gut sehen. Ich ging zu meinem Platz im Kreis zurück und wartete.

Was ich an jenem Tage erlebte, hatte ich mir bis dahin kaum vorstellen können, habe es aber als Lehrerin und Beraterin später immer wieder beobachtet. Im warmen Licht der Mittagssonne lösten die Farben die zerbröckelnden Überbleibsel meiner Abwehr auf. Wie Amors Pfeile trafen sie mitten ins Herz der Dunkelheit und Furcht, die tief in meinem Sein gefangen lagen. Der Lebensschmerz wallte empor und ergoß sich. Tränen des Ärgers und der Frustration, der Bestürzung und Verwirrung brachen in einem Vulkan von Gram hervor. Es schien mir, als halte jede einzelne Person im Raum ein Laserlicht in der Hand, das jeden Winkel, jedes seit Ur-Zeiten in den dunkelsten Tiefen meines Unterbewußtseins verborgene, feinste Gespinst ausleuchtete. Doch was immer auch in diesen äußersten Winkeln verschlossen lag, es wurde nur für einen Augenblick vom Licht geblendet, gerade lange genug angesengt, um aufschreien und sich bemerkbar machen zu können. Alles Verschüttete war ans Tageslicht getreten. Die Kenntnis und Liebe von Mike und all derer im Raum, die er unterrichtet hatte, waren wirklich ein Geschenk des Schöpfers, aber zugleich auch eine universale Gabe. Im Grunde genommen ließen sie mich bloß in einen Spiegel blicken, der all das reflektierte, was die Farben, nach denen ich gegriffen hatte und die ich nun in der Hand hielt, offenbarten.

Alles Verschüttete war aufgetaucht? Nun, nicht alles; es gibt immer noch mehr zu erarbeiten. Das Leben besteht darin, die Erfahrungen zu durchleben und zu verarbeiten, wobei mit zunehmendem Erwachen unseres Wahrnehmungsvermögens immer mehr Schätze hervortreten. Es ist ein schrittweiser Prozeß.

Nach dem Naturgesetz – jener Sammlung zeitloser und fundamentaler Prinzipien, die dem Universum zugrunde liegen – erschaffen wir durch die Kraft unserer Gedanken und Erwartungen unsere eigene Realität. Mit anderen Worten, die Qualität der Energie, die wir aussenden, kehrt wie ein Boomerang als die Qualität unserer Erfahrungen, die uns zuteil werden, zurück. Diesen Vorgang hat man als das erste Gesetz des Universums bezeichnet. Doch es läßt sich nicht leicht erfassen, da solche Erfahrungen nicht bewußt hervorgerufen werden. Nur wenige Menschen werden beispielsweise bewußt die Armut wählen, es sei denn, sie fühlen sich zum monastischen Leben berufen. Wir sollten uns aber hüten, unsere Aufmerksamkeit unbewußt auf Armut und Ängstlichkeit zu richten oder innerlich die Überzeugung hegen, daß wir es nicht wert sind, Dinge zu empfangen. Etwa fünfundneunzig Prozent des menschlichen Geistes sind unbewußter Natur. Die Schönheit der Arbeit mit Farben liegt darin, daß sie die Möglichkeit bietet, aus diesem tiefliegenden, unbewußten Raum genau die Probleme herauszuziehen, mit denen wir uns in der gegenwärtigen Situation auseinandersetzen müssen. Sobald wir beginnen, unsere eigenen unbewußten Gedankenmuster zu erkennen, können wir anfangen, die Verantwortung für die Wirklichkeit, die diese Gedanken erschaffen, zu übernehmen. Allmählich ändern wir dadurch die Gedankenmuster, die unser Wachstum nicht förderten.

Alles drehte sich in dieser kurzen Zeitspanne um eine einzige Farbkombination. Die am meisten benötigte Flasche enthielt ein tiefviolettfarbenes Öl über einem leuchtenden Gold. Mike schlug vor, daß meine Freundin und Mitstudentin Kathleen mich massieren sollte, um den Prozeß abzuschließen. Wir gingen in den Behandlungsraum. Ein Prozeß, der sich normalerweise über einen Monat hinzieht, vollzog sich in wenigen Minuten, als Kathleen meinen Körper mit dieser erstaunlichen Emulsion bedeckte. Kräuter, Öle, Kristallschwingungen, Düfte und Farben verschmolzen in einem Strom von Heilenergie. Der Inhalt einer gesamten Flasche wurde durch meine Haut in mein innerstes Sein aufgesogen.

Nach dieser höchst außergewöhnlichen Stunde in meinem Leben kehrte innerhalb weniger Minuten mein seit langem versiegter Appetit zurück. Ich hatte einen wilden Hunger, verspeiste eine kräftige Mahlzeit und ging wieder zum Unterricht. Die Auswirkung dieser relativ wenigen Augenblicke läßt sich kaum übermitteln. Alles um mich her besaß die Frische einer Landschaft nach dem Sturm; alles erstrahlte in neuem Glanz. Es handelte sich um den Beginn eines Prozesses, in dem ich nie zurückblickte, zumindest nicht oft und lange. In den Tiefen meines Unterbewußtseins hatte sich eine Tür geöffnet, und durch sie erhaschte ich Einblicke in eine neue Wirklichkeit. Ich hatte begonnen zu begreifen, daß sich irgendwo hinter den Schmerzen des Lebens ein Plan verbirgt und nichts rein zufällig geschieht. Oft genug gehen wir unwissend Beziehungen ein oder sammeln andere Erfahrungen, wobei wir, einem schwachen Instinkt folgend, unseren Weg zum Verständnis ertasten. Obgleich wir nach Freiheit streben, erschaffen wir fortwährend unser eigenes Gefängnis, bis wir die Lektionen unseres selbst gewählten Pfades erlernt haben. Mein Leben befand sich, wie das so vieler Menschen, in einer Krise. Im Osten benutzt man dafür ein Wort, das sowohl »Gefahr« als auch »verborgene Gelegenheit« bedeutet. Jede Erfahrung stellt ein Geschenk dar, wenn man sie nur richtig betrachtet. Kahlil Gibran schrieb: »Schmerz ist das Aufbrechen einer Schale, die unser Verstehen enthält.«

Die von mir gewählten Farben hatten jenen, die es erfassen konnten, ein Bild meiner Seele und der Bedürfnisse meines Seins offenbart. Die warmen Energien, die an jenem Tage den Raum erfüllten, rührten an mein Herz, und ich zweifelte nicht an der tiefen Wirkung der Farben, sobald sie meinen Körper erreicht hatten. Die Zeit für ein gleichzeitiges Ausbalancieren aller Ebenen war gekommen. Meine Gedanken, Gefühle und selbst mein Körper durchlebten eine tiefe Metamorphose, aus der sie transformiert hervorgingen. Das Leben ist ein Prozeß, eine Reise. Mein Erlebnis soll nicht besagen, daß die Arbeit eines Lebens innerhalb einer Stunde geleistet werden kann. Dennoch gibt es Momente tiefgreifender und anhaltender Veränderungen. Das war meine Erfahrung an jenem Tag.

Oberflächlich gesehen, mag sich dieser Fall recht extrem ausnehmen. Vor dem Gesamtbild der Menschheit als solcher betrachtet, sah es natürlich viel harmloser aus. In vielen Workshops werden weitaus schlimmere Fälle aufgearbeitet. Aber im Grunde genommen handelt es sich stets um dieselbe Sache. Überall auf der Welt begegnen die Menschen, wenn sie offen dafür sind, sich selbst irgendwann zum ersten Mal. Oder anders ausgedrückt, es begegnet ihnen zum ersten Mal eine solche bedingungslose und die Gegebenheiten akzeptierende Liebe, die es ihnen ermöglicht, ihr Selbst sichtbar hervortreten zu lassen. Wissenschaftliche Erklärungen beiseite stellend, kann man sagen, daß es sich bei den durch Offenbarungen der Natur potenzierten Farben um den direkten Ausdruck von Liebe handelt. In einer solchen Atmosphäre vermögen wir die Botschaften, die sie uns bringen, aufzunehmen. Eigentlich sind es die Botschaften, die wir für uns selbst gewählt haben.

Darin liegt das Geheimnis. Aura-Soma ist die einzige im Moment verfügbare Therapie, bei der der Klient mittels der gewählten Farben seine eigene Analyse der Situation, die er in den Beratungsraum mitbringt, vornimmt und auch sein eigenes Heilmittel aussucht. Aura-Soma stellt eine selbst gewählte, nicht aufgezwungene Seelentherapie dar. Nichts wird von außerhalb aufgedrängt. Der Berater ist nur dazu da, dem Klienten beizustehen, nicht aber die Farben auszusuchen. Der Patient oder Student wählt stets jene Farben, die sich auf seine Problematik, die er in diesem Zeitpunkt ansprechen will, beziehen. Der Berater unterstützt die Person nur, die Bedeutung der von ihr gewählten Farben zu erfassen. Die durch sie inspirierten Worte führen oft eine tiefgreifende Heilreaktion herbei und bereiten das Feld für ein möglicherweise nachfolgendes Ausbalancieren auf tieferer Ebene. Worte besitzen Energie und vermögen eine tiefgreifende Reaktion auszulösen. Das Johannes-Evangelium beginnt mit den Worten: »Am Anfang war das Wort«. In diesem Zusammenhang ist der sich manifestierende Gedanke Gottes oder der dem Universum zugrunde liegende, liebende Geist damit gemeint.

Die Anwendung von Balance-Flaschen wirkt demnach im Zusammenspiel mit den Worten des Beraters, um einen machtvollen und subtilen Wiederherstellungsprozeß des inneren Gleichgewichtes in Bewegung zu setzen.

Was genau hat man sich nun unter den Balance-Flaschen vorzustellen? Es sind rechteckige Flaschen, die wunderschöne Farben enthalten. Doch das ist natürlich nicht alles. Viele Leute waren in einem der abgelegensten Winkel Englands zusammengekommen, da sie entdeckt hatten, daß diese kleinen Flaschen etwas Einzigartiges enthielten. Was war dieses Etwas? Und wie konnte es eine solch erstaunliche Wirkung auf die Harmonisierung von Energie, der Gefühle und des Geistes eines jeden Menschen besitzen, der ihre Hilfe suchte?

Es gibt viele Antworten auf diese Frage. Die meisten übersteigen bei weitem den Rahmen dieses Buches. Ein Teil der Antwort ruht vielleicht in dem Geheimnis, durch das Aura-Soma überhaupt »geboren« wurde.

3.

Farbmedizin

Die Balance-Flaschen wurden in inspirierter Meditation geboren. Vıcky Wall, die begnadete blinde Heilerin, deren physische Blindheit eine ums Zehnfache erhöhte innere Sicht mit sich brachte, war in der letzten Phase ihres Lebens eines Abends in ihrer üblichen Meditation versunken, als sie aufgefordert wurde, »die Wasser zu teilen«. Gleichzeitig sah sie Farbwellen auf sich zukommen. Diabetikerin, blind, Rentnerin (wie sie glaubte) und mit einem Herzen, das nach dem Herzanfall nur noch teilweise arbeitete, zeigte sie sich nicht begeistert von dieser Aufforderung. Eher ungehalten, erwiderte sie darauf, nicht Moses zu sein und bat die Stimmen, sie in Ruhe zu lassen. Doch diese redeten drei Nächte lang auf sie ein, gegen deren Ende Vicky feststellen mußte, daß sie die ersten der Pflanzenöl/Kräuter-Wasser Kombinationen mit ihren erstaunlichen Farben geschaffen hatte.

Es war ein einzigartiger Weg, ein Heilsystem zu beginnen. Doch damals hatte Vicky nicht die leiseste Ahnung, daß es soweit kommen würde. Sie betrachtete, was da unter ihren Händen entstanden war, konnte sich aber nicht vorstellen, welchem Zweck diese Flaschen dienen sollten. Sie besprach die Sache mit ihrer Freundin und Kollegin Margaret Cockbain. Beide vermuteten, es handelte sich um eine Art Schönheitsöl. Vicky erweiterte die Farbskala, indem sie neue Kombinationen hinzufügte. Schließlich beschlossen sie, die Flaschen auf dem »Subud Welt Kongreß« vorzuführen. Vicky hatte sich erst kürzlich mit einigen Mitgliedern dieser Gesellschaft angefreundet. Diese bestand im Wesentlichen aus einer Gruppe von geistig Gleichgesinnten, die alle Weltreligionen gleichermaßen anerkannten. Eine solche Einstellung besitzt in diesem Zusammenhang insofern Bedeutung, da *Balance-Flaschen* zum ersten Mal bei jenem Ereignis der Öffentlichkeit vorgeführt wurden, das die zugrunde liegende Philosophie von Aura-Soma, die sich inzwischen weiterentwickelt hat, widerspiegelte.

Was ist Aura-Soma?

Diese von zahlreichen verwunderten, doch interessierten Neulingen gestellte Frage beinhaltet noch einen weiteren Aspekt, nämlich: »Ist es eine Art Religion?«

Im Hinblick auf den geschichtlichen Zeitpunkt, den wir erreicht haben, scheint diese Frage wesentlich zu sein. Aura-Soma ist keine Religion, obwohl dieses System während der Meditation von einer Frau empfangen wurde, die aus einer orthodox-jüdischen Familie stammte und deren Vater ein Meister der Kabbala war, jener uralten jüdischen Geheimlehre, zu der immer nur die Männer Zugang besaßen. In ihrer Kindheit und Jugend von diesen Studien, die ihr geliebter Vater den Söhnen vorbehielt, ausgeschlossen zu sein, schmerzte Vicky Wall zutiefst. Ihr Glaube und die Liebe des »Vaters«, womit sie sowohl ihren irdischen als auch den himmlischen Vater meinte, bildeten das Zentrum ihres Lebens. Sie konvertierte vom Judentum zum Christentum und kehrte gegen Ende ihres Lebens zum Judentum zurück, was in gewisser Weise zeigt, wie unbedeutend ihre eigene Konfession ist. Die Psalmen waren ihre ständigen Begleiter, und sie kannte jedes Kapitel der Bibel. Aber auch der Koran sowie die Essenz der meisten Weltreligionen waren ihr geläufig. Die Geburt der *Balance-Flaschen* ereignete sich kurz nach dem Tode ihres Vaters. Sie glaubte, daß dieser ihr nun etwas von jenem Wissen übermittelte, an dem er sie zu Lebzeiten nicht hatte teilnehmen lassen, eine Weisheit, deren Quelle weit zurück in den Annalen der Zeit liegt.

Die Geburt von Aura-Soma ist ein Geheimnis, und die darin gebändigten Energien sind im Westen seit Jahrtausenden nicht verstanden worden. Aber Aura-Soma selbst ist keine Religion. Mit einem Wort, es handelt sich um einen Weg, durch den wir zu einem tieferen Verständnis unserer selbst gelangen können, und zwar durch Farberkenntnis. Dies ist einfacher als eine Religion, da es keine Regeln, kein Dogma und keine Mitgliedschaft gibt. Doch da es das Wissen vieler uralter Weisheitsschulen enthält, ohne sich jedoch einer einzigen zu verschreiben, gewährt es uns Zugang zu mannigfaltigen und weitreichenden Quellen des Verstehens. Obwohl Aura-Soma in zunehmendem Maße viele dieser Quellen entdeckt hat, bleibt sicherlich noch manches zu enthüllen.

Farben beziehen sich unmittelbar auf das Wesen unserer Natur. Was Vicky Wall in jener Nacht hervorgebracht hat, war der erste Teil eines

Werkzeugs, das der Welt in einer Zeit großen Umbruchs geschenkt wurde, da wir das Fische-Zeitalter verlassen und das des Wassermanns betreten. Ich glaube, diese neue Zeit konfrontiert uns mit mehreren großen Herausforderungen, von denen zwei in diesem Zusammenhang von besonderer Bedeutung sind. Jeder von uns muß lernen, für sich selbst die Verantwortung zu tragen, anstatt sich auf eine äußere Autorität zu beziehen. Wenn wir und der Planet überleben wollen, dann müssen wir, aus der Wahrheit heraus, mittels eines offenen Herzens miteinander kommunizieren. Diese Dinge lassen sich jedoch nur verwirklichen, wenn wir wissen, wer wir sind. Wie können wir die Verantwortung für uns selbst übernehmen, ohne zu wissen, für *was* wir verantwortlich sind? Und wie können wir offen und ehrlich miteinander in Verbindung treten, wenn wir nicht wissen, *wer* wir sind?

Aura-Soma bietet eine Möglichkeit, unsere wahren Farben zu erkennen und auf diese Weise uns selbst vertrauter zu werden. Damit ist dem Therapeuten ein Mittel an die Hand gegeben, jenen Menschen, die ihn aufsuchen, etwas ganz Besonderes anzubieten, und zwar sich selbst wiederzufinden. Hinzu kommt, daß Aura-Soma durch eine Frau gegen Ende einer Zeit seinen Anfang nahm, die Jahrtausende lang patriarchalisch geprägt war. Männern und Frauen wird nun die Gelegenheit geboten, den oft schlafenden Aspekt unseres Seins zu erwecken, jenen femininen, intuitiven, rezeptiven und kreativen Teil in uns.

Vicky Wall hatte in der »Subud Gesellschaft« eine besondere Freundin mit Namen Laura Fraser gefunden, die später in ihrer Meditation den Namen *Aura-Soma* für das sich allmählich entwickelnde Heilsystem empfing. Diese Bezeichnung brachte das Wirken der bis dahin geheimnisvoll verhüllten Energien ganz klar zum Ausdruck. Das Heilen mit Farben gehört zu den ältesten Therapien der Welt. Man hat entdeckt, daß einige Heiltempel des alten Ägyptens in einer Weise konstruiert waren, daß sie das weiße Licht in sein Spektrum aufteilten, damit jeder Raum von einem anderen Farbstrahl getroffen wurde. Der Heilpriester pflegte seinen Patienten in derjenigen Farbe zu baden, von der er glaubte, daß sie ihm am meisten nützte. Andere Methoden bestanden darin, den Klienten in farbiges Wasser einzutauchen.

In der lateinischen Sprache bezeichnet das Wort *Aura* das Licht, die jeweilige Farbe, die unsere Seelenaufgabe versinnbildlicht. Es bedeutet auch Brise, eine sanfte Luftbewegung. Soma entstammt mehreren Quellen. Im Griechischen steht es für Körper; im Aramäischen für Sein und in Sanskrit bezeichnet es lebendige Energien. Aura-Soma bedeutet somit Licht, Farbe und die lebendigen, sich bewegenden Energien des inkarnierten Seins.

Vicky Wall und Mike Booth, den Vicky einige Jahre nach der Geburt der *Balance-Flaschen* gebeten hatte, sie zusammen mit seiner Frau Claudia bei ihrer Arbeit zu unterstützen, waren von Kindheit an hellsichtig und vermochten die Farben des Energiefeldes wahrzunehmen, das den menschlichen Körper umgibt. Obwohl diese Fähigkeit immer noch verhältnismäßig selten in unserer heutigen Zeit auftritt, sind viele Menschen mit dem Farbaspekt der Aura vertraut, insbesondere seit der »Kirlian-Photographie«. Bei dieser Technik werden Hochspannungskameras verwendet, um das Energiefeld sichtbar zu machen, das lebende Dinge umgibt.

Es gibt jedoch noch einen anderen Aspekt der Aura. Und es war genau diese Eigenschaft, die Vicky erkennen ließ, daß es sich bei dem, was durch ihre Hände entstanden war, um mehr als nur Schönheitsöle handelte. Die *wahre Aura* besteht aus einem etwa walnußgroßen Farbbereich, der sich direkt oberhalb des Nabels innerhalb des Körpers befindet. Aus hellseherischer Sicht bleibt diese während des gesamten Lebens einer Person dieselbe, wohingegen sich die den Körper umgebende Aura den jeweiligen physischen und emotionalen Zuständen sowie anderen Faktoren entsprechend verändert. Die *wahre Aura* gleicht einem individuellen Gütestempel, der jenen, die seine Sprache verstehen, etwas von der fundamentalen Natur der einzelnen Seele mitteilt.

Das Erkennen der *wahren Aura* sollte in der Entwicklung von Aura-Soma eine wesentliche Rolle spielen. Vicky bemerkte von Anfang an, daß der untere Teil der Farbkombination, zu der sich jemand hingezogen fühlte, fast immer eng mit der Zentralfarbe dieser Person, ihrer *wahren Aura,* in Verbindung stand. Eine Begegnung mit *Balance-Flaschen* bedeutete daher sehr viel mehr, als nur das Auswählen hübscher Farben. Es wurde klar, daß sich dabei wirklich etwas recht Tiefgreifendes ereignete, was Vicky dazu veranlaßte, *Balance-Flaschen* als »Spiegel der Seele« zu bezeichnen. Es scheint uns damit die Möglichkeit geboten zu werden, in die verborgensten Aspekte unseres Seins vorzustoßen und Zugang zum Bewußtsein selbst zu finden.

Diese fesselnde Erfahrung machen die Studenten in jedem Aura-Soma Workshop und bei fast jeder Beratung. Für einige kommt sie, kaum faßbar, äußerst überraschend. Betäubt von irgendwelchen Kraftfeldern, machte ich selbst diese Erfahrung nur allmählich. Innerlich begleiteten mich die Flaschen überall hin, vergleichbar mit einem engen Freund, an den man beständig denken muß. Balance, das Herz von Aura-Soma, mit seiner stillen Kraft und betörenden Schönheit, hatte einen Schleier von meinen Augen gezogen. Es gab wohl nur wenige vergleichbare Farben in der westlichen Welt.

Das überraschte kaum, denn Vickys Kenntnisse von den natürlichen pharmazeutischen Methoden des neunzehnten Jahrhunderts, die sie erlernt hatte, sowie ihr Wissen über natürliche Pflanzenfarben aus Indien und anderen Gebieten des fernen Ostens, verliehen den Ölen und Wassern ihre außergewöhnlich lebhaften und schillernden Farben.

Als Vicky den Zusammenhang zwischen der *wahren Aura* einer Person und der Farbe, die sie auswählte, erkannte, begann sie zu verstehen, daß es sich bei der Farbe um eine Universalsprache handelte. In ihren letzten Lebensjahren arbeitete sie zusammen mit Mike daran, diese Sprache intuitiv zu erfassen und zu erforschen. Nach ihrem Tode setzte Mike diese Studien fort.

Die Kombinationen in den Balance-Flaschen sprechen also die Sprache der Farbe. Obwohl diese keiner bestimmten Philosophie, Religion oder Überzeugung angehört, weist sie uns den Weg in unseren eigenen Wesenskern und den der Menschheit. In der Schönheit der Farbe als Sprache liegt ihre Universalität. Sie transzendiert nicht nur die Begrenzungen der Persönlichkeit eines Individuums, sondern auch die Trennung zwischen den einzelnen Gedankenschulen und Glaubensbekenntnissen. Die Farbe bietet uns einen Weg, der uns von der Verschiedenheit fort und zur Einheit hinführt, und zwar zu einer Zeit, da unser Überleben von Zusammenarbeit, Kommunikation und gegenseitigem Respekt abhängen. Eine Begegnung mit *Balance-Flaschen* schenkt uns eine neue Gelegenheit, denn es kann etwas geschehen, das tiefer und weiter reicht als alles, was wir gewöhnlich erwartet haben, seit die Sprachen zum ersten Mal getrennt wurden. Der Inhalt der Flaschen beruht außerdem auf seiner Herstellungsweise sowie den darin enthaltenen Energien.

Diese einzigartige Zusammenstellung von Energien umfaßt drei Naturreiche. Die obere Schicht des Flascheninhalts besteht aus mit ätherischen Duft-Ölen angereicherten Pflanzenölen, die mit qualitativ hochwertigen Naturfarben gefärbt wurden. Diese stammen von Blüten und Pflanzen aus westlichen und östlichen Landstrichen. Die rein materielle Zusammensetzung der Flüssigkeiten stellt somit eine Mischung natürlicher Bestandteile aus der ganzen Welt dar, die auf physischer Ebene die Universalität ihrer Herkunft reflektiert. Die Ölschicht wird von dem darunterliegenden Teil eines wässerigen Pflanzenauszugs aufs feinste ausbalanciert. Sie ist ebenfalls mit Naturfarben gefärbt. Aura-Soma hat von Anfang an jene Energien globalen Ursprungs in sein physisches und philosophisches Bild mit einbezogen, die harmonisch zusammenwirken.

Die zweite in den *Balance-Flaschen* enthaltene Kategorie von Energien entstammt dem Mineralreich. Die Schwingungen von Kristallen und Edelsteinen verstärken die Pflanzenenergien und stimmen sie fein ab.

Der dritte Energiekomplex ist jener Anteil des Tierreiches, den wir *hue-man* nennen. *Hue* bedeutet Farbe. Man könnte demnach das menschliche (*human*) Wesen auch als Farbwesen verstehen. Diese Energien vervollständigen die energetische Dreiheit in den Balance-Flaschen. Heilenergien, die von Pflanzen oder Menschen übermittelt werden können, sind uns weitgehendst vertraut. Weniger bekannt jedoch sind die Kristall- und Edelsteinenergien und daher auch nicht so leicht verständlich. Warum sollte der Zusatz dieser Schwingungen für die Wirksamkeit von *Balance-Flaschen* so wichtig sein?

Wie die Pflanzen, so wachsen auch Minerale und Edelsteine in der Erde, allgemein nur sehr viel tiefer. Alles in der erschaffenen Welt trägt seinen Namenszug: Seine Farbe, sein Klang oder seine Form gibt uns einen Hinweis auf die Qualität. Edelsteine und Kristalle sind eng mit Farbe verbunden, da ihre Frequenzen denjenigen ihrer Farben entspricht. Unter den Mineralien besitzen sie die makelloseste und schönste Molekularstruktur. Sie sind verdichtetes Licht. Jede Kristallgattung stellt die lupenreine Materialisation eines speziellen Lichtstrahls dar. Tief im Innern des Planeten wachsen sie sehr langsam heran, wobei sie im Laufe der Jahrtausende die universale Lebenskraft in sich aufnehmen und Gestalt gewinnen. Sie enthalten konzentrierte Energie. Ihr Werdegang reicht in die tiefste Vergangenheit zurück. Warum sollten sie daher nicht die Weisheit des Altertums in kristalliner Form in die Gegenwart tragen? Wie dem auch sei, Edelsteine besitzen die Fähigkeit, Energie zu verstärken, wie es sich an den Quarzuhren nachweisen läßt. Und diese Eigenschaft kann genutzt werden, um das in der Heilung verwendete Energiefeld zu erweitern und zu intensivieren. In jener Nacht, in der die Balance-Flaschen geboren wurden, erhielt Vicky Wall das Rezept, die individuellen Mineralenergien auf den Inhalt der Flaschen zu übertragen, um ihn qualitativ zu steigern und zu bereichern.

Die Balance-Flaschen wirken daher auf multidimensionaler Ebene. Jede Flasche enthält eine Kombination aus verschiedenen natürlichen Methoden, um das Gleichgewicht des Systems wiederherzustellen: Pflanzenheilmittel, Aromaöle, Kristalle und Edelsteine. Diese machen uns auch die Sprache der Farbe zugänglich, damit wir die augenblicklichen Bedürfnisse unseres Seins ganz genau festlegen können. Die Farben, die wir aussuchen, reflektieren, wer wir sind und welche Form von Energie wir benötigen. Der Berater vermag anhand der von dem Klienten gewählten vier Farbkombinationen die sich dadurch offenbarenden Informationen zu »lesen«. Die Wahl gibt Aufschluß über Vergangenheit und Gegenwart, die Probleme, mit denen sich diese Person auseinanderzusetzen hat und die Talente und Stärken, die sie besitzen mag. Die Auskunft wirft Licht auf ihre unterschiedlichen Aspekte, ihre geistige, mentale, emotionale und energetische oder physische Existenzebene.

Nachdem der Therapeut diese Aspekte mit seinem Klienten besprochen hat, wählen beide eine der vier Flaschen als Heilmittel. Meistens handelt es sich dabei um die zweite Flasche, obgleich in gewissen Fällen auch eine andere angezeigt ist. Der Patient schüttelt die beiden Teile morgens und abends gründlich auf und massiert die dadurch vorübergehend entstandene Emulsion in die entsprechenden Hautbereiche ein. Durch das Aufschütteln werden die verschiedenen Pflanzenaspekte in der Öl- und Wasserschicht sowie die Farbe wieder zusammengefügt. Die Haut stellt eine halbdurchlässige Membran dar, weshalb allopathische Ärzte gewisse Medikamente in einem Pflaster verabreichen, da der darin enthaltene Wirkstoff über die Haut langsam vom Körper absorbiert wird. Wenn man daher eine kleine Menge der Balance-Flaschen-Emulsion in die geeignete Körperstelle einmassiert, werden die vereinigten Energien von Pflanzen und Mineralien und die Farbe selbst durch das Lymph- und Blutgefäßsystem aufgenommen. Sie durchwandern die wesentlichen Drüsen und Organe des Körpers, um auf die Aura, das die materielle Hülle mit Vitalenergie versorgende Energiefeld, einzuwirken.

Der physische Körper besitzt seine eigene Intelligenz, so daß, abgesehen von unserem intuitiven Wissen um die richtige Anwendungsstelle, die Emulsion zu dem Bereich geführt wird, der am dringendsten ausgeglichen werden muß. Dieser Vorgang läßt sich mit dem Transport der Energie einer Aspirintablette vergleichen, der sich je nach den Gegebenheiten entweder auf einen rauhen Hals oder einen gebrochenen Knöchel richtet.

Dieses einzigartige »Etwas« in den Balance-Flaschen besitzt zwar eine physische Grundlage, aber die tatsächliche Wirkungsweise, die wahre Essenz, läßt sich nur schwer erfassen. Wir müssen die Art und Weise, in der die Auswahl der Balance-Flaschen gelesen und angewendet wird, ein wenig eingehender betrachten und darüber nachdenken, was wir unter den Balance-Flaschen verstehen. Was meinen wir eigentlich mit dem Ausdruck »heilen«?

4.

Die Balance - Flaschen

Nachdem die Wirkungen einer Farbauswahl besprochen worden sind, werden die Balance-Flaschen geschüttelt und auf den physischen Körper aufgetragen. Die Folgen dieser Anwendungsweise machen sich jedoch wahrscheinlich auf anderen Ebenen unseres Seins bemerkbar, und zwar im emotionalen, mentalen und geistigen Bereich. Die wichtige Frage erhebt sich, was wir unter *heilen* verstehen. Was versuchen wir zu heilen?

Das Wort *heilen* entstammt derselben Wurzel wie »heil« oder sogar »heilig«. Heil gemacht zu werden bedeutet soviel wie, sich erinnern (remember) oder die verstreuten Einzelheiten unseres vielschichtigen Seins zusammenzufügen. Es heißt, den freien Energiefluß zum Zwecke eines harmonischen Zusammenspiels wiederherzustellen. Heilung bedeutet *heil-zu-machen* auf allen Seinsebenen, das gleichmäßige Dahinfließen der Lebenskraft, vergleichbar mit einem Fluß, der unaufhaltsam seinem Ziel entgegenströmt. Unter Wohlbefinden versteht man ein ausgeglichenes Befinden. Um diesen Zustand zu erreichen, müssen wir alle Hindernisse ausräumen. Wenn unsere Energie festsitzt, empfinden wir Schmerz, Überforderung und Unbehagen. Die Hauptaufgabe der Selbstheilung oder des Versuchs, andere zu ihrem Heilmittel hinzuführen, besteht darin, die Natur jener Blockaden, die eine freie Energiebewegung hemmen, aufzudecken.

Das Zusammenwirken von *Balance-Flaschen* und Farbsprache unterstützt uns dabei. Die Blockaden gleichen den Ketten oder Gefängniszellen, die wir uns selbst schaffen. Das Licht des Verstehens, mit dem wir unsere Erfahrungen zu erhellen vermögen, bricht diese Ketten und bietet uns Raum zu Bewegung und Wachstum.

Die Workshops beginnen mit dem Studium der Farben, das heißt mit ihrem Wesen und ihrer Symbolik. Die *Balance-Flaschen* mögen diese Kenntnisse dann in einer Weise festigen, die uns selbst und anderen nützt.

Wie geschieht das? Was hat es mit dem System auf sich, durch das die Talente und Stärken eines Menschen so klar hervortreten? Woran liegt es, daß die Schwierigkeiten und Herausforderungen, die wesentlichen Probleme im Leben einer Person, so eindeutig festgelegt werden können? Die Antworten auf diese Fragen wollen wir im Folgenden besprechen.

Jede Farbe korrespondiert mit einem bestimmten Körperbereich. Vom farblichen Standpunkt aus betrachtet, ist der Mensch eine Widerspiegelung des Regenbogens. Mit anderen Worten, die oberste Regenbogenschicht, das Rot, spiegelt sich im untersten Wirbelsäulenbereich wider. Die Farben steigen durch den Körper zum Violett in Scheitelhöhe empor, das den unteren Rand des Regenbogens reflektiert. Falls die übereinstimmende Ansicht hellsehender Menschen zutrifft und diese Farben tatsächlich spezifischen Körperbereichen entsprechen, dann muß es auch eine Übereinstimmung mit anderen Seinsebenen geben, mit den Emotionen, den Gedanken und dem Geist. Es ist nicht von ungefähr, daß seit Jahrhunderten in Romanen vom Tod an gebrochenem Herzen gesprochen wird. Ebenso wie die Kehle mit der Kommunikation in Zusammenhang steht, ist das Herz der physische Sitz der Gefühle. Die über vierzehnjährige Erfahrung mit Aura-Soma durch Workshops und Beratungen hat gezeigt, daß die Entsprechung zwischen der Farbe und den einzelnen Zuständen von Verstand, Herz und Geist in ihrer Genauigkeit einem Laserstrahl gleicht.

Aura-Soma hat sich im Laufe seiner Entfaltung allmählich von seiner Definition als Heilsystem entfernt und auf die Vorstellung hin entwickelt, daß es sich eigentlich um ein Mittel zur möglichen Bewußtseinstransformation handelt. Einem solchen Wandlungsprozeß mag dann nicht nur ein Ausgleich auf physischer, sondern auch auf allen anderen Seinsebenen folgen. Trotzdem ist eine Heilung sehr viel komplexer und tiefgreifender als das Kurieren physischer Symptome oder das Anbieten von Tempotüchern im Falle eines Tränenstroms. Als Vicky Wall vor vielen Jahren zu lehren pflegte, daß jeglicher Versuch, den physischen Körper ohne Berücksichtigung der Aura wieder ins Gleichgewicht zu bringen, nur vorübergehend sein konnte, erkannte sie die weitaus tiefere Ebene, auf der wahre Heilung stattfinden muß. Echte Heilung läßt eine Situation verstehen, so daß wir den Problemen voll Vertrauen und innerem Frieden entgegentreten.

Darin liegt der wahre Wert der Balance-Flaschen. Wir wollen nun ein wenig genauer auf das Aussuchen und die Interpretation der gewählten Farbkombinationen eingehen.

Eine Beratung

Zur Zeit gibt es neunundneunzig Balance-Flaschen, von denen eine jede zwei gleiche Teile enthält, wobei die ölige über dem wässerigen ruht. In den meisten Fällen unterscheiden sich diese beiden Schichten in ihren Farben. Doch obwohl sie manchmal dieselbe Farbe aufweisen, sind sie deutlich voneinander getrennt. Die Flaschenreihe steht an einem lichten Ort, damit die glühenden, lebendigen Energien aufblühen und ihre Botschaft aussenden können. Zunächst suchen wir eine Kombination aus, die uns am meisten zusagt. Unsere Wahl mag uns überraschen, da sie in keinem offensichtlichen Zusammenhang mit den Farben steht, die wir gewöhnlich für unsere Kleidung oder unser Sofakissen nehmen. Dennoch, wenn wir uns öffnen und unserem Instinkt folgen, werden wir die richtige Farbe wählen.

Einige Leute wissen sofort, was sie nehmen wollen. Andere mögen sich ein wenig überwältigt fühlen und sind unsicher in ihrer Wahl. In diesem Fall mag die Vorstellung helfen, daß es sich um eine einmalige Gelegenheit handelt und wir die Flasche für den Rest unseres Lebens aussuchen. Aus dieser Sicht gesehen, fragen wir uns, mit welcher Flasche wir uns am wohlsten fühlen.

Der erste Hinweis ergibt sich aus der bereits beobachteten Verbindung der Grundfarbe mit der Farbe unserer *wahren Aura*. Wenn wir diese Farbe oder Farben erkennen, nehmen wir etwas von der eigentlichen Essenz unseres Seins wahr. Die Bodenfarbe der ersten Flasche macht eine Aussage über unsere grundlegende Natur, während die darüberliegende Schicht Auskunft über unseren Lebensweg gibt. Dieser Pfad ermöglicht es uns nicht nur, unsere natürlichen Wesenseigenschaften auszudrücken, sondern bringt auch Hindernisse mit sich. Diese waren von Anfang an da. Doch indem wir sie überwinden, können wir hoffen, unsere Lektionen zu lernen und zu erstarken.

Wenn wir unseren Lebensumständen mit unseren speziellen Fähigkeiten begegnen, unsere Lektionen lernen und uns anhand unserer Erfahrungen bemühen zu wachsen, dann werden wir das Möglichste aus uns herausholen. Wenn wir daher die Kombination der ersten Flasche betrachten, unsere Eigenschaft und unseren Lebenspfad, nehmen wir das Bild unseres vollen Potentials wahr. Daraus läßt sich ersehen, welche große Bedeutung der ersten Flasche zukommt, weil wir mit ihrer Hilfe auf die Seelenaufgabe der Person, die sie wählte, schließen können. Sie mag uns einen Hinweis auf ihre »Mission« geben, was sie tun, finden oder sein wollte, mit anderen Worten, den Grund für ihre Inkarnation. Während die erste Flasche also auf unsere Qualifikation und unsere Stärken hinweist, macht sie gleichzeitig auf Bereiche möglicher Lebenskämpfe aufmerksam. Die zweite Flasche hebt jene Schwierigkeitsbereiche hervor, die uns am meisten herausfordern.

Auch bei der Wahl der zweiten Flasche stellen wir uns vor, daß es sich um eine einmalige Gelegenheit handelt. Danach suchen wir die dritte und vierte Farbkombination aus. An der zweiten Flasche lassen sich nicht nur die Hauptschwierigkeiten der Vergangenheit ablesen, sondern auch die darin enthaltenen Lernmöglichkeiten. Aus diesem Grunde bezeichnet man sie als die Herausforderung und das Geschenk. Der obere Teil weist vor allem auf diejenigen Probleme hin, die wir teilweise schon erkannt haben, wohingegen die untere jene anspricht, die uns weitgehendst unbewußt sind.

Die Wahl der dritten Flasche gibt über unsere gegenwärtige Situation Auskunft. Wie werden wir mit ihr fertig? Haben wir sie größtenteils bereits bearbeitet oder drehen wir uns im Kreise? Auch in diesem Falle repräsentiert die obere Schicht hauptsächlich unsere bewußte Haltung, während die untere Licht auf jene Probleme wirft, die noch nicht in unser Bewußtsein gedrungen sind.

Die vierte Flasche zeigt die Richtung an, in die wir uns hauptsächlich bewegen. Wofür und wie wir unsere Energie momentan einsetzen, bestimmt die Eigenschaft des nächsten Augenblicks. Unser Unterbewußtsein weiß im Großen und Ganzen, was wir vorhaben und wird uns einige klare Vorschläge mit auf den Weg geben.

Das sind die Richtlinien. Die Balance-Flaschen sind letztlich Schlüssel zu unserer Intuition und bilden die Grundsteine der Struktur, die wir erlernen und innerhalb derer wir arbeiten. Als Teilnehmer eines Workshops mögen wir erkennen, daß Energien sich schnell bewegen. Das gemeinsame Bemühen einer Anzahl von Menschen, sich für die Bewegung der Energien und eine Auflockerung von Blockaden öffnen, schafft eine Atmosphäre, die Berge versetzt.

Um verstehen zu können, was geschieht, wenn wir den vier Balance-Flaschen gegenüberstehen, müssen wir die Farben als die freie Wahl lebendiger Menschen betrachten. Bevor wir die Sprache der Farben auskundschaften, möchte ich ein Beispiel aus einem Workshop anführen.

Rosemarie

Als Rosemarie ihren ersten Aura-Soma-Kurs besuchte, war sie Ende dreißig. Trotz ihrer Begabung für Astrologie, praktizierte sie diese nur selten. Doch mehr noch, sie besaß ein außergewöhnliches Musiktalent. Von Kindheit an war die Musik die Leidenschaft ihres Lebens gewesen, und sie hatte schon früh für ihr Alter ungewöhnliche Leistungen gezeigt. Doch seit einigen Jahren war sie unfähig zu spielen. Ihre musikalische Energie war völlig blockiert, und sie hatte aufgegeben. Jeder Versuch, das Cello zu spielen, rief einen nicht versiegenden Tränenstrom hervor. Verdrießlich über die Tränenflut und den scheinbaren inneren Gram, den sie mit sich herumtrug, hatte sie ihr Cello in den Schrank gestellt. Es war, als habe sie auch ihr Musiktalent hinter Schloß und Riegel gebracht. Ihre Begabung als astrologische Beraterin und Cellistin war eingefroren. Sie verdiente ihren Lebensunterhalt mit niedrigen Arbeiten als Aushilfssekretärin. Das ermöglichte ihr zwar zu überleben, aber nicht zu leben.

Rosemarie war eine ungewöhnliche Frau, stark und leidenschaftlich. Sie besaß einen scharfen, wachen Verstand und einen seltenen Weitblick. Seit Jahren hatte sie hart an sich selbst gearbeitet, um eine Möglichkeit zu finden, diese lähmende Blockade in ihr zu lösen. Doch sie war in einem Labyrinth gefangen, aus dem sie keinen Ausweg fand.

Eines Tages bat sie, die vier folgenden Flaschen, die sie gewählt hatte, der Gruppe vorstellen zu dürfen.

45	52	76	59
Türkis	Blaßrosa	Rosa	Blaßgelb
Magenta	Blaßrosa	Gold	Blaßrosa

Das Magenta auf dem Boden der ersten Flasche zeigte Rosemaries Mischung aus Leidenschaft und Zartgefühl, ihr Pflichtempfinden gegenüber den Menschen und ihrer Aufgabe. Diese Aufgabe, auf die das Türkis hinwies, bestand hauptsächlich in der kreativen Kommunikation über das Herz durch irgendeine künstlerische Bemühung. Das Magenta wies auch auf eine gewisse Art der Selbstaufopferung hin. Das Türkis indizierte eine starke Freiheitsliebe, ein Empfinden für Verantwortung und eine große künstlerische Begabung. Diese Flasche bestätigte Rosemaries tiefe Liebe für ihre Kunst und ihre Kommunikationsfähigkeit mittels Musik, eine Energieeigenschaft, die heilen und aufrichten konnte. Aber wo lag das Problem?

Zur Beantwortung dieser Frage wollen wir die zweite Flasche betrachten. Sie beinhaltet das blasseste Rosa. Im Aura-Soma-System werden die helleren Farben als mehr, nicht als weniger intensiv beurteilt. Es sind die lichtdurchfluteten Farben. Sie indizieren ein klares Bewußtsein, aber auch tiefes Leid. Rosa weist auf die feminine, intuitive, mütterliche Energie hin sowie eine bedingungslose Liebe. Es gibt aber auch Aufschluß über Probleme, die sich mit größter Wahrscheinlichkeit auf die Mutter beziehen, und zwar Unterdrückung oder Vernachlässigung.

In Rosemaries Fall kam beides in Frage. Ihre Mutter war eine talentierte Opernsängerin gewesen, bevor sie heiratete und bald mehrere Kinder zur Welt brachte. Sie besaß eine flatterhafte Natur und trat leidenschaftlich gerne auf. Die Bühne war ihr Zuhause. Als Rosemarie geboren wurde, war die Ehe ihrer Eltern aufgrund der Frustration in die Brüche gegangen. Nicht lange danach suchte ihre Mutter Zuflucht bei Schlafmitteln und im Alkohol, und ihr ohnehin zarter Geisteszustand geriet aus dem Gleichgewicht. Es blieb nur noch Zeit, ein weiteres Kind zu produzieren, bevor der Vater unter dem Druck der Lage die Familie verließ und seiner jungen Tochter die Sorge um die Mutter und die kleine Schwester aufbürdete. Auch die älteren Schwestern setzten sich ab, sobald sie konnten. Rosemaries junges Leben glich einem Drama, gegen das selbst Aschenputtel nicht hätte ankommen können. Abgesehen von den wenigen Schulstunden, verbrachte sie den Tag mit Schrubben und Kochen, gejagt von einer Peitsche, wenn sie erlahmte. Ihr nächtlicher Schlaf wurde beständig unterbrochen von den Forderungen ihrer von Drogen berauschten und betrunkenen Mutter. Manchmal wagte sie es zu entfliehen, um auf ihrem Cello zu spielen, doch nie für lange. Als Rosemaries seltenes Talent immer sichtbarer wurde, beschlagnahmte die Mutter das Instrument, verschloß es im Schrank und versteckte den Schlüssel. Die Tochter durchsuchte das Haus, fand den Schlüssel - und dieselbe Szene wiederholte sich viele Male. Schließlich gab Rosemarie verzagt auf.

Es verwunderte daher nicht, daß sie auch in ihren Dreißigern noch nicht spielte und Groll, Frustration und Wut in sich trug, was sich auch in der zweiten Flasche zeigte. Wie stand sie der Situation in der Gegenwart gegenüber? Die dritte Flasche, Rosa über Gold, gab die unaufhörliche, bedingungslose Liebe wieder, die sie den Menschen, die sie kannte, anbot. Mit soviel Rosa in ihrem Flaschenset wurde auch klar, daß Rosemarie ein tiefes, unbefriedigtes Bedürfnis nach Liebe besaß: »Ich möchte so geliebt werden, wie ich bin, und nicht so, wie du mich haben willst.« Diese Botschaft ertönte durch alles hindurch. Das Gold in der unteren Schicht zeigte einen Quell tiefer irrationaler Furcht, jene Art, die sich nicht vernunfts- oder willensmäßig unterdrücken läßt. Es zeigte auch, daß Rosemarie bereit war, Zugang zu ihrer tiefen, intuitiven Weisheit und zu ihrem Mitgefühl zu finden, um durch Liebe und Verständnis vergeben lernen zu können. Jede Flasche besitzt einen Namen; diese lautete »Vertrauen«.

Rosemaries vierte und letzte Flasche war wie die zweite blaß und intensiv. Auch sie enthielt das Rosa und ein Gelb, das dem Gold ähnelt. Die dritte Flasche schien sozusagen auf dem Kopf zu stehen und ins Licht gerückt zu werden, um das Erlernte aufzusammeln und anzuwenden. Das Gelb, das Furcht indiziert hatte, würde bald ins Bewußtsein dringen und in Wissen und Weisheit verwandelt werden. Das Rosa war immer noch vorhanden; bald würde sie lernen, für sich selbst aus diesem unendlichen Quell der Liebe zu schöpfen. »Liebe bedeutet, die Furcht gehen zu lassen.« Die Flaschen mit ihren frischen Frühlingsfarben versprachen eine Wiedergeburt.

Dieses Beispiel gibt nur einen schwachen Überblick dessen, was die Balance-Flaschen offenbarten. Eine durchschnittliche Konsultation dauert etwa fünfundvierzig Minuten. Dennoch vermittelt sie ein gewisses Bild der vorliegenden Grundzüge. Die einerseits erstaunlich einfache und direkte Sprache der Farben zeigt sich andererseits kompliziert und tiefgreifend. Es besteht eine Beziehung zwischen den Farben. Ihre Energien sind in verschiedener Weise miteinander verbunden und versiegelt. Die fehlenden Farben besitzen oft eine ebenso große Bedeutung wie jene, die ausgesucht wurden. Es bedarf der Schulung und der Übung, um zu verstehen, was die Auswahl der Flaschen aussagt. Die Techniken zur Interpretation der Farben und ihr Wesen sind schließlich so vertraut und geläufig, wie zum Beispiel das Autofahren und das Gefühl für die Straßenverhältnisse. Für den geübten Therapeuten werden die Flaschen dann zu Schlüsseln, die das Tor zu unserer Intuition öffnen, um die Heilenergie mit ihrer durchdringenden Kraft strömen zu lassen. Diese Energie gleicht dem Wasser. Wasser besitzt die Kraft, Deiche zu durchbrechen und die Sanftheit, Leben im Mutterleib zu unterstützen. Es ist die durchdringende Kraft des Wassers, das alles zusammenhält, denn ohne es wäre alles nur Staub. Die heilenden Energien des Lichts fließen in gleicher Weise - stark, durchdringend und unendlich sanft.

Die Heilung, die Rosemarie bei jenem Workshop zuteil wurde, leitete einen Wandlungsprozeß ein, der sie einer größeren Freiheit entgegenführte, als sie je zuvor gekannt hatte. Solche Veränderungen treten nicht immer einfach und schnell ein. Doch Rosemaries Cello war wieder aufgetaucht. Sie weiß nun, daß ihre Hauptaufgabe in diesem Leben darin besteht zu musizieren. Sie ist sich der vor ihr liegenden Arbeit durchaus bewußt, aber ihre Musik wird wieder lebendig.

Farben berühren uns auf einer tieferen als durch die Umstände geschaffenen Ebene. Was lehrt uns die Sprache der Farben, das eine derartig tiefe Wirkung auf unser Wohlbefinden ausübt? Um die Antwort darauf verstehen zu können, müssen wir uns auf eine aufwärtsgehende Reise begeben, die uns durch die einzelnen Energieebenen unseres Körpers führt, eine Reise durch den Regenbogen und vielleicht sogar hinüber auf die andere Seite.

5

Das Abenteuer

Abbildung sechs gibt Vicky Walls Sicht von einem vollkommenen Menschen wieder. Diese Vision der Zukunft, wenn man so will, stellt das Regenbogenwesen dar, das wir in einem Zustand vollkommener Ausgewogenheit und Harmonie auf allen Seinsebenen einmal werden können. Wenn wir es betrachten, erkennen wir darin uns selbst. Aber keiner unter uns hat bisher diesen Zustand erreicht, der unserem Verstand, Herz, Körper und Geist Frieden schenken würde.

Unser Zugang auf dem Gebiet geistigen Wachstums und der Gesundheit hat eine Stufe erreicht, auf der viele Menschen inzwischen erkennen, daß unsere Wahrnehmung mittels der fünf Sinne bloß der Anfang ist und sich eine viel größere Welt dahinter auftut. Das weiße Licht wird durch sein Farbspektrum sichtbar, jener Anteil, der sich auf unseren physischen Organismus bezieht. Diese den menschlichen Augen sichtbaren und für den Organismus unschädlichen Farbschwingungen befinden sich zwischen dem infraroten und ultravioletten Lichtband. Sie sind es, die von den Balance-Flaschen und dem Aura-Soma-System angesprochen werden. Seltsamerweise gewinnen wir bei der Arbeit mit Farben Heilenergien, die nicht unbedingt sichtbar sind.

»Was ist das, Heilenergie?« fragen mich die Leute bisweilen. »Ich kann sie nicht sehen. Woher weiß ich, daß sie wirklich sind?«

Nun lassen sich auch die Elektrizität, der Magnetismus, die Schwerkraft oder der Wind nicht mit dem physischen Auge erkennen. Wir können sie lediglich empfinden und ihre Auswirkungen spüren. Ähnlich verhält es sich mit der Aura. Nur wenige Menschen in der westlichen Welt vermögen bisher das Energiefeld, das alles Lebendige umgibt, zu sehen. Das Gleiche gilt für die Chakras oder Energiezentren entlang der Wirbelsäule jeder lebenden Kreatur. Die visuelle Bestätigung eines Energiefeldes erhalten wir durch die Kirlian-Photographie, die zumindest einen Teil der Energie sichtbar macht. Doch viele einigermaßen geschulte Menschen vermögen die Aura zu fühlen. Selbst ohne die Energie zu spüren, zieht jedermann Nutzen aus deren Harmonisierung. Hellsehen bedeutet *klar zu sehen.* In Vickys Jugend war das eine Seltenheit, und obwohl diese Fähigkeit immer noch verhältnismäßig wenig auftritt, nimmt die Anzahl der Menschen zu, die sich für die feineren Sinne öffnen.

Die normalerweise unsichtbaren Energieaspekte der Farbe lassen sich nicht messen. Wir betrachten die feinsten Ebenen der menschlichen Anatomie, für die es keine objektiven Maßstäbe gibt. Daher müssen wir uns, abgesehen von unserer eigenen Erfahrung und Intuition und der begrenzten Information durch die Kirlian-Photographie, weitgehendst auf die Aussagen solcher Menschen verlassen, die die Gabe der Hellsichtigkeit besitzen. Aber auch in diesem Falle stimmen die von den einzelnen Personen wahrgenommenen Details nicht immer ganz genau überein.

Wir müssen uns also nicht nur für unsere eigene Intuition öffnen, sondern auch für Menschen, die uns an ihren Kenntnissen teilhaben lassen wollen. Im Osten ist dieses Wissen seit Tausenden von Jahren zugänglich. Vergleichbar mit anderen Studien hinsichtlich des menschlichen Wohlbefindens oder Bewußtseins, läßt sich dieser Bereich noch weniger wissenschaftlich »kontrollieren«.

Im Hinblick auf die wesentliche Tatsache, daß Menschsein individuelle Einzigartigkeit bedeutet, läßt sich ein menschliches Wesen von Natur aus der wissenschaftlichen Studie nicht unterordnen. Die feinen Bewegungen der Aura verändern sich beständig.

Das Gesamtbild betrachtend, stimmen die einzelnen Hellseher und die Aussagen der schriftlichen Überlieferung jedoch grundlegend überein. Daher besitzen wir ein scheinbar brauchbares Modell des menschlichen Lichtkörpers, des Menschen, der im Licht seinen Ausdruck findet. Doch ich möchte in diesem Buch weniger über Theorie als über Erfahrung sprechen.

Die Chakras

Nach uralter Hindu-Tradition besitzt jeder Mensch sieben Chakras oder Energiezentren. Die Energiespeicher und -Generatoren korrespondieren mit den Regenbogenfarben und bilden die Eintrittspforten für die universale Lebenskraft, die uns nährt. Jedes Chakra verfügt über eine unterschiedliche Frequenz und reagiert auf verschiedene Lichtschwingungen, es besitzt also seine eigene Farbe. Die einzelnen Farben werden von jeweilig anderen Wellenlängen erzeugt. Die Chakras liegen entlang der Wirbelsäule, beginnend an deren Basis und bis hinauf zum Scheitel, und bilden das Energiesystem des Körpers.

Vicky Wall verglich sie mit sieben übereinander aufgestapelten Fernsehgeräten. Um einen klaren Empfang zu gewährleisten, muß jeder Apparat fein eingestellt sein. Ein ungehindertes Fließen der Energie sorgt für eine einwandfreie Bild- und Tonqualität. Ähnlich verhält es sich mit den Saiten einer Gitarre. Ihr Zusammenspiel bringt einen sauberen Klang hervor, wenn jede einzelne Saite fein gestimmt ist. Eine einzige verstimmte Saite beeinträchtigt den gesamten Musikfluß. Das Gleiche gilt für die Chakras. Jedes einzelne Zentrum ist eng mit allen anderen verbunden. Die Unausgewogenheit nur eines Zentrums beeinflußt daher das gesamte Energiesystem des Körpers.

In der Hindu-Tradition werden seit Jahrhunderten die Chakras als sich drehende Energieräder beschrieben. Vicky Wall nahm das subtile Schwingungsfeld ein wenig anders wahr. Sie bevorzugte den Ausdruck 'Energie-Stationen', da sie die einzelnen Zonen als Farbbänder wahrnahm, die den ganzen Körper umgeben. Im Aura-Soma-System wird daher mit diesem Modell gearbeitet.

Bei einem vollkommen harmonischen *Regenbogenwesen* drückt jeder Aspekt Gelassenheit aus, und es herrscht ein Zustand absoluten Gleichgewichts zwischen oben und unten. Die Energie vermag ungehindert alle Kanäle zu durchfließen, die oben und unten, innen und außen miteinander verbinden. Die Kenntnis der Chakras und der Farbensprache sowie die Erfahrung von Licht und Farbe können eine faszinierende Reise einleiten. Einige erleben diese als Weg aus der Dunkelheit in das Licht, aus der Verwirrung in die Klarheit. Wir könnten diese Reise sogar als Abenteuer bezeichnen. Über die Farbe vermögen wir uns in ein noch unerforschtes Gebiet zu begeben. Selbst in unserem bewußten Leben betreten wir oft unbekannten Grund. Das Unterbewußte gleicht einer Wildnis. Doch mit Hilfe von Wegweisern und einer Landkarte verschaffen wir uns einen Überblick und erkennen die Hauptwege und interessante und prächtige Orte, aber auch Fallgruben und Schmutzspuren.

Am Anfang schuf Gott das Licht. Das Fehlen von Dunkelheit gab unbegrenzten Möglichkeiten Raum. Aus dieser Leere, diesem Potential, entsprang die Urkraft, die Lichtenergie und daraus die Farbe. Da wir alle aus dieser Dunkelheit hervorgehen, tragen wir in uns das volle Potential. Es ist enthalten in dem Gedanken und dann in der Urzelle, unser Erbe mütterlicher- und väterlicherseits vereinigend. Diese eine Zelle tritt aus der Dunkelheit in Licht und Farbe, entfaltet sich und blüht auf. Ein Vorgang, der sich wohl viele Male wiederholt. Die Seele kehrt zu ihrem Ursprung zurück, nur um erneut hervorzutreten und auf der Erde zu landen und stufenweise ihre Erleuchtung zu finden. Die Reise wird zum Abenteuer, zur Schatzsuche; wir verfolgen die Spuren und werden belohnt. Da die Umstände, in denen wir leben, uns neue Entdeckungsmöglichkeiten bieten, kann sich diese Reise in einem Leben viele Male wiederholen. Das Abenteuer mag sich sogar über mehrere Leben und Jahrtausende hinziehen. Richtlinien können da nur hilfreich sein.

Rudolf Steiner betrachtete als einer der ersten die Farbe nicht nur als äußere Wirklichkeit mit physischen Eigenschaften, sondern auch als subjektive Realität. Er untersuchte das individuelle Erleben der Farben und ihre Auswirkungen auf die einzelnen Lebensphasen des Menschen. Aufgrund dieser Erkenntnis entwickelte Steiner ein Erziehungsprogramm und eine Lebensweise, die auf Farbe und Rhythmus basieren. Er betrachtete Weiß als Symbol des Geistes und Schwarz als Bild der Leblosigkeit. Die Farben bildeten für ihn das Grenzgebiet zwischen Licht und Dunkel. Mit anderen Worten, er glaubte, daß die Farbe entstand, wenn das Licht in die Dunkelheit strahlte.

Eine faszinierende Vorstellung, unsere Bewußtseinsentwicklung mit Farbbewußtsein verknüpfen zu wollen. Demnach kann man die Farbe als Brücke zwischen Farbbewußtsein und höherer Wahrnehmungsfähigkeit, zwischen materiellen Belangen und geistigem Wesen betrachten. Disharmonie verursacht Krankheit, und Krankheit geht häufig mit einem Gefühl von Dunkelheit und Depression einher. Die Kirlian-Photographie liefert den Beweis dafür. Die Aura eines kranken Menschen weist oft dunkle Flecken auf, in denen die Energie blockiert ist, was soviel wie Krankheit bedeutet. Bei einer wahren Heilung wird daher auch das die Aura umgebende Licht neu aufgebaut und harmonisiert.

Nehmen wir ein anderes Bild: Das reine, weiße Licht mag als der Vater/Mutter-Aspekt gesehen werden oder als der Meister aller aus ihm erstrahlenden Farben. In diesem Sinne betrachtet, sind Farben die Kinder des weißen Lichts. Als Farbwesen können wir uns selbst daher Kinder des weißen Lichts nennen, ein jedes einzigartig in der Art und Weise, in der es das Licht empfängt und transformiert. Im Laufe unserer Erkundungsreise und unseres Wachstums experimentieren wir mit verschiedenen Möglichkeiten und Identitäten. Auf der Suche nach unserer eigenen Wahrheit durchwandern wir eine Erfahrung nach der anderen.

Als »Kinder« der Farben zwischen Licht und Dunkelheit leben wir in der irdischen Dimension und lernen, wachsen und entwickeln uns. Unser Leben besteht aus einem ständigen Wechselspiel zwischen sich ergänzenden und gegensätzlichen Aspekten: Leben und Tod, Licht und Dunkel, männlich und weiblich, Leidenschaft und Disziplin. Jeder Aspekt ist unvollständig ohne die Ergänzung seines Gegenstücks. Eine Überbetonung der materiellen Seite des Daseins läßt den Geist verdorren und verkümmern. Nehmen uns jedoch die geistigen Dinge zu stark gefangen, verlieren wir den Halt in der physischen Welt. Unser Bestreben gilt dem Gleichgewicht, einer Balance, die weitaus tiefer reicht, als wir sie jemals ohne die Schwierigkeiten hätten erlangen können, die uns ursprünglich aus dem Gleichgewicht geworfen haben. Eine Bewußtseinserweiterung führt in zunehmendem Masse zu immer größerer Ausgewogenheit.

Der Sinn einer Krankheit mag oft darin liegen, uns den Weg zur wahren Heilung zu zeigen, da Schmerz unsere Aufmerksamkeit auf Aspekte unseres Seins lenkt, die aus dem Gleichgewicht geraten sind. Sie wirft Licht auf Dunkelzonen und rüttelt uns wach, damit wir uns auf einer neuen Ebene wiederfinden. Auf unserer Reise durch das Grenzgebiet zwischen Licht und Dunkel erleben wir Augenblicke der Erleuchtung, Augenblicke tiefer Einsicht, Zartheit, Inspiration und Ekstase. Aber es gibt auch Momente, in denen wir abwärts in die Dunkelheit, den Schattenbereich, treiben, was sich zum Beispiel in Depression, Habgier oder Ärger äußern kann. Beide Gefilde spiegeln sich wahrscheinlich in den Farbtönen wider, die wir aussuchen.

Wenn wir uns zu sehr auf der Schattenseite bewegen, sind die Folge Negativität und Furcht. Der Schwerkraft entsprechend, ist es wohl leichter, in die Negativität abzurutschen, als aufwärts zu klettern. Doch es besteht die Möglichkeit und ist sogar unser Recht als Menschen, diesen Abwärtstrend zu überwinden und sich in den Bereich des Positiven emporzuschwingen. Unsere Farbenwahl kann uns einen Einblick in jene

Aspekte unserer Reise verschaffen, denen wir in diesem Moment besondere Aufmerksamkeit schenken müssen. Wir sind beständig aufgefordert, uns in unserem Leben stets auf der positiven Seite der Energien zu
bewegen, die uns umgeben.

Man kann jedes Chakra als eine Station unseres Lebensprozesses
betrachten. Die Wahl der Farben, mit ihren unterschiedlichen Tönungen
und Anordnungen, vermag uns Aufschluß über unseren jeweiligen Stand
auf dem Pfad zu geben. Das Abenteuer beginnt mit unserer Ankunft auf
Erden durch das erste, das rote Chakra, und verläuft dann durch die übrigen Energiezentren, bis wir das violette Kronen-Chakra und darüber
hinaus das magentafarbene erreicht haben, das uns wieder mit dem Himmel verbindet. Auf jeder Stufe dieses Abenteuers begegnen wir Herausforderungen, Hürden, die unsere geistigen Muskeln und unser Stehver-
mögen auf die Probe stellen. Jede Stufe birgt aber auch ihre Freuden und
Belohnungen, die besonders groß sind, wenn wir unsere Lektionen gelernt haben. Man denke nur an die Freude des kleinen Kindes, wenn es
schließlich die Begrenzung überwunden hat, sich auf Händen und Knien
fortzubewegen, und endlich auf seinen Füßen steht.

Dieses Abenteuer, das sich in den aufsteigenden Energiezentren darstellt, wird von jedem Menschen in der einen oder anderen Weise, bisweilen mehrmals in einer Inkarnation, erlebt und wiederholt sich im Laufe
des Evolutionsprozesses der individuellen Seele während vieler Leben.
Man kann es aber auch in größerem Zusammenhang betrachten, was
sich besonders aufregend gestaltet, da wir an der Schwelle einer neuen
Ära stehen. Wir verlassen das Fische-Zeitalter und nähern uns dem Was-
sermann-Zeitalter. Im geschichtlichen Gesamtbild gesehen, erkennt man
den Weg der Menschheit durch die Energiestationen. Diese Reise bietet
die Möglichkeit zunehmender allgemeiner und individueller Bewußtseinserweiterung.

Der Mensch ist die einzige Kreatur im Tierreich, die aufrecht steht,
die Chakras dem Licht zugewandt. Wie der sechsstrahlige Stern, so erhebt sich unser Kopf gen Himmel, während die Füße auf der Erde stehen. Fest im Boden verankert, vermögen wir uns dennoch auf die himmlische Energie zu konzentrieren, die herabsteigt und uns rein hält. Durch
unser stetes Bemühen um Bewußtseinserweiterung können wir wahres
Gleichgewicht erlangen, das heißt, der Kopf im Himmel, die Füße auf
der Erde und ein frei fließendes Zentrum.

Jede Farbe - und somit jedes Chakra - birgt Botschaften in sich. Jede Farbe enthält vielschichtige Informationen, und zwar auf geistiger, mentaler, emotionaler, energetischer oder physischer Ebene. Einige geben Auskunft über Talente und Stärken, andere über Schwierigkeiten und Lektionen. Solange sich das einzelne Chakra in einem schlafenden Zustand befindet, stoßen wir aufgrund der dadurch gegebenen Beschränkungen und Schwierigkeiten an gewisse Grenzen. Je mehr wir verstehen, desto wahrscheinlicher bietet sich die Möglichkeit, diese zu überschreiten und die in der Erfahrung liegenden Gaben zu entdecken.

Das dritte Chakra steht beispielsweise in Zusammenhang mit dem individuellen Willen, mit Leistung und mit dem Gebrauch oder Mißbrauch von Macht. Es korrespondiert mit der Farbe Gelb. Schwierigkeiten mit diesem Energiezentrum äußern sich unter anderem entweder als Überbetonung des Egos, begleitet von Habgier und dem Verlangen, andere zu kontrollieren. Andererseits kann es aber auch ein Zeichen von einem Gefühl der Unwürdigkeit sein, das uns davon abhält, unsere Individualität zu entwickeln. Je stärker das Licht des Erwachens in unseren Solarplexus, das Sonnenzentrum unseres Seins, strahlt, desto eher werden wir uns selbst erkennen und wahrnehmen, was zu echtem Selbstwertgefühl führen kann, wodurch unsere Individualität aufblüht und wir glücklich werden.

Wenn eine Farbe sich von ihrer dunkleren Tönung zur helleren hinbewegt, nähert sie sich dem weißen Licht. Wir sind aufgefordert, uns auf der positiven Seite der Farbe zu bewegen. Das *Balance-Flaschen-System* enthält nur wenige dunkle Tönungen, aber viele helle, da Aura-Soma bewußt mit den Energien des Lichts arbeiten will. Das bedeutet nicht eine Verleugnung der Schattenseite. Es bringt lediglich zum Ausdruck, daß das Licht stets stärker als die Dunkelheit ist. Eine Betonung des Lichts fordert seine Kraft.

Wir müssen uns jedoch vor Augen halten, daß die Farbe weder eine Be- noch eine Verurteilung bietet. Die Farbe als solche ist neutral. Jeder Strahl stellt einen unterschiedlichen Aspekt des reinen weißen Lichtes dar, ein jeder unbedingt notwendig für die Totalität des Lichts. Ähnlich verhält es sich mit der gewählten Farbe; ob es sich dabei um eine dunkle oder helle Tönung handelt, ist lediglich eine Frage der Analyse. Die Farbe reflektiert den augenblicklichen Zustand, in dem sich die Person befindet. Jemand mag vier der hellsten Farbtöne aussuchen. Dies kann auf ein recht waches geistiges Bewußtsein hinweisen. Es kann aber auch Schmerz anzeigen, der auf irgendeiner Ebene durchlitten wird und daß die betreffende Person sich nur schwierig im irdischen Leben zurechtfindet. Sie mag zerstreut und unordentlich sein. Farbe wirkt als Spiegel, sie spendet nicht Lob.

Alles besitzt sein polares Gegenstück. Wenn Licht im Gegensatz zur Dunkelheit steht, bildet Liebe den Gegenpol zur Furcht. Gerald Jampolskys bekannter Ausspruch »Liebe ist das Loslassen von Angst« verdeutlicht diese gegensätzlichen Energien Liebe und Furcht. Wir tragen beide in uns. Alles, was nicht der Liebe entspringt, entstammt der Angst. Falls die Liebe aus dem Licht geboren wird, geht die Furcht aus der Dunkelheit hervor. Die Abwärtsbewegung in die Dunkelheit und das Negative ist eine Manifestation der Angst. Jede Aufwärtsbewegung in Richtung Licht ist eine Bewegung der Liebe, der Sieg über das Negative und die Furcht. Unsere Farbenwahl fördert das Aufdecken solcher Angstbereiche, die unseren Fortschritt hemmen.

Was können wir also tun?

Zuerst betrachten wir die Farben, die wir ausgesucht haben, denn sie besitzen die Schlüssel zu vielen Türen. Wir können uns dann für die Einsichten, die die Farben bieten, öffnen. Als nächstes sollten wir mit der Farbe zusammenarbeiten, das heißt, sie auf unseren Körper auftragen und über die Lektionen nachdenken, die sie uns zu lehren hat. Bevor wir fähig sind, uns von der Angst zu lösen, müssen wir lernen, uns mit ihr anzufreunden und sie zu verstehen. Vielleicht gelingt es uns dann, mit ihr zu kommunizieren und eventuellen Antworten zu lauschen. Denn was ist eigentlich Angst? Es ist Schatten, Unwissenheit oder das, was wir ignoriert und unterdrückt haben. Je mehr Licht wir auf diejenigen Aspekte unserer selbst werfen, die uns die größten Schwierigkeiten bereiten, anzunehmen und zu verstehen, desto mehr nähern wir uns dem Licht oder sogar der Erleuchtung. Wir mögen daher Wurzeln in der Dunkelheit schlagen, um alles darin zu hegen und ans Licht zu ziehen. Indem wir Dinge annehmen, die wir ansonsten zurückweisen und Probleme anerkennen, denen wir nicht gegenübertreten würden, vermögen wir die Energien der Liebe zu zügeln, um Schönheit zu schaffen und offensichtliche Bruchstücke unserer Lebensschwierigkeiten auszuräumen. Wenn dieses vergrabene »Zeug« erst einmal bearbeitet und ans Licht gebracht worden ist, kann es verändert und verwandelt werden. Ebenso wie die Dunkelheit der Erde Früchte und Blüten, himmlische Düfte, Strukturen und Klänge hervorbringt, vermögen wir unsere Erfahrung und unsere Einsicht in Gemälde, Mythen, Gedichte und Erzählungen umzusetzen und in Briefen, Tänzen und Gesängen zum Ausdruck zu bringen. Eine solche Transformation können wir sogar in die liebevolle Zubereitung von Speisen einfließen lassen, um uns selbst und andere mit Heilschwingungen zu verwöhnen. Ein Lächeln oder eine zärtliche Geste offenbaren, daß wir beginnen, das Universum und unsere Rolle darin als grundsätzlich gütig anzuerkennen.

6.
Rot

Der Prozeß beginnt mit der Farbe Rot. Rot hat mit Energie und unserer Verbindung zur Erde zu tun. Energie bildet den Schwerpunkt physischen Lebens. Rot ist die Energie zu lieben und zu leben. Es ist die Mutter Erde, das Lebensblut der Welt. Es hält unsere Füße auf dem Boden und gibt der materiellen Inkarnationskraft die Möglichkeit, in den Körper einzutreten und ihn zu beleben. Die Farbe Rot verankert den Geist mit der physischen Hülle, sie erdet unsere Ideen und Pläne. Abbildung 6 zeigt den Bereich, in dem sich die rote Energie ausbreitet; er erstreckt sich vom Schambeinknochen und der Wirbelsäulenbasis bis hinunter zu den Füßen und umfaßt auch die Hände. Das Rot verbindet uns über unsere Hände und Füße mit der Erde. Es schwingt unser eigenes Energiefeld auf das der Erde ein und versorgt uns mit Leben sowie positiver und negativer Kraft. Die rote Energie befähigt uns, durch unsere Hände und Füße unsere Gedanken, Gefühle und sogar unseren Willen zu materialisieren.

Die Reise beginnt mit dem Wurzel-Chakra. Unsere erste Erfahrung physischen Lebens, der Geburtsprozeß, steht mit Rot in Verbindung. Dabei spielt es keine Rolle, ob es sich um eine normale Geburt oder einen Kaiserschnitt handelt, in jedem Falle treten wir durch den roten Körperbereich in diese Welt ein. Wie gestaltet sich diese Erfahrung? Einige Monate lang haben wir in der wärmenden Geborgenheit des Mutterleibes verbracht, wo ohne unser Dazutun alle unsere Bedürfnisse erfüllt wurden. Dann kommt der Augenblick der Geburt. Die Nabelschnur wird durchtrennt, und wir begegnen zum ersten Mal dem Element Luft, erleben Temperaturwechsel und verspüren bald Hunger. Wir müssen lernen zu atmen, zu saugen und später zu kauen. Es ist tatsächlich eine Frage des Überlebens. Völlig unerwartet tauchen wir aus einer neunmonatigen Phase des Friedens, der Stille und Wärme sanft dunkler Vertrautheit empor und sehen uns gleißenden Lichtern und einem höchst unsicheren Gleichgewichtsempfinden gegenüber. Wir werden an den Füßen emporgehalten und bekommen einen kräftigen Klaps.

Wie können wir uns diesen recht plötzlich auftretenden Herausforderungen gegenüber verhalten? Schreien wir entrüstet auf, wenn der Doktor und schlägt und verlangen als Entschädigung, daß man uns im Bemühen zu überleben unterstützt? Werden wir also mit Aggression antworten oder uns in Angst und Neurose zurückziehen, unfähig, freimütig unsere Bedürfnisse anzumelden?

Die Art und Weise, in der wir auf diese Anfangserfahrung reagieren, ob wir schreien, um die Aufmerksamkeit auf uns zu ziehen und somit sicherzustellen, daß nichts vergessen wird, oder ob wir uns ängstlich zurückziehen, bestimmt unser Lebensmuster. Von diesem ersten Augenblick an wird unsere Persönlichkeit der einen oder anderen Tendenz folgen. Doch im Laufe unseres Lebens sind wir dazu aufgefordert, einen Ausgleich zu schaffen. Wir müssen den goldenen Mittelweg finden, ansonsten geraten wir aus dem Gleichgewicht und steuern der Disharmonie zu.

Das Wurzel-Chakra bildet die Grundlage; der Mensch erfährt, was es heißt zu überleben, denn er braucht Nahrung, Obdach und Wärme. Das *Rote* Kreuz verspricht, die Sicherstellung dieser Grundbedürfnisse zu unterstützen.

Nach unserem persönlichen Überleben rangiert das Überleben der Rasse, und zwar die Fortpflanzung. Rot steht daher auch mit jenem wesentlichen Aspekt der Urenergie in Verbindung, den wir Sexualtrieb nennen. Rote Lippenstifte und Lippen, die man in vielen Werbungen sieht, sollen das Wurzel-Chakra anregen. Die roten Rosen des Freiers symbolisieren ebenfalls diese Energie.

Auf physischer Ebene bezieht sich Rot auf die Nebennierendrüsen, deren Funktion in enger Verbindung zu den Überlebensmechanismen steht. Es ist das Adrenalin, das unsere Reaktion auf einen Notfall auslöst - kämpfen oder fliehen.

Rot zeigt einen praktischen Menschen an, der mit beiden Beinen auf der Erde steht. Tatkräftige und ehrgeizige Leute, die physische Herausforderungen und ihr Dasein auf Erden lieben, fühlen sich zu dieser Farbe hingezogen.

Energie und Überleben, ohne das eine wird das andere unmöglich.

Tritt bei einer Farbauswahl eine Menge Rot auf, kann das zweierlei bedeuten. Einerseits mag es auf eine vitale Person hinweisen oder aber auf jemanden, der anregend auf seine Mitmenschen wirkt. Andererseits jedoch kann es sich um einen Menschen handeln, der Energie und Antriebskraft benötigt. Die Farbe Rot gibt uns die Kraft und den Ansporn zu handeln.

Unser Blut ist rot. Es transportiert den Sauerstoff und hält uns auf dieser Erde am Leben. Es versorgt die Körperzellen mit Nahrung. Das rote Blut ist das Blut der Bruderschaft und Solidarität, der Familienbande und politischen Leidenschaft. Maos »Kleines Rotes Buch« gibt eine politische Ideologie wieder, die paradoxerweise fundamentalen Materialismus widerspiegelt, denn mehr als alle anderen Farben bezieht sich Rot auf die materielle Welt.

Alle Farben sind an sich neutral; sie reflektieren bloß die Dinge, wie sie sind. Jede einzelne Farbe ist ein Aspekt des weißen Lichts, und keine birgt einen größeren inneren Wert als die andere. Sie besitzt positive und herausfordernde Attribute. Unsere Aufgabe besteht darin, auf der positiven Seite der Energie zu verbleiben, wenn wir uns weiterentwickeln wollen.

Innerhalb des sichtbaren Spektrums besitzt Rot zwar die niedrigste Frequenz, gleichzeitig aber auch die anregendste Wirkung. Das Auge registriert ein rotes Auto schneller als jedes mit einer anderen Farbe.

Der sichtbare Anteil des elektromagnetischen Spektrums, die Farbe, bildet den sicheren Aspekt des Spektrums. Rot wird gefolgt von Infrarot und dann der Frequenz der Elektrizität. Rot liegt somit dieser Energieform am nächsten; es ist machtvoll, dynamisch und physisch in seiner Wirkung. Trotz seiner langen Wellenlänge bewegt es sich mit der Stärke und Kraft einer Meereswelle. Deshalb wird Rot wohl auch mit Gefahr in Verbindung gebracht. Eine rote Ampel gebietet zum Anhalten, da wir sonst unser Leben riskieren. Die Energie dieser Farbe gemahnt zur Vorsicht und wohl auch zur Mäßigung. Extreme können zu Starrheit und Eigensinn führen, der Unwilligkeit, sich für neue Erfahrungen zu öffnen; man hat sich derartig festgefahren, daß man nicht mehr weiter weiß. Ein gesundes, frei fließendes Rot ist eine Energie der Bewegung und des Fortschritts. Rot motiviert uns, hinauszugehen und eine Leistung zu erbringen. Es ist eine Energie des Mutes und des Wagnisses, bisweilen sogar der Revolution.

Rot bildet den wärmsten Anteil des Spektrums, was sich im glühenden Metall und in der Glut widerspiegelt. Es kann uns warm und lebendig halten oder verbrennen. Es offenbart sich in der physischen Hitze des Feuers ebenso wie in der emotionalen Glut unserer Leidenschaft. Es liegt in der mentalen Hitze der Konzentration und in der geistigen Inbrunst der Verpflichtung und Aufopferung. Lust und Schmerz erwecken die rote Energie, die uns reagieren läßt. Wenn wir ein Stück heißes Metall berühren, reagiert der Körper empört, um sich zu schützen. Auf tieferer Ebene mag die Erfahrung der Überraschung oder des Schocks uns innerlich wachrütteln.

Zwischen der Farbe Rot und der Leidenschaft besteht ebenfalls ein Zusammenhang. Leidenschaft kann sich als physische und emotionale Energie oder auf geistiger Ebene als Christus-Energie manifestieren. Aura-Soma verbindet die rote Energie mit Christus, da diese Farbe potentiell zahlreiche Eigenschaften birgt, die Christus zum Ausdruck brachte - Liebe, Leidenschaftlichkeit und Verpflichtung, Mut und Stärke, berechtigter Ärger und die Energie zur Veränderung. Daher liegt in der roten Energie die Möglichkeit, diese Qualitäten auch in uns zu wecken, uns innerlich zu erneuern und das neu gewonnene Bewußtsein auf der physischen Ebene umzusetzen. Dann erst handelt es sich nicht nur um eine Idee, sondern wir übernehmen tatsächlich Verantwortung.

Die rote Energie gibt hauptsächlich den maskulinen Aspekt unseres Seins wieder - dynamisch, nach außen gehend und dominierend.

Sie äußert sich in den vielen Formen der Liebe, bestimmt Hitze und Feuer und findet sich in roten Rosen und Nelken. Die einzelnen Farbabstufungen können auf Leidenschaft, tiefes Verantwortungsgefühl, besitzergreifende oder aufopferungsbereite Liebe hinweisen. Rot schlägt sich auch in Ärger, Frustration und Unwillen nieder. Es liegt eine feine Ausgewogenheit in dieser Farbe. Sie vermag dem Körper Heilung, Vitalität und Kraft zu verleihen, ihn mit Liebe, Leidenschaft und Zuneigung zu umgeben oder aber ihn durch Ärger, Haß und Furcht zu zerstören. Rot kann uns vorwärts bewegen oder zurückhalten, was sich auf physischer Ebene vielleicht als Entzündung, Reizzustand oder Krampf äußert. Es gibt Leben und kann es ebenso nehmen.

Wir sind aufgefordert, positiv zu bleiben. Welche Möglichkeiten besitzen wir daher, um zum Beispiel der Energie des Ärgers Ausdruck zu verleihen? Christus zeigte gerechten Zorn, als er die Geldwechsler aus dem Tempel jagte. Diese Art von Ärger macht Unrecht wieder gut, ähnlich wie Robin Hood, der die Reichen beraubte, um den Armen zu helfen. Diese Form der roten Energie befindet sich in einem gesunden, frei fließenden Zustand; ein Ärger, der kreativ sein kann. Wie aber verhält es sich mit unserem persönlichen Ärger, unseren Frustrationen und unserem Widerwillen? Manifestieren wir sie in schöpferischer Weise? Oder unterdrücken wir unsere Wut und lassen sie schwären, um ihr indirekt Ausdruck zu verleihen? Vergraben wir sie in uns, bis sie sich schließlich in physischen Symptomen niederschlägt, in Kopfschmerzen, Arthritis und Depression? Oder erkennen wir ihr wahres Wesen, nämlich daß es sich um eine Energie handelt, die wir für unser Wachstum und unsere Befähigung nutzen können? Sobald wir beginnen, unsere grundlegende Überlebensangst erst einmal zu überwinden, fordert uns das Rot heraus zu lernen, mit der Angst zu arbeiten, anstatt uns gegen sie zu stellen. Wir müssen sie anerkennen und konstruktiv zum Ausdruck bringen, damit ihre Energie gebändigt und positiv eingesetzt werden kann. Die starke Kraft der Furcht mag umgewandelt und zur Entwicklung von Konzentration, Ausdauer, Zärtlichkeit, Beschützertum und Mut verwendet werden.

Die Problematik des Überlebens und der kreative Ausdruck von Ärger, Widerwillen und Frustration stellen daher die größten Herausforderungen zu Beginn unserer Reise dar. Je gründlicher wir uns mit diesen Schwierigkeiten auseinandersetzen, desto eher werden wir die vor uns liegenden Abenteuer genießen können und Erfüllung finden.

Die Energie der roten Farbe kann sich in Enthusiasmus, Verpflichtungswillen und Antriebskraft äußern, was bedeutet, daß wir uns für eine Sache voll einzusetzen vermögen. Sie kann uns auf materieller Ebene zum Erfolg führen und uns inspirieren, unser Leben sehr intensiv zu leben. Haben wir uns jedoch in Ärger und Frustration verfangen, mag Rot eher einen Mangel an Energie anzeigen sowie auf die Notwendigkeit aufmerksam machen, der Ursache für den ungesunden Energiefluß auf den Grund zu gehen.

Der rote Strahl ist das Blut des Planeten. Hippocrates und andere Ärzte der Frühzeit glaubten, daß die Lebensenergie im Blut transportiert wird. Aufgrund dieser Überzeugung entstand die Vorstellung des »Sanguinikers«, eines temperamentvollen, lebensbejahenden Menschen. In seiner höchsten Form vermag das Lebensblut den Geist zu stärken und feinste Energie und Vitalität hervorzubringen. In seiner niedersten Form kann es durch extreme Unzufriedenheit dem Körper das Leben entziehen.

Wir haben uns nun ein Bild von dem Wesen der Energie des Rot gemacht und mittels Vorstellungen und Symbolen einen Überblick über seine Eigenschaften, die Herausforderungen wie auch die Gaben, gewonnen. Wir wollen nun einige Beispiele betrachten, die uns einen Eindruck vermitteln, wie uns diese Symbole und Bilder helfen können, anhand der ausgewählten Flaschen ein Gesamtbild zu erfassen. Zunächst wenden wir uns der Farbe Rot zu und zeigen die Wirkungsweise seiner Energie, wenn die entsprechende Balance-Flasche als Heilmittel für die gegebene Situation eingesetzt werden soll. Bei zur Zeit neunundneunzig verfügbaren Balance-Flaschen gibt es offenbar eine beachtliche Anzahl von Kombinationen, in denen Rot vorkommt. Anstatt diese Kombinationen zu untersuchen, wollen wir uns einer ziemlich eindeutigen und klaren Rot-Problematik zuwenden.

Anna

Die Flasche Nr. 6 (Rot/Rot, die Energie-Flasche) wirkt speziell anregend. Sie unterstützt unsere Verbindung zur Elementarenergie sowie der Lebens- und Liebesbegeisterung. Sie hilft uns, mit den Füßen auf der Erde zu stehen, Lebenskraft zu gewinnen und Mut zu fassen. Sie fördert unser Verantwortungsbewußtsein, insbesondere was die Bewältigung der materiellen Seite des Lebens anbelangt. Sie löst Muskelkrämpfe und andere mit dem Blutkreislauf verbundene Probleme.

Anna war eine Frau Ende dreißig, die zur Beratung kam, da sie unter derartig extremer Müdigkeit und Lustlosigkeit litt, daß sie Schwierigkeit hatte, ihren Arbeitstag in der graphischen Abteilung einer Werbeagentur zu bewältigen. Hinzu kamen eine schwere Erkältung und Wadenkrämpfe.

Zu dem Zeitpunkt, da Anna sich an Aura-Soma wandte, war ihr Zustand bereits seit einigen Monaten chronisch. Der Arzt hatte keine physische Erkrankung finden können und ihr geraten, Ferien zu machen und sich viel Ruhe zu gönnen. Daraufhin war sie für vierzehn Tage nach Spanien gereist, doch die Probleme begannen erneut, sobald sie wieder daheim war.

Die Rot/Rot-Flasche tauchte an zweiter Stelle auf. Unter den Farben, die sie ausgewählt hatte, gab es zwar auch einen gewissen Anteil an Rosa, Orange und Gelb, aber das Hauptschwergewicht lag auf der Rot-Energie. Wir untersuchten die mit dieser Farbe in Zusammenhang stehende Thematik, um herauszufinden, wo die Frustrationen und der Groll in Annas Leben lagen. Ihr Talent und ihre Fähigkeit lagen eindeutig auf der Hand, doch die Rot-Energie war offensichtlich irgendwie blockiert.

Anna lebte mit ihrer schon älteren Mutter Sybil zusammen, zu der sie seit frühester Kindheit eine bedrückende Beziehung besaß. Als der Vater starb, wandte sich die damals in ihren mittleren Jahren stehende Sybil an Anna, um körperliche, materielle und emotionale Unterstützung zu erhalten. Sie zog sich in ein angenehmes Rentnerdasein zurück, umgeben von einer Reihe von Pillendosen und in der Gewißheit, daß sich ihre Tochter um sie kümmerte und die Situation meisterte.

Die Mutter hatte Anna, das einzige Kind der Ehe, nach mehreren Fehlgeburten mit Anfang vierzig bekommen, was die Beziehung zwischen Mutter und Tochter von Anbeginn belastete. Der Druck hatte sich zunächst in »erstickender Liebe« geäußert, bis sich der Teenager Anna dem Versuch ihrer Mutter, ihr Leben in zunehmendem Maße zu gestalten und zu kontrollieren, entwand. Das junge Mädchen, mit seinem leidenschaftlichen, leicht wilden Wesen und seiner Liebe für die Kunst, verspürte keine Lust, sein Leben als Sekretärin und Köchin der Mutter zu verbringen. Doch Annas Kindheit war überschattet von endlosen Mahnungen, nicht zu vergessen, wie glücklich sie sein konnte, überhaupt zu leben, da die Mutter die Geburt und die anschließende Blutung nur dank des anwesenden medizinischen Personals überstanden hatte.

Es handelte sich hier um den eindeutigen Fall eines Menschen, dem von Anfang an eine rein bedingte Liebe zuteil geworden war. Annas liebevoller und freundlicher Vater hatte sich gewöhnlich der Dominanz der Mutter gebeugt. Wie wenig wir unser Überleben selbst in der Hand haben, das hatte Anna von Anfang an zu spüren bekommen. Es war ihr auch schwergefallen, Zugang zu ihren femininen Aspekten zu finden, weshalb sie versucht hatte, diesen Mangel durch ihr bestimmendes Verhalten in der Außenwelt zu kompensieren. Ihre Suche nach der wahren Liebe war nie befriedigt worden. Die wenig erfüllenden Sexualbeziehungen, die außerhalb ihres Zuhauses stattgefunden hatten, waren von der Mutter nie gebilligt worden.

Anna hegte natürlich Ärger und Widerwillen gegen die Mutter mit ihren Forderungen. Die auferlegten Begrenzungen frustrierten sie, und sie war müde. Die nützliche Rot-Energie hatte sich nach innen gewandt und in ihr ein Gefühl von Depression und Hilflosigkeit hinterlassen.

Anna war sich des Schuldgefühls, das sie solange in dieser unproduktiven Beziehung gefangen gehalten hatte, zunächst nicht bewußt. Doch dann begann sie zu erkennen, daß der gegebene Zustand weder ihrer Mutter noch ihr selbst half. Wir besprachen die durch die gewählten Farbkombinationen offenbarte Gesamtsituation, und Anna sah, daß sie ihrer Mutter am besten beistehen konnte, wenn sie sich zunächst um ihre eigenen Bedürfnisse kümmerte. Nur dann würde sie die Kraft finden, das Nötige zu tun.

Anna begann, mit der Rot/Rot-Flasche zu arbeiten, indem sie jeden Morgen ein wenig von der Emulsion um ihre Hüften und auf ihre Fußsohlen auftrug. Sie massierte sie auch in die von Krämpfen befallenen Beinmuskeln ein. Am Abend jedoch sollte sie keine Behandlung vornehmen, da die Energiewirkung leicht den Schlaf rauben kann und Schlaf für sie zu jenem Zeitpunkt ein Bestandteil der Heilung darstellte.

Drei Monate vergingen, bevor Anna zur nächsten Beratung kam. Ihre Energie hatte sich radikal verändert. Sie war nicht mehr müde, sondern voller Lebensbegeisterung und Arbeitseifer. Außerdem war sie in ihr eigenes Haus gezogen, das zwar in derselben Stadt lag, aber in einiger Entfernung vom Wohnsitz der Mutter, die sie nur noch alle paar Tage sah. Obwohl sie immer noch die Kälte spürte, hatte sie begonnen, Yoga-Unterricht zu nehmen, um ihre physische Kraft wieder aufzubauen und zu stärken. Aufgrund ihres eigenen, nicht von der Mutter diktierten Lebensstils litt sie auch nicht mehr unter Beinkrämpfen. Der Hauptgrund für Annas zweiten Besuch bestand darin, die Möglichkeit zu besprechen, ihre Mutter vorsichtig in den Gebrauch der Aura-Soma-Mittel einzuführen. Das aber ist eine völlig andere Geschichte.

Nancy

Die Flasche Nr. 55 (Klar/Rot) trägt den Namen »Christus-Fläschchen« und bezieht sich nicht auf den historischen Jesus, sondern auf die Energie des Christus-Bewußtseins, dem wir alle ohne Einschränkung entgegenstreben können.

Bei dieser Farbkombination geht es um das Licht und die Inspiration, die in die physische Ebene dringen, um jene Energie, derer wir zur Erfüllung unserer eingegangenen Verpflichtung bedürfen, sowie um aufopfernde Liebe. Die Flasche mag sich auf den Zustand des Erwachens beziehen oder der Zielstrebigkeit, das heißt der Kraft, wenn nötig zu handeln oder im gegebenen Falle auch nein sagen zu können. Vielleicht weist sie auf einen praktischen Idealisten hin, einen aufrichtigen, spirituellen Lehrer oder aber auf eine Person, die sich im Zustand großen Ärgers oder tiefen Kummers befindet.

Nancy nahm an einem Grundlagenkurs teil. Diese junge Frau, die etwa Mitte zwanzig war, verblüffte durch ihre auffallende Schönheit. Doch eine tiefe Traurigkeit überschattete ihr Lächeln. Sie verfolgte den Kurs sehr aufmerksam und mit größter Ernsthaftigkeit und bat als Erste um eine persönliche Beratung. Sie wußte genau, welche Flaschen sie wählte und fragte in ihrer stillen Entschlossenheit sofort nach deren Bedeutung. Die Farbkombination Klar/Rot lag an zweiter Stelle ihrer Auswahl. Im Aura-Soma-System spricht die zweite Flasche vor allem jene Probleme an, mit der sich die Person zum gegebenen Zeitpunkt auseinanderzusetzen vermag. Aber auch die übrigen Kombinationen der Auswahl besitzen größten Wert, da sie zu dem Gesamtbild des Individuums und seiner Lebenssituation beitragen.

Ein Jahr zuvor hatte Nancy die Liebe ihres Lebens gefunden. Sechs Wochen nach der Verlobung starb der junge Mann bei einem Autounfall. Der Schmerz über diesen tragischen Verlust saß immer noch tief. Nancy hatte ihre Dualseele verloren, jenen Menschen, von dem sie fühlte, daß er ein Teil ihrer selbst war.

Die junge Frau empfand eine große Liebe für die Menschheit und war von dem Wunsch beseelt, ihren Mitmenschen zu helfen. Sie wollte ihre eigene Erfahrung integrieren und sich den leidenden Menschen zuwenden. Aber sie wußte, daß sie nur wenig auszurichten vermochte, wenn sie nicht zuvor ihre eigenen Wunden heilte.

Sie arbeitete in der Einkaufsabteilung einer großen Firma. Früher interessierte sie ihre Arbeit sehr, doch nun handelte sie bloß aus Pflichtbewußtsein und wartete auf den Augenblick, in dem sie nach Hause gehen und alleine sein konnte. Es war ihr aufgefallen, daß sie ironischerweise nur im Alleinsein dem überwältigenden Gefühl der Einsamkeit entfliehen konnte, das sie unter anderen Leuten befiel. Sie weinte jedoch nur sehr selten.

Nancy suchte nach der Sinnhaftigkeit ihrer Erfahrung und bemühte sich um die Kraft, mit ihrem Kummer fertig zu werden. In derartigen Fällen gibt es keine einfachen Antworten. Balance-Flaschen vermögen einen Raum zu schaffen, in dem ein Mensch von der Seelenebene aus seinen Lebensweg betrachten kann, seine unbewußten Entscheidungen, die Situationen, die er anzieht und die, wenn auch noch so schmerzlich, letztlich zu innerem Wachstum beitragen. In Nancys Fall handelte es sich um jemanden, der unbewußt den Pfad der Selbstaufopferung gewählt hatte und das Potential besaß, sein Leid zu durchlichten und zu verstehen. Nancy erkannte die Notwendigkeit zu weinen, damit die Energie wieder frei fließen konnte. Sie nahm ihre leidenschaftliche Wut über diesen Schicksalsschlag wahr, die sie nie zum Ausdruck gebracht hatte. Doch sie mußte sie nach außen tragen, damit sie sich nicht nagend in ihr festsetzen würde. Nancy erkannte auch ihr Potential an Energie, Leidenschaftlichkeit und Verantwortungsbereitschaft.

Sie kam in dem darauffolgenden Jahr alle paar Monate zur Beratung. Ihre erste Kurs-Erfahrung hatte den Heilungsprozeß kraftvoll in die Wege geleitet. Während des ersten Monats trug sie zweimal täglich den Inhalt der Klar/Rot-Flasche im Unterbauchbereich und auf dem Scheitel auf, und zwar in Einklang mit den von den Farben in der Flasche angegebenen Energiezentren. In diesem ersten Monat stellten sich wesentliche Veränderungen ein. Sie begann allmählich aus sich herauszugehen und nahm die Verbindung zu alten Freunden und Kollegen wieder auf.

Der Prozeß läuft weiter. Nancy hat den Aura-Soma-Trainingskurs abgeschlossen, obgleich sie ursprünglich nur gekommen war, um ein wenig Licht für sich selbst zu finden. In ihrer knappen Freizeit arbeitet sie nun mit diesen Flaschen, eine Tätigkeit, die sie in zunehmendem Maße fesselt.

7.

Rosa

Die Abbildung der Chakras zeigt, daß Rosa seine Existenz im Rot hat, es liegt weder darüber noch darunter, wohl aber in dessen oberem Bereich. Es handelt sich demnach um einen Aspekt der Farbe Rot. Ein rosafarbener Anstrich ist also Weiß mit ein wenig Rot vermischt, und die Energie des Rosa ist die des Rot, durchleuchtet von weißem Licht. Eine nähere Betrachtung dieses Zusammenhangs zwischen Rot und Rosa mag uns die Bedeutung der helleren Farben als solche ein wenig besser verstehen lassen.

Früher hat man die blassen Farben als abgeschwächte Energien betrachtet. Aus der Sicht von Aura-Soma handelt es sich dabei jedoch um Farben, die den gereinigten Aspekt des wahren Lichtes und der eigentlichen Schwingung der jeweiligen Farbtöne darstellen. Da diese lichtdurchstrahlten Farben dem weißen Licht naturgemäß näher liegen, besitzen sie eine höhere Schwingungsenergie als die tieferen Töne.

Doch das soll keineswegs heißen, daß die Wahl einer helleren Farbe auf einen besseren Menschen hinweist. Man kann sich leicht für die eine oder andere Farbe oder Farbschattierung begeistern, aber jeder einzelne Ton spiegelt nur das wider, was im Augenblick existiert. Es zeigt, an welchem Punkt seiner Reise der Mensch sich befindet, was ihn gerade beschäftigt, welches seine momentanen Sorgen, Schwierigkeiten, Stärken und Freuden sind. Den blassen Farben wird eine größere Intensität zugeschrieben als ihren dunkleren Verwandten. Jemand, der sie aussucht, mag sich zu den höheren geistigen Aspekten seiner eigenen Person hingezogen fühlen und gewillt sein, das weiße Licht jene Farben durchdringen zu lassen, die diese Aspekte und die gegebene Lebenssituation läutern, was zu einem klareren Blick führen kann. Andererseits mag eine solche Farbauswahl auch auf großen Kummer und Not hindeuten. Ein Läuterungprozeß bringt unvermeidbar Leiden mit sich. Möglicherweise hat dieser Mensch Schwierigkeiten, sich mit der

Existenz auf Erden zu versöhnen und will aus irgendwelchen Gründen nicht »realistisch« sein.

Obwohl Rosa die Energie des Rot enthält, handelt es sich um eine eigenständige Farbe. Im Gegensatz zu Blaß Blau oder Blaß Grün, nennt man sie nicht Blaß Rot, sondern Rosa. Sie besitzt also ihren eigenen Namen und ihre eigene Persönlichkeit, was vielleicht teilweise die Besonderheit der Rosa-Energie ausmacht. Wie das Porzellan, ist sie zerbrechlich, doch liegt gleichzeitig auch eine gewisse Stärke in ihr.

Die im Frühling blühenden Kirschblüten symbolisieren in ihrer transparenten, fast ätherischen Schönheit neues Leben mit all seinen Wundern, seiner Reinheit und Zerbrechlichkeit. Die Schönheit liegt im Augenblick. Wir müssen also die Lebenskraft in jedem Moment und in jedem Atemzug unseres physischen Daseins annehmen und empfangen.

Eine weitere einzigartige Eigenschaft des Rosa liegt in der Tatsache, daß es die beiden Enden des Regenbogens beziehungsweise des Chakra-Systems zusammenführt - das über allem liegende weiße Licht und das die Grundlage bildende rote Licht. Es wird, anders ausgedrückt, Licht in den roten Bereich gestrahlt.

Alles birgt Dualität. Rot repräsentiert manchmal die maskuline Energie, steht aber auch für den femininen, mütterlichen Energieaspekt der Erde. Rosa bildet die ausgleichende Farbe der männlichen und weiblichen Kräfte, des weißen, aktiv kreativen Lichts des reinen Geistes und des tiefen Rot. Rot ist die Mutter Erde, unser Wurzelzentrum, die Welt, auf der wir wandeln. Das weiße Licht ist die Krone, der Vater oder Gott. Wenn sich diese beiden Aspekte im Menschen vereinen und ein Gleichgewicht zwischen der maskulinen und femininen Kraft hergestellt wird, entsteht Rosa. Seine Energie der Harmonie und Liebe vereinigt Mann und Frau in gleichmäßigem Licht.

Sowohl im Mann als auch in der Frau steht Rosa mit der Fortpflanzungsfähigkeit in Verbindung; von sich selbst zu geben, um neues Leben hervorzubringen. Der Mutterleib symbolisiert die Bereitschaft, sich auszudehnen und Raum für jemanden anderen zu schaffen. Die nährende Eigenschaft des Rosa bietet uns auch die Möglichkeit, die maskulinen und femininen Energien in uns selbst auszugleichen und Vollkommenheit zu finden. Ehe das äußerliche Gleichgewicht zwischen Mann und Frau hergestellt werden kann, muß der Mann den femininen Aspekt seines Wesens mit einbeziehen und die Frau ihren maskulinen Aspekt anerkennen und ermächtigen. Rosa repräsentiert die uneingeschränkte Annahme unserer selbst und anderer, das heißt, es ist bedingungslose Liebe. Diese Liebe läßt die Dinge genau so sein, wie sie sind. Im Nährboden der Farbe Rosa kann sowohl das Weibliche als auch das Männliche blühen und gedeihen.

Die Liebe bewegt sich aufwärts, dem Licht, der Selbstannahme und Selbsterkenntnis entgegen. Angst wendet sich abwärts, der Dunkelheit, dem Schatten und der Unwissenheit zu. Rosa wirkt auf die Angst wie ein Antidot. Die bedingungslose Liebe bildet die Grundlage, auf der sich jeder ohne Bewertung selbst – und somit auch den Mitmenschen – akzeptieren kann. Mitgefühl beginnt im eigenen Heim; es beginnt mit dem Loslassen unseres Bedürfnisses, uns selbst zu kritisieren und zu bewerten. Wir müssen lernen, uns selbst so zu behandeln, wie wir gerne von anderen behandelt werden möchten. Unsere eigene Liebesfähigkeit lehrt unsere Mitmenschen, ebenso zu verfahren. Das hat nichts mit Nachgiebigkeit gegen sich selbst zu tun, sondern das Gegenteil ist der Fall. Wahre Liebe kann die größte Herausforderung in unserem Leben sein. Jeder von uns sollte unbedingt lernen, sich zu lieben, zu ehren und zu respektieren, wollen wir der Gewalt, dem Konflikt und dem Haß ein Ende bereiten.

In *The Song of the Bible* erzählt Anthony de Mello eine Geschichte, die die Energie der rosa Farbe in schlichter aber tiefgründiger Weise illustriert. Der Titel dieser Erzählung lautet »Don't Change«.

Jahrelang war ich ein Neurotiker, ängstlich, deprimiert und selbstsüchtig. Jeder meinte beständig, ich müsse mich ändern.

Ich nahm es ihnen übel, stimmte ihnen zu, wollte mich ändern. Doch wie sehr ich mich auch bemühte, ich konnte es einfach nicht.

Wie alle anderen, so bestand auch mein Freund unablässig darauf, daß ich mich ändern mußte, und das schmerzte mich am tiefsten. Ich fühlte mich machtlos und in der Falle.

Dann sagte er eines Tages zu mir: »Ändere dich nicht. Ich liebe dich so, wie du bist.«

Diese Worte klangen wie Musik in meinen Ohren: »Ändere dich nicht, ändere dich nicht, ändere dich nicht.....Ich liebe dich so, wie du bist.«

Ich entspannte mich; ich wurde lebendig und plötzlich änderte ich mich.

Nun weiß ich, daß ich mich eigentlich gar nicht richtig ändern konn-te, bis ich jemanden gefunden hatte, der mich einfach lieben würde; ob ich mich nun änderte oder nicht.

Rosa ist die Farbe einer solchen bedingungslosen Annahme. Dann beginnen wir die Energie, die wir auf unsere Mitmenschen ausstrahlen, zu verändern und damit auch deren Reaktion auf uns.

Es gibt ein allgemeines, doch zumeist unbewußtes Verlangen nach der Farbe Rosa. Mit anderen Worten, wir dürsten nach einer Liebe, die uns ohne die Auflage akzeptiert, eine Rolle zu spielen, uns anzupassen oder zu verändern. Rosa ist die Farbe, die am schnellsten aus den Balance-Flaschen verschwindet, da die Leute unbewußt die Schwingung auf sich ziehen, derer sie am dringendsten bedürfen. Im Laufe eines Workshops kann es geschehen, daß sich innerhalb weniger Stunden die Farbe einiger oder sogar mehrerer Flaschen von rosa nach durchsichtig verschiebt.

Diese nährende Eigenschaft der Rosa-Energie findet an recht ungewöhnlichen Orten ihre Verwendung. In Gefängnissen streicht man zum Beispiel die Wände jener Zellen rosafarben an, in denen gewalttätige Verbrecher untergebracht sind. Man hat nämlich festgestellt, daß diese Farbe beruhigend wirkt. Gartenbauexperten haben begonnen, das Wachstum und die Gesundheit von Rosen weitgehendst mit der Bestrahlung von rosa Licht zu fördern, da die Pflanzen unter der Einwirkung dieser Schwingung ganz besonders gut gedeihen.

Rot ist Leidenschaft, Rosa hingegen Mitgefühl. In ihrer Entwicklung entsteht aus der leidenschaftlichen Liebe eine Liebe des Mitgefühls und der Zärtlichkeit und aus den roten Rosen werden rosafarbene. Die Liebe des Rot mag mitunter bedingt sein, eine Leidenschaft, die Besitz und Befriedigung sucht, während die Liebe des Rosa eine völlig verschiedenartige Qualität aufweist. Sie kennt keine Bedingungen und keinen Preis und erwartet keine Belohnung. Ein Merkmal des Rot zeigt sich in der Christus-Energie, die die Liebe der Aufopferung darstellt. Die Liebe der Rosa-Energie äußert sich stiller; es ist die Liebe der Eltern zu ihrem Kind oder des Gärtners für seine Pflanzen. Sie ist Mitgefühl, Zärtlichkeit und Intuition.

Intuition bedeutet innere Belehrung, die innere Stimme. Wenn wir den Boden für die Selbstannahme bereiten, vermögen wir mit Hilfe des Rosa zu hören und gehört zu werden. Zwischen der Energie dieser Farbe und der Hörfunktion besteht eine Verbindung. Wir vernehmen nicht nur die Stimme des anderen Menschen, sondern auch den Klang in unserem Innern, jene stille, kleine Stimme in unserem Wesenskern.

Rosa spiegelt unsere Kindheit wider, unsere Träume und Phantasien. Der rosa Elefant ist ein Symbol des Unwirklichen. Betrachten wir das Leben durch eine rosarote Brille, sehen wir es nicht, wie es tatsächlich ist, sondern wie wir es haben wollen. Rosa ist mitunter jener Peter Pan ähnliche Aspekt unserer Persönlichkeit, der niemals erwachsen wird. So gesehen, enthält diese Farbe eine heilende Eigenschaft. Sie schenkt uns eine durch Unschuld und Reinheit gewonnene höhere Stufe des Verstehens. Rosa ist die Farbe des inneren Kindes. Es unterstützt unseren erwärmenden, Raum gebenden Umgang mit einer Kindlichkeit, die in jedem Menschen verborgen liegt, einem Aspekt unseres Seins, der offen, empfindsam und empfänglich bleibt. Ehe wir erblühen und Zugang zu unserem vollen Potential finden können, müssen wir das Kind in uns umhegen und heilen.

Die kindliche Eigenschaft der rosa Energie verjüngt uns. Ich hatte bereits eine Weile mit Aura-Soma gearbeitet und wußte daher, daß »Rosa denken« jugendlich macht, als ich meinen Paß erneuern mußte. Es überraschte mich jedoch, daß die Person auf dem neuen Paßbild jünger aussah als auf dem alten, vor zehn Jahren aufgenommenen Foto.

Die Wärme und Zärtlichkeit des Rosa birgt natürlich eine tiefe Verletzbarkeit. Jemand, der eine Menge Rosa wählt, bedarf der Liebe und Akzeptanz. Zuckerwatte ist süß, und Rosa und besteht zum größten Teil aus Luft. Sie symbolisiert das hübsche, weibliche und süße Äußere, das nach Beachtung und Liebe lechzt, sich aber als unwirklich empfindet. Ähnlich einer Kerzenflamme im Wind, mag diese Person ihr Leben kaum im Griff haben. Es fällt ihr wohl schwer, mit den Beinen auf der Erde zu stehen und ihre eigene Stärke zu finden. Vielleicht hat sie in jungen Jahren keine echte Liebe gefunden und aufgrund mangelnder Geborgenheit ihr Dasein unbewußt als gefährdet betrachtet.

Ein Mann, der sich stark zu der Farbe Rosa hingezogen fühlt, vermag vielleicht nur sehr schwierig mit seiner Männlichkeit in Berührung zu kommen, was auf eine »erdrückende Liebe« in der Kindheit zurückzuführen sein kann.

Rosa weist auf eine empfindsame Seele hin, sowohl auf gefühlsmäßiger als auch auf geistiger Ebene. Es mag sich um einen Menschen handeln, der sich für die Schwingungen des Feuers, die geistige Kommunikationsebene, öffnet, also ein Medium, das Zugang zu anderen Dimensionen besitzt.

Welchen Stellenwert nimmt Rosa bei unserem spirituellen Werdegang ein? Wie verhält es sich mit dieser durchlichteten Form des Rot? Der jeweiligen Person entsprechend, die diese Farbe wählt, gibt es zwei verschiedene Möglichkeiten. Rosa kann die Bewältigung großer Schwierigkeiten innerhalb des Rot andeuten oder aber darauf hinweisen, daß es sich bei den ungelösten Problemen im Rotbereich um eine besonders hartnäckige Thematik handelt. Eine richtige Interpretation läßt sich aber nur an Ort und Stelle vornehmen.

Die Rot-Problematik des Überlebens, das Hauptthema menschlichen Daseins, durchdringt alles. Diese in erster Linie körperliche Angelegenheit findet fast während des gesamten Lebens ihren Niederschlag auf physischer und emotionaler Ebene. Die mit diesem Problem verbundene Furcht schluckt eine beachtliche Energie. Was geschieht, wenn wir Licht auf dieses Thema werfen? Vielleicht stellt es sich heraus, daß uns diese Sorge stärker belastet, als wir angenommen hatten, oder aber wir lernen, die aufgewendete Energie zu verändern und ihr eine neue Richtung zu geben. Wenn wir uns ein wenig von der Unruhe lösen, können wir die Energie transformieren. Die Frustration und der Ärger des Rot kann zur durchlichteten Geborgenheit des Rosa werden. Wir erkennen dann unsere tatsächlichen Bedürfnisse, und indem wir sie erfüllen, bauen wir uns auf und zerstören uns nicht in übergroßer Sorge um Nahrung, Wärme und Obdach. Es eröffnet sich die Möglichkeit des Neubeginns, das Erwachen zu dem neuen Selbst.

Rot neigt zur Gegenreaktion, Personen und Ereignisse kontrollieren unsere Verhaltensweise. Durchlichten wir das Rot und stoßen zum Rosa vor, bedeutet das, loszulassen. Im Bereich des Rosa vermögen wir zurückzutreten und die Stärke wiederzuerlangen, uns der jeweiligen Situation angemessen zu verhalten. Anstatt »Rot zu sehen«, können wir die Knoten des Ärgers, des Grolls und der Frustration lockern und uns »im Rosa« bewegen.

Unsere Ankunft auf Erden bedeutete zunächst Trennung von der Quelle - von der Mutter und vom Ursprung der Schöpfung. Die Bewältigung der anfänglichen Überlebensangst ebnet den Weg für eine spätere

Stufe auf unserer Reise, die Entdeckung unserer wahren Individualität. Wenn wir uns bemühen, nicht rein automatisch auf jede Herausforderung und Schwierigkeit zu reagieren, sondern ihr bewußt gegenüberzutreten, bringen wir unsere Kreativität und Individualität zum Ausdruck.

Bewußt gewordener Ärger kann daher den Ausschlag zum Erwachen geben; Ärger wird zur Leidenschaftlichkeit, Hingabe, Zärtlichkeit und Schöpferkraft; Groll schlägt in Annahme um und Frustration in Erfindungskraft.

Rosa ist die Farbe des Trostes und der Liebe. Sie erleichtert das bekümmerte Herz, beschwichtigt Haß und lindert Schmerz. Wie das rote Blut wesentlich für das Leben des Körpers ist, so ist Rosa wichtig für Herz und Seele.

8.

Koralle

Im weiteren Verlauf unserer Reise bewegen wir uns aufwärts und entfernen uns ein wenig aus dem Bereich des Rot. Ehe wir das nächste Hauptenergiezentrum erreichen, durchwandern wir eine korallenfarbene Region.

Obwohl wir uns im Augenblick der Geburt von der Quelle abgetrennt fühlten, blieben wir dennoch physisch völlig abhängig von einer anderen Person, gewöhnlich der Mutter. Doch sobald wir unsere Füße benutzen konnten, wurde uns allmählich unsere Gruppenzugehörigkeit bewußt, was jedoch unsere Abhängigkeit nicht aufhob. Selbst Tarzan bedurfte des Schutzes und der Pflege der großen Affen, seiner Zieheltern. Unsere Bedürfnisse nahmen eine andere Form an. Als Säugling gaben wir uns zufrieden, wenn wir regelmäßig unsere Milch bekamen und warm und sauber gehalten wurden. Doch bei dieser Einfachheit blieb es nicht lange. Irgendwie schlich sich unser Wunsch nach Liebe und Annahme ein, und wir wurden uns stufenweise unserer Verletzbarkeit bewußt.

Korallenrot ist eine subtile, starke Kraft, die abgesehen von wenigen Kulturbereichen erst kürzlich Anerkennung gefunden hat. Die Schamanen besitzen ein tieferes Wissen in Bezug auf diese Farbe als wir. Die Tibeter, Mayas und Azteken verwendeten die Koralle in ihren Kunstwerken.

In unserem Kulturbereich ist sie weitgehend neu. Im Aura-Soma-System trat diese Farbe erst nach sieben oder acht Jahren auf, und zwar als die Flasche Nr. 87. Einige haben sie den neuen Christus-Strahl genannt. Dieser hilft uns, mit der Christus-Energie in Berührung zu kommen und sie durch unseren persönlichen Beitrag zu erden. Die Energie des Rot bildet den Hauptteil; ihr wurde Gelb hinzugefügt. Es ist der Liebe-Weisheit-Strahl, jener Strahl, der die Liebesenergie des Rot/Rosa mit der Weisheitsenergie des Gelb/Gold miteinander verbindet. Die Kombination besteht aus zwei Teilen Rot und einem Teil Gelb.

Korallenrot entstammt dem Meer. Vor einigen Jahren hatte ich die

Gelegenheit, in einem Boot, dessen Boden aus Glas bestand, über das türkisfarbene Meer zu fahren, um die Korallenriffe zu betrachten. Der Anblick dieses großartigen, subtilen Kunstwerks war überwältigend. Die Schönheit der Koralle hat seit langem ihre Anerkennung durch die Herstellung von Halsketten gefunden.

Wir wollen uns in Gedanken das Meer vorstellen und beobachten, wie die Wellen das Ufer berühren und sanft über die Erdoberfläche gleiten. Darin liegt Liebe. Das Meer repräsentiert unsren Geliebten. Ununterbrochen fließt es im Einklang mit Erde und Mond in rhythmischen Zyklen dahin. Es versorgt uns mit Nahrung und Wasser zum Leben und zur Reinigung. In seinem Innern birgt es einzigartiges Leben - den Fisch, Wal, Delphin und Tintenfisch. Die Koralle bildet einen Grenzbereich, eine Schutzschicht, die in liebevoller Verbindung zwischen Meer und Land entstanden ist. Die See grüßt ihren Geliebten, den Vater, das Land, und eine Schutzmauer wird gezeugt, eine neue Energie, frei von beiden und dennoch beide enthaltend. Das größte Korallenriff der Welt bildet einen kilometerlangen Wellenbrecher an der Ostküste von Queensland in Australien. Zwischen dem Riff und der Küste entsteht eine Lagune, die durch das Riff vom Zugriff der riesigen Ozeanwellen beschützt wird. Eine solche Lagune bietet neben dem Schellfisch vielen anderen kleinen, verletzbaren Meerestieren Obdach.

Die Koralle besitzt also schützende Eigenschaften. Einerseits beschützt sie anderes Leben, bedarf wegen ihrer eigenen Verletzbarkeit jedoch selbst des Schutzes. Sie bildet ihre Wohnstatt auf der ihrer Vorväter und ist völlig unfähig, alleine zu existieren. Ihr Leben hängt von einer eng ineinandergefügten Struktur ab. Sie kann sich nicht fortbewegen und ist daher auf die Nahrung angewiesen, die ihr das Meer zukommen läßt. Sie ernährt sich von winzigen Tieren und Pflanzen, die in Reichweite ihrer Fangarme dahindriften.

Das Korallenriff selbst ist äußerst empfindlich und anfällig für Beschädigungen. Ökologen überprüfen die Riffe, um den Grad der Meeresverschmutzung zu messen, da die Koralle bei der Anwesenheit von Schadstoffen als erste abstirbt. Die Art und Weise, in der sich die Menschheit der Erde gegenüber verhält, ruft den Tod der Korallenbänke hervor. Dieses Unterwasserwesen erinnert uns daran, einen Blick auf unsere unterbewußten Motive zu werfen. Wenn diese die Korallen töten, werden sie schließlich auch zu unserem eigenen Tode führen.

Doch die Koralle reagiert nicht nur empfindlich auf Verschmutzungen, sie braucht zu ihrer Existenz auch eine Wassertemperatur, die nicht unter zwanzig Grad liegt, weshalb sie nahe dem Äquator leben muß. Ein zu starker Wellengang bricht kleine Teile von ihr ab, die sich zu Ablagerungen formieren, an denen sie erstickt. Sie kann aber auch nicht in völlig stillen Gewässern existieren, da ohne eine sanfte Strömung keine Nahrung transportiert werden kann und sie verhungern muß.

Die Koralle hüllt ihr zartes Innere in eine Schale und schützt sich so vor äußeren Unbilden. Sie schirmt sich gegen die Winde und Wellen ihrer eigenen Erfahrung ab, gegen die Hitze der Leidenschaft und die Kälte der Zurückweisung und des Hungertodes. Auch jemand, der sich von diesem Strahl angezogen fühlt, behält sehr wahrscheinlich seine Gefühle für sich und führt ein sehr privates Leben. Eine solcher Mensch, der vielleicht unter irgendeiner Form der Mißhandlung gelitten hat, vermeidet ängstlich, aus Furcht vor Schmerz, sein wahres Wesen zu zeigen.

Die Koralle symbolisiert auf wundervolle Weise den Menschen an einem bestimmten Punkt in seiner Entwicklung, einen Zustand höchster Empfindsamkeit, bevor er bereit ist, den Versuch zu unternehmen, sein eigenes Wesen zu entdecken. Der Strahl birgt eine tiefempfundene Wärme, Zartheit und Großzügigkeit und zeigt eine kindlich frische, rein instinktive Spontaneität. In ihm ruht die Möglichkeit großen Einfühlungsvermögens; wir empfinden die Freuden und Schmerzen derjenigen, die uns nahestehen, wie unsere eigenen. Wenn wir den Weisheitsstrahl in die bereits im Rosa enthaltene Intuitionsfähigkeit einbringen, wird es uns mit Hilfe der Koralle möglich, diese fein abzustimmen. Eine solche Intuition kann sich zur höchsten Stufe geistiger Stärke entwickeln.

Da ihre physische Struktur die Koralle mit ihren Vorfahren verbindet, reicht sie in die Vergangenheit zurück. Für uns bedeutet das die Möglichkeit, aus der tiefen Weisheit uralter Zeiten zu schöpfen und sie nutzbringend in die Gegenwart und Zukunft einzubringen.

Die Erfahrung einer solch innigen, auf gegenseitiger Abhängigkeit beruhenden Gruppenzugehörigkeit besteht zum Teil in der Bereitschaft, sich zum Wohle der Gesamtheit aufzuopfern. Der Existenzsinn der Koralle liegt in erster Linie darin, als Teil der Gemeinschaft zu deren Dasein beizutragen. Die andere Seite jedoch zeigt sich in der Abhängigkeit der Koralle. Rein materiell gesehen, kann man dieses Lebewesen als Schmarotzer bezeichnen, da es auf Kosten anderer lebt und nicht auf sich selbst aufpassen kann. Dieser Umstand spiegelt sich mitunter in unserem Gefühlsleben wider. Die Wahl der Koralle mag häufig auf die Schwierigkeit deuten, der jemand bei der Suche nach seiner eigenen inneren Stärke gegenübersteht. Der Jugendliche, der sich in seinen Lehrer verliebt oder der Patient, der sich in eine krankhafte Abhängigkeit von seinem Arzt begibt, sind Beispiele für diesen Abhängigkeitsaspekt der Koralle. Vielleicht handelt es sich um einen Menschen, der seinen Selbstwert noch nicht entdeckt hat und daher ein Verhaltensmuster sich wiederholender Abhängigkeiten geschaffen hat, bei dem er Situationen anzieht, bei denen die entgegengebrachte Liebe nicht erwidert werden kann. Eine junge Frau mag sich daher laufend in einen Mann verlieben, der bereits gebunden ist, zum Beispiel in einen Priester oder einen verheirateten Mann.

Die Koralle gibt also Aufschluß darüber, daß gewisse Beziehungen zuerst gelöst werden müssen, bevor die nächste Etappe der Reise begonnen werden kann. Oft mag die Bewältigung der Selbsttäuschung oder der Falschheit von seiten anderer Menschen nicht ohne Hilfe geschehen. Eine Person, die von der Koralle angezogen wird, ist meistens zu tiefem Mitgefühl fähig, muß aber oft erst lernen, ein solches Empfinden sich selbst entgegenzubringen. Die Wahl dieses Farbstrahls mag darauf hindeuten, daß dieser Mensch nun reif ist, sich mit bisher beiseite geschobenen Problemen auseinanderzusetzen, die ihm in der Vergangenheit große Schmerzen bereitet haben. Der Weisheits- und Fürsorgeaspekt der Koralle schafft eine Atmosphäre, in der er sich sicher fühlt, diese Situationen neu zu beleuchten. Dabei kann es sich zum Beispiel um eine Schockerfahrung handeln, der er in diesem Umfeld gegenüberzutreten vermag. Eine Betrachtung unter der Einwirkung des orangefarbenen Strahls erweist sich bei traumatischen Erlebnissen oft als zu direkt. Der korallenfarbene Strahl hingegen bietet eine sanftere Energie für die Auseinandersetzung mit solchen Fällen.

Oft besteht das Heilmittel in der Weisheit, sich selbst zu lieben. Erst wenn wir gelernt haben, uns um uns selbst zu sorgen, werden wir in unseren Beziehungen Geborgenheit finden. Nur wenn wir uns selbst und unser Leben als Geschenk Gottes zu schätzen lernen, werden wir unsere Mitmenschen zu schätzen wissen. Das Flugpersonal weist die Passagiere im Flugzeug an, im Notfall zunächst selbst die Sauerstoffmaske aufzusetzen, bevor sie versuchen sollen, diese einem Kind überzustülpen.

Ähnlich verhält es sich mit dem geistigen und emotionalen Prozeß, sich selbst zu lieben. Wir können nur das geben, was wir auch besitzen. Wenn wir uns selbst achten, vermögen wir auch unsere Mitmenschen zu achten.

Der korallenfarbene Strahl besitzt große Intensität. Ein Schockerlebnis oder eine traumatische Erfahrung kann sehr tief sitzen, und die Angst loszulassen, wirkt buchstäblich lähmend und zementiert uns fest, doch genauso stark wirkt die Kraft der Koralle. In ihrem Einflußbereich lassen sich höhere Bewußtseinsstufen erlangen, die als Glückseligkeit oder Ekstase erfahren werden, ein Empfinden vollkommener Freude und Einheit mit der Schöpfung.

Die Koralle vermag unsere Vorsätze, unsere Herzensstärke und Gedankenkraft zu intensivieren. Auch wenn es bisweilen den Anschein hat, daß sie zerbrechlich ist und der Unterstützung bedarf, um ihre rauhen Kanten abzuschleifen, verfügt sie über eine starke Schutzfunktion. Man sollte sie eher als eine Ansammlung von geistiger Energie, Stärke, Erleuchtung und Wissen betrachten.

Die Koralle beruhigt den Geist, der sich im Kampf zwischen der weiblichen und männlichen Seite seiner Natur verstrickt hat. Sie wirkt ausgleichend, harmonisierend und verschmilzt diese beiden Energieaspekte miteinander. Sie bringt das Denken in die Gefühle und die Vernunft in die Intuition. Die Koralle ist Hülle, Batterie und Brennpunkt, ein Bündel an Energie. Sie ist eine Farbe des Ausgleichs, des Friedens und der Harmonie, der Kraft und Stärke. Sie stellt eine Mischung aus Rhythmus, Harmonie und Natur dar.

Eleanor

Wir wollen nun ein Beispiel der Wirksamkeit dieses Farbstrahls betrachten.

Eleanor schien der Prototyp einer jungen Frau zu sein, die alles besaß. Sie war schön und wohlhabend. Sie und ihr Mann, eine prominente Gestalt der Öffentlichkeit, lebten in einem herrlichen großen Haus, wo Eleanor ihre Zeit zwischen ihren beiden Kindern und ihren zahllosen gesellschaftlichen Verpflichtungen teilte.

Im Augenblick gibt es nur drei Balance-Flaschen, die Koralle enthalten. Eleanor wählte alle drei. Die Beratung enthüllte, daß sich die junge Frau durch ihre Stellung und ihren Reichtum isoliert fühlte. Ihrem Mann gegenüber empfand sie eine tiefe Loyalität. Früher hatte er sie recht liebevoll behandelt, doch nun verbrachten sie kaum noch Zeit miteinander, es sei denn im Beisein der zahlreichen Geschäftsfreunde. Ansonsten war sie mit den Kindern alleine. Sie hatte zu trinken begonnen, des Abends, wenn die Kinder im Bett lagen. Im betrunkenen Zustand hatte sie dann ihrem heimkehrenden Mann schwere Szenen gemacht.

Eleanor war in einer ähnlichen Situation aufgewachsen. Als Kind hatte sie sich immer gewünscht, daß sich ihre Eltern scheiden ließen, damit die ständigen Streitereien endlich aufhörten. Gefühlsmäßig waren sie nicht fähig gewesen, den Bedürfnissen ihres Kindes entgegenzukommen und hatten es zunächst mit Spielzeug und später mit teuren Kleidern verwöhnt.

Alle Aspekte der Koralle lagen in diesem Falle vor; die Abhängigkeit und das Bedürfnis, Teil eines engen Gruppenverbandes zu sein, eine unerwiderte Liebe, tiefe Ängste und Zweifel bezüglich ihres Selbstwertgefühls. Die alles zeigte ein verletzbares Inneres, versteckt in einer wunderschönen Schale. Aber es gab auch die positiven Aspekte der Koralle; die Fürsorge, mit der sie ihre Kinder umhegte und beschützte, die Empfindsamkeit, ihr Sinn für Schönheit, die Wärme und Zärtlichkeit im Wesen Eleanors.

Diese Dinge wurden mit ihr besprochen. Nachdem sie einige Wochen lang die Korallenschwingung aus der Balance-Flasche aufgetragen hatte, kehrte sie zurück und teilte ihren Entschluß mit, an einem Grundlagenkurs teilnehmen zu wollen. Es stellte sich heraus, daß sie damit zum ersten Mal während ihrer zehnjährigen Ehe eine unabhängige Entscheidung getroffen hatte, die außerhalb des häuslichen Bereichs lag.

Im Laufe der nächsten sechs Monate trank Eleanor weniger, und auch die Auseinandersetzungen mit ihrem Mann ließen nach. Sie fand eine Halbtagsstelle bei einer Inneneinrichtungsfirma und absolvierte eine Lehre, in der Hoffnung, eines ihrer Talente praktisch ausüben zu können.

9.

Orange

Orange ist die Farbe des Sakral-Chakras, des zweiten Hauptenergiezentrums im Körper. Sie besteht zu gleichen Teilen aus Rot und Gelb und verbindet die irdische Energie und Vitalität des Rot mit der aus dem Universum stammenden Energie des Gelb, dem Prana oder Chi, das wir teilweise über den Solarplexus aufnehmen.

Die Orangen mit ihrer sprühend lebendigen Farbe sind bekannt als Quelle der Gesundheit und Vitalität. Doch sie wachsen nur im sonnigen Süden, wo die Sonne lange und heiß herniederstrahlt. Orange taucht am unteren Rand des Spektrums auf und gehört zu den sogenannten warmen Farben. Sie erinnert an Sonnenwärme und die Glut des Feuers.

Welchen Einfluß die Farben auf physischer Ebene ausüben, kann man an folgendem Beispiel sehen.

Die Wände der hellen, fröhlichen Cafeteria einer Londoner Fabrik waren blau angestrichen. Obwohl die Temperatur beständig auf 21 Grad gehalten wurde, beklagten sich die Arbeiter, daß sie frieren mußten. Selbst als man die Temperatur um mehrere Grad erhöhte, empfanden sie es als kalt und zogen sich extra warm an, wenn sie in diesem Raum saßen. Nach einiger Zeit wurden die Wände orangefarben angestrichen, mit dem Ergebnis, daß die Arbeiter die höheren Temperaturen als zu heiß empfanden. Man drehte sie auf 21 Grad zurück, und jeder war glücklich und warm.

Der orangefarbene Bereich umfaßt den tiefsten Teil der Eingeweide, durch den wir die Energie aus der Nahrung absorbieren und auch Erfahrungen assimilieren. Er steht in Beziehung zum Darm, zur Blase und zur Galle, die alle eine wesentliche Rolle bei der Energieverarbeitung und der Ausscheidung von Abfallstoffen spielen. Hier haben unsere instinktiven Gefühle und Erkenntnisse ihren Sitz. Die buddhistische Philosophie spricht von Hara, dem Ort, durch den wir mit der absoluten Stille, Weisheit und Glückseligkeit in Berührung kommen können.

Orange repräsentiert die Region, über die die Lebenskraft im Falle tiefen Schocks oder einer Nahtod-Erfahrung den Körper zu verlassen beginnt. Dieser Bereich beherbergt auch die Milz, deren Funktion teilweise darin besteht, dem physischen Körper Energien aus feineren Ebenen zugänglich zu machen.

Die Energie des Orange besitzt demnach sowohl materielle als auch geistige Kraft. Sie wirkt als Sauerstofferzeuger; sie vermehrt die auf physischer und subtiler Ebene verfügbare Lebenskraft, indem sie die Umwandlung von Prana oder Chi in Energie fördert, die im materiellen Körper Verwendung findet. Aber auch das Gegenteil ist der Fall. Orange ist die physische Kraft und Ansammlung physischer Energie, um die feineren Körper zu erhalten, die die Physis am unmittelbarsten umgeben. Orange steht für Gleichgewicht, Stärke, Lebenshaltung und physisches Wachstum. Es bildet den Baustein der Entwicklung. Es stimuliert die Sinne, die Akzentuierung der Körpergefühle. Orange bedeutet auch Gewalt und Herrschaft über das physische Universum. Letzteres äußert sich in mannigfacher Weise. Orange stellt jene Stufe unserer Reise dar, auf der wir als Kleinkind lernen zu laufen und unser unmittelbares Universum auszukundschaften und beginnen, unsere Erfahrungen zum Ausdruck zu bringen. Es kann auch eine Entwicklungsstufe angesprochen sein, auf der jemand dem Materiellen entsagt und sich dem meditativen Weg zuwendet. Orange enthält die Möglichkeit zur feurigen Transformation auf verschiedenen Ebenen. Dazu gehört die Beziehung zu Maschinen, was sich als sehr nützlich erweist, wenn das Auto oder der Computer nicht starten will (siehe Pomander).

Orange drückt Freude, Optimismus und eine starke Lebenskraft aus. Die ursprünglich graufarbene Ausstattung besagter Fabrik erhielt einen orangefarbenen Anstrich, was die Arbeitskraft anspornte. Es ging nicht nur die Anzahl der Arbeitsunfälle zurück, sondern die Belegschaft begann sogar, bei der Arbeit zu singen.

Orange repräsentiert eine Stufe in unserer Entwicklung, auf der wir beginnen, uns als von Vater, Mutter und Gruppe getrennt zu betrachten. Dennoch sind wir nicht völlig unabhängig und müssen uns erst entfalten und unsere eigene Stärke finden, bevor wir außerhalb der Gruppe existieren können. Orange bezieht sich auf die eigene Fürsorge, was zu unserem geistigen, emotionalen und körperlichen Wachstum führt. Andererseits mag diese Farbe aber auch einen ausgesprochenen Mangel an

Selbstwertgefühl anzeigen, falls wir unsere eigene Kraft nicht gefunden haben. Manchmal weist sie auf Unentschlossenheit hin, die einer tiefen Furcht entspringt und in die Frage mündet: »Welchen Weg soll ich gehen?«

Das intensive und kraftvolle Orange wirkt sehr stimulierend, und es gibt nur wenige Menschen, die es in reichlichem Maße und über einen längeren Zeitraum hin tragen würden. Eine Person, die sich zu Orange hingezogen fühlt, läßt sich gerne sehen. Sie ist gesellig und fühlt sich in der Gruppe wohler als alleine. Sie besitzt ein gesundes Gefühlsleben und aufgrund ihres nach außen gerichteten Wesens gelingt es ihr, Gruppen zusammenzuführen und Dinge geschehen zu lassen.

Das entgegengesetzte Extrem mag sich bisweilen als Herausforderung darstellen. Orange kann ein Anzeichen für völlige Auflösung und Zersplitterung sein, wo alles auseinanderfällt. Es mag ein Schockerlebnis vorliegen, das den Menschen zu zerbrechen droht. Oder, in weiterem Umfang, kann es sich um eine Zeit handeln, in der die alte Ordnung kollabiert und Chaos zu herrschen scheint. Orange indiziert solche Zusammenbrüche, es verfügt aber auch über heilende Energien. Es richtet die Dinge wieder aus und baut sie an ihren angemessenen Orten neu auf.

Auf dieser Stufe unserer Reise gestalten sich unsere Überlebensbedürfnisse verfeinert und komplizierter. Die zementartige Struktur, die uns in den ersten Monaten und Jahren unsere Sicherheit gab, löst sich allmählich auf. Hierin liegt die Möglichkeit zur Freiheit, aber auch unsere tiefsten und irrationalsten Ängste tauchen auf. Wir geraten in das Netz der Beziehungen, in dem wir uns gezwungen fühlen, jenen, von denen wir abhängig sind, zu genügen. Wir suchen Billigung und rebellieren bisweilen. In seiner Unausgewogenheit indiziert Orange jemanden, der gelernt hat, andere zu manipulieren, in der Hoffnung, Sicherheit zu finden. Wie bei der Koralle, beruht das Gewebe der Beziehungen teilweise auf Furcht. Was wird geschehen, wenn? Wie könnte ich alleine überleben? Orange und Koralle sind die Balance-Flaschenfarben zwischen den Rot/Rosa- und Gelb-Energien. Indem wir die Fäden der Angst auflösen, schaffen wir dem Erblühen des Neuen Raum, der bedingungslosen Liebe, die sich selbst und andere anerkennt und respektiert. Das ist der Stoff des ewigen Gewebes, eine Liebe, die unser gegenseitiges Wachstum unterstützt und kultiviert.

Das Thema Beziehungen spielt eine wesentliche Rolle im Bereich des Orange. Wie wir es über dieses Chakra ausleben und unsere Verbindung zu anderen Menschen und die Entwicklung unserer Isoliertheit ausbalancieren, bestimmt ein gewisses Lebensmuster. Wir müssen diese beiden gegensätzlichen Pole aufeinander abstimmen, ansonsten verbleiben wir in der Abhängigkeit. Hierin liegt die Grundlage für das gegenseitige Abhängigkeitsverhältnis in der Beziehung. Bildlich gesprochen, sitzt der Abhängige im Rollstuhl und der Mit-Abhängige schiebt ihn. Sind wir abhängig, fühlen wir uns zur Auseinandersetzung mit den Herausforderungen des Lebens unfähig und wenden uns an andere Menschen. In der Mit-Abhängigkeit beruht unser Wertgefühl auf der Zusicherung, gebraucht zu werden. Orange weist daher häufig auf verschiedenste Ausdrucksformen der Sucht hin. Dabei kann es sich um Menschen, Situationen, Zigaretten, Alkohol oder ein bestimmtes Nahrungsmittel handeln. Unsere Süchte nehmen uns gefangen, anstatt unsere Freiheit und unser Wachstum zu gewährleisten.

Zum Bereich der Abhängigkeit kann ganz offensichtlich auch die sexuelle Beziehung gerechnet werden. Wenn kein Gleichgewicht besteht, wird sie zur Sucht. Innerhalb des Orange vermag sie aber auch Freude und Glücksgefühl hervorzurufen, da dieses Areal, ebenso wie das Rot, unmittelbar in das Feld der Sexualfunktion übergreift. Im Rot bedeutet eine solche Kommunikation Reproduktion, im Orange hingegen nimmt sie eine Form der Freude an. Aus gesundheitlicher Sicht betrachtet, ist Orange weniger eine leidenschaftliche als eine fröhliche Energie.

Die negative Seite dieser Energie äußert sich in sexueller Mißhandlung oder Vergewaltigung. Eine Vorliebe für Orange, besonders zu Beginn der Auswahl des Balance-Flaschen-Sets, deutet meistens auf Mißhandlung hin. Manchmal setzt die Schwingung dieser Farbe die Person von den Erinnerungsblockaden, die ein solches Erlebnis begleiten, frei.

Orange ist eine Schockfarbe. Sie kann verwirren, anregen und irritieren, aber nicht übersehen werden. Alles an dieser Farbe ist eindringlich. Die in diesem Bereich gewonnenen Einsichten entspringen unserem Instinkt. Wo es Humor gibt, ist auch Hysterie nicht weit; Freude paart sich schnell mit Ekstase und Glückseligkeit, und Furcht liegt nicht selten weit jenseits aller Vernunft.

In Fällen tiefsitzender seelischer Erschütterung und traumatischer Erfahrung besitzt Orange unschätzbaren Wert; zum Beispiel bei Fehlgeburten, chirurgischen Eingriffen und Unfällen; nach Selbstmordversuchen oder anderen Konfrontationen mit dem Tod. Derartige Erlebnisse stehen bisweilen mit Erfahrungen aus früheren Leben in Zusammenhang, was sich oft in tiefsitzendem, lange Zeit unterdrücktem Kummer manifestiert.

Was geschieht bei einer seelischen Erschütterung? Wie reagieren wir? Werden wir uns dem Strom dieser Erfahrung hingeben und uns ruhig und gelassen seinem Rhythmus beugen? Es ist wohl wahrscheinlicher, daß wir verblüfft innehalten, so als habe jemand auf den Halteknopf einer unsichtbaren Kontrollmaschine gedrückt. Es besteht die Tendenz, auf allen Ebenen geradezu wie gelähmt zu sein. Die Energie des Orange hilft uns, diese Erfahrung zu verarbeiten und schließlich loszulassen. Die entsprechenden Organe in diesem Bereich verarbeiten nicht nur, sie scheiden auch aus. Unausgewogenheit entsteht, wenn wir festhalten, und zwar an der Erschütterung, der Angst oder an jenen den Organismus vergiftenden Drogen.

Die Farbe Orange erscheint nicht oft auf der Tribüne der Mode, war in den Sechzigern jedoch sehr beliebt. Die ältere Generation erlebte diese Zeit als schockierend. Die alten Werte standen Kopf, und die alte Ordnung zerbröckelte. Für die Jugend glich diese Periode einer Energieexplosion, einer Zeit der Freude und des unbegrenzten Optimismus. Diese Vitalität breitete sich über den ganzen Globus aus; im Osten wie im Westen entdeckte die Jugend eine neue Kraft und eine scheinbare Unabhängigkeit. Die Welt sang, erging sich in sexueller Freiheit und in zügelloser Sucht. Die Unabhängigkeit lag wohl nur direkt unter der Haut, dennoch war es eine Zeit hitzigen, machtvollen Wandels. Seit 1996 taucht Orange wieder in den Modegeschäften auf. Nur die Geschichte mag zeigen, was dieses erneute Erscheinen auf sich hat. Eine frische Vitalität? Eine bevorstehende Erschütterung? Die Wiederbelebung von Freude und Optimismus? Orange liefert sicherlich eine wichtige Energie für die Zeit, in der wir gerade leben. Vielleicht ist diese Farbe mit der Energieansammlung verknüpft, die den Übergang in das nächste Jahrtausend bestimmt.

Orange indiziert die dynamische Verbindungskraft zur physischen Erfahrungswelt, versinnbildlicht andererseits aber auch den Herbst. Die fallenden Blätter sterben und geben ihr Leben als Nahrung für nachfolgendes Wachstum. Die abgestorbenen Zellen bringen die Hormone hervor, die eine neue Pflanze Wurzeln schlagen läßt, dem Gärtner als Wurzelpulver bekannt. Hierin liegt ein Symbol für ein Gesetz, das unser geistiges Wachstum regiert. Die Farbe Orange erinnert uns daran, daß etwas in uns sterben muß, bevor wir Raum für etwas Neues schaffen können. Die neuen Blätter brauchen Raum zum Gedeihen. Orange ist die Farbe der Entsagung; wir sagen uns von der irdischen Welt los, um eine andere Dimension zu erfahren. Es ist die Farbe des Sonnenuntergangs, des Endes, das den Weg für einen neuen Anfang freigibt. Der geistig Suchende sieht im Sonnenuntergang ein Symbol der Inspiration, des Emporgehobenseins jenseits des Materiellen. Der buddhistische Mönch trägt eine safranfarbene Robe und bringt damit seine Bereitschaft zum Ausdruck, der physischen Welt zu entsagen. Hier haben wir ein Beispiel für eine Hingabe, die zu Erfüllung und Glückseligkeit führt.

Orange mag für Besitzergreifung stehen, doch es birgt auch die Energie der Ausdauer und Hingabe. Es repräsentiert die Feuer der Sexualität, Sinnlichkeit und des Verlangens. Es bildet auch den Stoff für schöpferisches Bestreben und die Entsagung weltlicher Freuden. Es besteht eine Verbindung zwischen Orange und dem Gefängnis gegenseitiger Abhängigkeit. Die Belohnung für eine Meisterung dieses Zustands offenbart sich in Glückseligkeit, Verzückung und unendlicher Freude. Orange ist essentielle Nahrung für Körper und Geist.

Alan

Flasche Nr. 26 (Orange/Orange, die Schock-Flasche) wird zur Heilung der Auswirkungen von Schock und Trauma verwendet. Wenn sie jemand als erste wählt, bedeutet das fast immer, daß er gewisse Erschütterungen durchgemacht oder unter Mißhandlungen gelitten hat, mit deren Auswirkungen er sich auseinandersetzen muß, da sie das Gesamtbild verschleiern.

Alan war ursprünglich zu einer privaten Beratung gekommen. Er interessierte sich für die Teilnahme an einem Workshop, der eine Woche später stattfinden sollte. In der Zwischenzeit kam er einmal, um zu fragen, ob er tatsächlich teilnehmen sollte, und dann wieder fand er Entschuldigungen, um abzusagen.

Bei der ersten Gelegenheit wählte Alan zunächst Orange/Orange und an zweiter Stelle Blau/Orange. Seine Wahl ließ sofort auf ein tiefsitzendes, traumatisches Schockerlebnis und eine gewisse Mißhandlung schließen. Wenn uns etwas völlig und unerwartet schockiert, neigen wir dazu, uns zu verkrampfen und sind vorübergehend wie gelähmt. Das sofort ins Auge fallende Orange der ersten Flasche wies darauf hin, daß seine Probleme im Moment von einem Erlebnis überschattet wurden, das Alan in einer Weise verletzt und verhärtet hatte, daß er sich trotz der erlittenen Schmerzen nicht bewegen konnte.

Die anderen Flaschen der Auswahl indizierten zudem seine Verstrikkung in einem gegenseitigen Abhängigkeitsverhältnis, was sich auch in einem suchthaften Verhaltensmuster bemerkbar machte. Fäden der Angst schienen ihn mit seiner Umgebung zu verknüpfen und hielten und fesselten ihn in einer Struktur, die kaum eine Möglichkeit zum Wachstum bot.

In der ersten Sitzung wurde diese Thematik allgemein besprochen. Alan war sich bewußt, daß ein großer Teil seiner Kindheitserinnerungen blockiert waren. Er hatte sich einige Jahre lang in psychotherapeutischer Behandlung befunden, durch die ihm bereits einige Einblicke in seine Kindheitserfahrungen zuteil geworden waren. Doch es war ihm nicht gelungen herauszufinden, welches Geschehnis ihm solche Schmerzen bereitet hatte, daß er es völlig aus seinem Gedächtnis verbannte.

Alan begann, mit der Orange/Orange-Mischung zu arbeiten, der einzigen, die in einer ganz bestimmten Weise aufgetragen werden muß, und zwar auf dem gesamten Unterbauch und auf der linken Körperseite, angefangen mit dem Ohrläppchen bis hinunter zur Fessel.

Alans Frau Monika erschien ebenfalls zur Privatberatung. Ihre Problematik war zwar weniger dramatisch, ähnelte aber eindeutig dem Erlebnismuster ihres Mannes.

Nach mehreren Ausflüchten entschloß sich Alan schließlich mutig dazu, an dem Workshop teilzunehmen, der ihn dann prompt in die Krise stürzte. Er wollte das Seminar nach der Hälfte abbrechen und behauptete, »etwas sehr Dringendes« habe sich ereignet, weshalb er nicht weitermachen könnte. Es lag auf der Hand, daß er sehr schmerzlichen Fragen gegenüberstand, mit denen er sich nicht auseinandersetzen wollte. In diesem Augenblick glaubte er, nicht den Mut zu besitzen, der nackten Tatsache ins Angesicht zu blicken. Es war jedoch wesentlich, daß er in diesem akuten Schmerzzustand den Kurs nicht verließ und alleine war. Wir überredeten ihn zu bleiben.

Fast während des ganzen nächsten Tages saß Alan in einer Ecke und weinte alleine vor sich hin, bevor es ihm möglich wurde, über die Erlebnisse zu reden, die endlich an die Oberfläche getreten waren. Diese Erinnerungen enthüllten ein Geflecht an Mißbrauch innerhalb der eigenen Familie, das von Inzucht über Vergewaltigung bis hin zu versuchtem Mord reichte. Dinge, die Alan in Verwirrung und Furcht in Bezug auf Beziehungen, Vertrauen und Liebesausdruck gestürzt hatten, was ein ganzes Leben lang auf ihm gelastet hatte. Hier war ein humorvoller, empfindsamer Mann, der Kinder liebte, sich aber nicht getraut hatte, eigene Kinder zu haben, aus Angst vor dem, was er ihnen zufügen könnte.

Sein Empfinden der Unwürdigkeit und Unzulänglichkeit hatte ihn davon abgehalten, mit seiner Frau eine enge Beziehung einzugehen, die sich zurückgestoßen und aus seinem Leben ausgeschlossen fühlte. Die Erinnerungen an das Verhalten seiner Familie verschlimmerte natürlich diese Situation vorübergehend noch, da er sich wegen der Verbindung zu den Angehörigen beschmutzt vorkam und schämte. Er mußte eine Menge aufarbeiten, bevor er den Mut faßte, seiner Frau die volle Wahrheit über seine Kindheit zu erzählen.

Stufe um Stufe erkannte Alan, daß die Beschämung nicht seine eigene war. Es gelang ihm, sich davon zu lösen und die Liebe seiner Frau anzunehmen, die sich seit Jahren danach gesehnt hatte, ihrem Mann zu helfen. Je besser sie sich verstanden, desto mehr spielten sie mit dem Gedanken, eigene Kinder zu haben. Alans Psychotherapeut erklärte ihm, daß die wenigen Wochen, in denen er sich intensiv mit Aura-Soma beschäftigt hatte, etwa zweieinhalb Jahren des therapeutischen Fortschritts gleichkamen.

10.
Gold

Wir entfernen uns nun von der Basis und bewegen uns auf das Zentrum zu. Gold enthält einen Teil Rot und zwei Teile Gelb. Etwas von der Energie des Rot bleibt also, zum Beispiel die Leidenschaft, der Mut und die Verbindlichkeit sowie ab und zu vielleicht Unmut und Frustration. Das Gold aber bietet etwas Neues; es ist die Bewegung aus der Abhängigkeit in die Entdeckung des individuellen Selbst.

Wörter bieten uns oft wertvolle Einblicke, zum Beispiel G-O-D (Gott). Fügen wir den Buchstaben ein L hinzu, ergibt sich das Wort GOLD (Gold). In diesem Zusammenhang gesehen, könnte man das L als Symbol des Gotteslichts betrachten, das der Quelle entströmt, auch wenn wir es nicht zu erkennen vermögen. Gold ist die Farbe verborgener Weisheit, das materiellen und geistigen Wert besitzt. Es ist maßvolle Weisheit, maßvolles Wissen, maßvolle Erleuchtung. Gold ist die Lebenssammlung an Erfahrung und Werten, die Weisheit des Weisen. Es ist tiefes Verstehen, ein aus der Vergangenheit in die Gegenwart herübergebrachtes Wissen.

Das Gold symbolisiert Reichtum auf allen Ebenen. Dieses kostbare Metall schmückt die Reichen und Mächtigen und verleiht seinem Besitzer Status und Herrschergewalt.

Lange Zeit diente es als internationales Zahlungsmittel; die Goldwährung repräsentierte Stabilität auf dem Geldmarkt der Welt. Vor dem Ersten Weltkrieg bedeutete Gold nicht nur Wohlstand, sondern auch Sicherheit. Nach dem Krieg stabilisierte es den internationalen Wechselkurs. Es steht ganz allgemein für Beständigkeit, was im goldenen Ehering zum Ausdruck kommt. Es hält die Dinge zusammen. Das *Goldene Zeitalter* symbolisiert eine strahlende, herrliche Zeit, in der Gesundheit, Wohlstand und Glück regierten, das Bild eines glücklichen und friedlichen Staates, beschützt und erhalten von einem König in seiner Mitte.

Ein Gefühl von Sicherheit charakterisiert ein solches Zeitalter, in dem es keinen Kampf gibt.

Im Gold hat man nicht nur ein Zeichen für Frieden, Sicherheit und Wohlstand gesehen, sondern auch der Stärke und Kraft. Goldene Löwen hüteten die Tempel der Vergangenheit, und goldene Tore schützten die Paläste.

Gold ist ein königliches Metall und findet sich in Kronen und Schmuck. Es wird wegen seiner Reinheit und Schönheit ebenso geschätzt wie wegen seines materiellen Wertes. Es versinnbildlicht die königlichen Qualitäten des Urteils, der Gerechtigkeit und des Gleichgewichts, wie die Weisheit König Salomons zeigt.

Von den Goldsternen, die im Kindergarten als Belohnung ausgegeben werden, bis zu den Königskronen ist Gold Statussymbol und Zeichen höchsten Bemühens. Diese königliche Farbe steht für Einweihung und Autorität. Sie wird mit materieller und geistiger Macht verbunden und steht für Heiligkeit; Gold schmückt Kathedralen, Kardinäle und den Papst. Im Osten finden wir Buddha-Figuren aus reinem Gold. Der in meditativer Haltung dargestellte Buddha strahlt Frieden und Erfüllung aus - Reden ist Silber, Schweigen ist Gold.

Wir streben nach Gold, bedeutet soviel wie, wir haben uns ein hohes Ziel gesteckt, wir streben nach dem Allerbesten. Ein solches Bemühen mag es erforderlich machen, daß wir die Kraft und Stärke in unserem eigenen Innern suchen. Vielleicht kämpfen wir um das, was den größten Wert für uns besitzt, wie es sich beispielhaft an den Anstrengungen der Goldgräber zeigt. Die Suche nach Gold hat unsere geographischen Kenntnisse enorm bereichert. Die Aussicht auf Reichtum förderte Ansiedlungen in Gebieten, die als nahezu unbewohnbar galten, zum Beispiel Alaska oder die nördlichen Breiten Kanadas, die Wüsten Kaliforniens und Australiens. *Nach Gold zu suchen,* hat den Abenteuergeist im Menschen geweckt und ihn aus seinem vertrauten und sicheren Umfeld ausbrechen lassen. Die verheißene Belohnung ist zwar materieller Natur, doch um sie zu erlangen, mußten die Abenteurer ihre Eigenkräfte mobilisieren, damit sie die oft unwirtlichen klimatischen Bedingungen und sonstigen Unbilden überleben konnten.

Sie schürften nach Gold und entdeckten ein kostbares Metall, das auf vielen Ebenen große Macht repräsentiert. Gold ist ein ausgezeichneter Leiter von Hitze und Elektrizität, mit anderen Worten, es besitzt eine große Fähigkeit, Energie zu übertragen. Andererseits widersetzt es sich chemischen Mitteln und ist daher im Grunde genommen unbestechlich. Hierin liegt die geistige Stärke, die es symbolisiert. Unberührt von Sauerstoff und Alkali, läuft es nicht an. Deshalb nennt man es auch ein »edles« Metall.

Gold ist die Farbe der Würde und Macht. Es steht für absolute Reinheit, da es in seinem natürlichen Zustand keine Beimischung anderer Metalle aufweist. Aus diesem Grunde repräsentiert es auch die Möglichkeit, Unabhängigkeit zu erlangen. Seine Reinheit bedeutet, daß wir unsere Zähne mit Gold füllen können, ohne unter negativen Begleiterscheinungen leiden zu müssen.

Gold ist im weitesten Sinne mit der Vorstellung von Wert und Würde verbunden. Es repräsentiert kostbaren Gewinn und wertvolle Qualität. Leute, Ideen oder Dinge, denen wir großen Wert beimessen, bezeichnen wir auch als »Goldstück«. Von einem großzügigen, edelmütigen Menschen sagen wir, er habe ein »Herz aus Gold«. Nur wenn wir ein Empfinden für unseren eigenen Wert und unsere Würde gewinnen, bringen wir es fertig, aus dem Netz der Abhängigkeit auszubrechen und uns selbst zu entdecken.

Im geistigen Sinne wird im Gold daher weniger das Produkt als der Prozeß gesehen. »Irgendwo am Ende des Regenbogens« liegt ein Gefäß mit Gold. Ist es tatsächlich so weit entfernt, daß wir es nicht erreichen können? Oder ist es das Gold unserer innewohnenden Kraft und Stärke, verbunden mit tiefer Weisheit? Ist es unser volles Energiepotential? Die Alchemisten strebten danach, die verborgenen Kräfte zu meistern, die die Formen der Materie bestimmen. Vor allem bemühten sie sich, anfällige und verderbliche niedere Metalle in reines, dauerhaftes Gold zu verwandeln. Aufrichtigen Herzens suchten sie nach Wissen und geistiger Wahrheit. Vom sogenannten »Stein der Weisen« glaubte man, er habe Gewalt über Tod und Zerfall. Der wahre alchemistische Prozeß jedoch ist spirituelles Suchen und Wachsen, die Verwandlung der Menschheit, symbolisiert durch das niedere Metall auf dem Prüfstein der Liebe. Alchemie ist ein innerer Reinigungs- und Läuterungsprozeß, eine Umwandlung des Negativen und die Integration unseres wahren Wesens.

Gold findet somit seine Anerkennung jenseits des Materiellen, und zwar als geistiger Wert. Im Laufe der Jahrhunderte haben Künstler die Heiligen und die anderen erleuchteten Wesen, denen sie göttliche Weisheit zuschrieben, mit einem Heiligenschein dargestellt. Die Aura spirituell fortgeschrittener Wesenheiten wird durch das goldene Ei versinnbildlicht. Die Heiligen Drei Könige brachten dem Jesuskind Gold, Weihrauch und Myrrhe dar, wobei Gold die Fähigkeit zur Herrschaft oder die Befreiung der Welt bedeutet. Gold, das Geschenk des Weisen, ist aber auch die Verlockung des Teufels.

Es ist nicht alles Gold, was glänzt. Die Anwesenheit von Gold mag auf einen Mangel an Urteilsfähigkeit hinweisen, die Notwendigkeit, tiefer in eine Sache einzudringen und sie auf ihre Echtheit zu prüfen. Gold kann mit Betrug, Täuschung, Versuchung und Verblendung assoziiert sein, ein Trugbild des Materiellen, die Tücke geistiger Verzauberung und Macht. Gold stellt eine Verführung dar, bietet gleichzeitig aber auch Sicherung. Es kann alles Negative abwehren. Die dichte Schwingung dieser Farbe ist schwer, wie das Metall selbst. Gold ist ein Schutzschild und kann manchmal aber auch eine Maske sein. Die goldene Farbe wirkt einhüllend und abschirmend, Negativität, Schaden, ätherische Gaukeleien und aufdringliche Schwingungen abwehrend.

Ebenso wie das Orange, birgt das Gold die Möglichkeit großer Freude und Erfüllung. Es besteht eine stufenweise Intensität in Bezug auf die Schwingung von Orange über Gold nach Gelb. Diese drei Bereiche sprechen einige gleiche Probleme an, wenn auch in unterschiedlicher Tiefe. Zum Beispiel gleicht die Fröhlichkeit im Gelb dem alltäglichen Glücksgefühl; im Orange kann sie sich zur Ekstase und Verzückung steigern, während sie im Gold eine tiefere Akzentuierung erhält. Die Fröhlichkeit wird zur Freude, ohne jedoch die Intensität wie im Orange zu erreichen. Ähnlich verhält es sich mit der Weisheit. Im Gold äußert sie sich mehr instinktiv, während im Gelb eine mentale Wissensansammlung vorliegt. Die tiefsten und durchdringendsten Einsichten liegen im Bereich des Orange.

Gold birgt auch tiefe Furcht, die sich ebenfalls im Gelb findet, aber in unterschiedlicher Intensität. Die Ängste im Gelb liegen auf der Ebene der Vernunft, diejenigen im Gold hingegen sind völlig irrational. Sie äußern sich in der Furcht vor der Dunkelheit, vor Verlust und als Platzangst. Sie haben ihren Sitz in den Gefühlen und beziehen sich vor allem auf das Thema Sicherheit. Gold kann anzeigen, daß eine tiefe Unsicherheit und Verwirrung vorliegt, die eine solche Situation nur noch verschlimmern. Aura-Soma ermutigt, sich mit seinen Ängsten anzufreunden, das heißt, diesen Emotionen ganz bewußt gegenüberzutreten, um ihre Bedeutung herauszufinden. Die eingehende Auseinandersetzung mit solchen Problemen kann schließlich eine Klärung herbeiführen.

Die Annäherung an den Goldbereich bedeutet, seinen Eigenwert zu entdecken. Ein solches Vorhaben stellt natürlich eine Herausforderung dar, da sie das Selbstvertrauen anspricht. Mangelnde Selbstsicherheit manifestiert sich entweder als Angst, unsere Stärke anzunehmen und unsere Individualität zu verkörpern, oder sie drückt sich als falsche Bescheidenheit aus. Andererseits kann zuviel Selbstvertrauen unser Empfinden für unsere Mitmenschen abschwächen, und es besteht die Gefahr von Geiz, Habsucht und Selbstgerechtigkeit. Ein derartig aufgeblasener und egoistischer Mensch mag auf Kosten seines persönlichen Wachstums Macht und Herrschaft über andere anstreben.

Gold ist die Farbe der Weisheit und Wärme, der tiefen Einsicht und Freude. Es bildet den Heiligenschein jener, die das innere Gold gefunden haben und es in die Welt hinausstrahlen. Gold ist die Farbe des Sonnenscheins und der Himmelsgalaxien. Unsere Ebene bedarf dieser reichen Farbe sehr.

Wir wollen nun eine Kombination dieser Farben anhand eines Fallbeispiels betrachten.

Harold

Harold, ein Mann in den Vierzigern, kam ursprünglich als Journalist zu uns, um einigen Unterrichtsstunden beizuwohnen und ein Interview für einen Zeitungsartikel durchzuführen. Dabei erwachte sein Interesse an einer persönlichen Beratung.

Als erste Flasche wählte er die Nummer 40 mit der Rot/Gold-Mischung. Sie trägt den Namen »Ich bin« und enthält einen hohen Grad an Energie und Verpflichtungsbereitschaft im Falle eines Menschen, der in seinem Beruf erfolgreich ist. Sie weist auf eine lebendige, begeisterungsfähige Person mit viel Weisheit und Verständnis hin, die der Welt etwas zu geben hat.

Die positive Energie, die Harold in seine Arbeit mit uns einbrachte und die offensichtliche Aufrichtigkeit, mit der er den Wirkungsmechanismus von Aura-Soma zu verstehen suchte, hatten mich beeindruckt.

Die Beratung enthüllte dann aber ein vollständigeres Bild. Dieser Mann besaß Enthusiasmus, Leidenschaftlichkeit, Humor und ein großes Pflichtbewußtsein. In seinem Innern schwelte aber auch eine enorme Frustration, Ärger und Groll in Bezug auf sein häusliches Leben, dem er machtlos gegenüberstand. Er war seit langem mit seiner Jugendliebe verheiratet, die sich bereits früh als leidend bezeichnet hatte. Die Kinder mußte er daher zum größten Teil alleine aufziehen. Er brachte sie zur Schule und holte sie wieder ab und fuhr mit ihnen in die Ferien, während seine Frau es vorzog, eine Gesundheitsfarm aufzusuchen. Obwohl sie unter demselben Dach lebten, hatten sich Harold und seine Frau kaum noch etwas zu sagen. Doch sie bekam einen hysterischen Anfall, wenn ihr Mann irgendwo anders hinging als zur Arbeit. Peinlichst genau überwachte sie alle seine Aktivitäten auf die Minute. Außerdem neigte sie dazu, seine Leistungen abzuwerten. Sie war intelligent genug, seine Artikel zu lesen und kritisierte diese unablässig, wobei sie keine Gelegenheit versäumte, ihn auf Unzulänglichkeiten aufmerksam zu machen. Seit Jahren konnten seine Freunde nicht verstehen, warum er bei ihr blieb, und da sie mit seiner Frau nichts zu tun haben wollten, mußte er bald feststellen, daß seine Freundschaften zunehmend im Arbeitsbereich lagen.

Harolds Frage lautete also: »Warum?« Warum hatte er sich in diese Situation begeben? Warum richtete ihn diese Beziehung zugrunde? Warum wurden ihm oft jüngere Journalisten in der Vergabe von Aufträgen vorgezogen?

Das Gold der unteren Schicht der Flasche kann tief verborgene Ängste anzeigen. Es weist auf ein großes Einsichtsvermögen, gleichzeitig aber auch auf Verwirrung hin. Das »Ich bin« in der Person, die diese Farbkombination gewählt hat, verspürt oft das Bedürfnis, gehört und verstanden zu werden. Sie mag ihren Eigenwert stark anzweifeln. Das Vermischen zum Orange hin spricht von Mißhandlung in irgendeiner Form sowie von gegenseitiger Abhängigkeit. Harold hatte seit langem die Abhängigkeit seiner Frau von ihm erkannt, aber seine eigene Abhängigkeit übersehen, mit anderen Worten, sein Bedürfnis, von ihr gebraucht zu werden. Er hatte eine Frau geheiratet, die in vieler Hinsicht seiner Mutter ähnelte, und es mußte ihm klar werden, daß er in dieser Situation ganz deutlich, wenn auch unbewußt, eine Liebe erhofft hatte, die ihm nur gegeben wurde, wenn er die Erwartungen der anderen Person erfüllte. Seine Frau hatte ihn tatsächlich »gebraucht«, um ihre Pillen zu holen und die Einkäufe zu tätigen, also sozusagen ihren Rollstuhl zu schieben. Dieser »Rollstuhl« diente nicht nur ihr als Vorwand, sondern bildete für ihn eine Art Sicherungsklausel, sich nicht als wertlos vorzukommen.

Nach der ersten Sitzung fiel es Harold wie Schuppen von den Augen. Gewissenhaft trug er den Inhalt der Flasche zweimal täglich auf. Er blieb bei seiner Frau, sprach mit ihr aber ganz mutig und schlicht über ihre Lage und versicherte ihr, sie auch weiterhin zu unterstützen, daß er aber, um dazu fähig zu sein, Zeit für sich selbst brauchte.

Im Laufe der folgenden Monate, in denen sich Harold änderte, begann sich auch seine Frau zögernd zu wandeln. Ihre Beziehung ist nicht eng oder aktiv geworden, aber ein großer Teil der Furcht, mit der sie belastet war, hat sich aufgelöst, und Harolds Arbeit gedeiht infolgedessen wieder.

Abbildung 1: Die Menschen reagieren unterschiedlich, wenn sie Aura-Soma zum ersten Mal begegnen. Einige verfallen in Schwärmerei, andere sprechen von Regenbögen und wieder andere äußern das Empfinden, nach Hause gekommen zu sein.

Abbildung 2: Wiedergeburt. Der Schwerpunkt eines jeden Aura-Soma Kurses liegt auf den Flaschen. Ihre strahlend fröhlichen Farben ähneln exotischen Seidenfarben und Orchideen, kostbaren Steinen und tropischen Fischen.

Abbildung 3: Farbmedizin. Das Balance-System wirkt auf vielen Ebenen. Jede Flasche kann die Kombination mehrerer unterschiedlicher Heilweisen enthalten, um das Gleichgewicht des Systems wiederherzustellen.

Abbildung 4: Die Flaschen 45 und 46. Das Magenta in Flasche 45 wies auf Rosemaries Leidenschaftlichkeit und Zärtlichkeit hin; das Türkis auf ihr Bedürfnis nach aus dem Herzen kommender, kreativer Kommunikation.

Abbildung 5: Die Flaschen 51 und 52. Letztere steht an zweiter Stelle und zeigt ein Problem an. Rosa bezieht sich höchstwahrscheinlich auf die Mutter; es liegt Erdrückung oder Vernachlässigung vor.

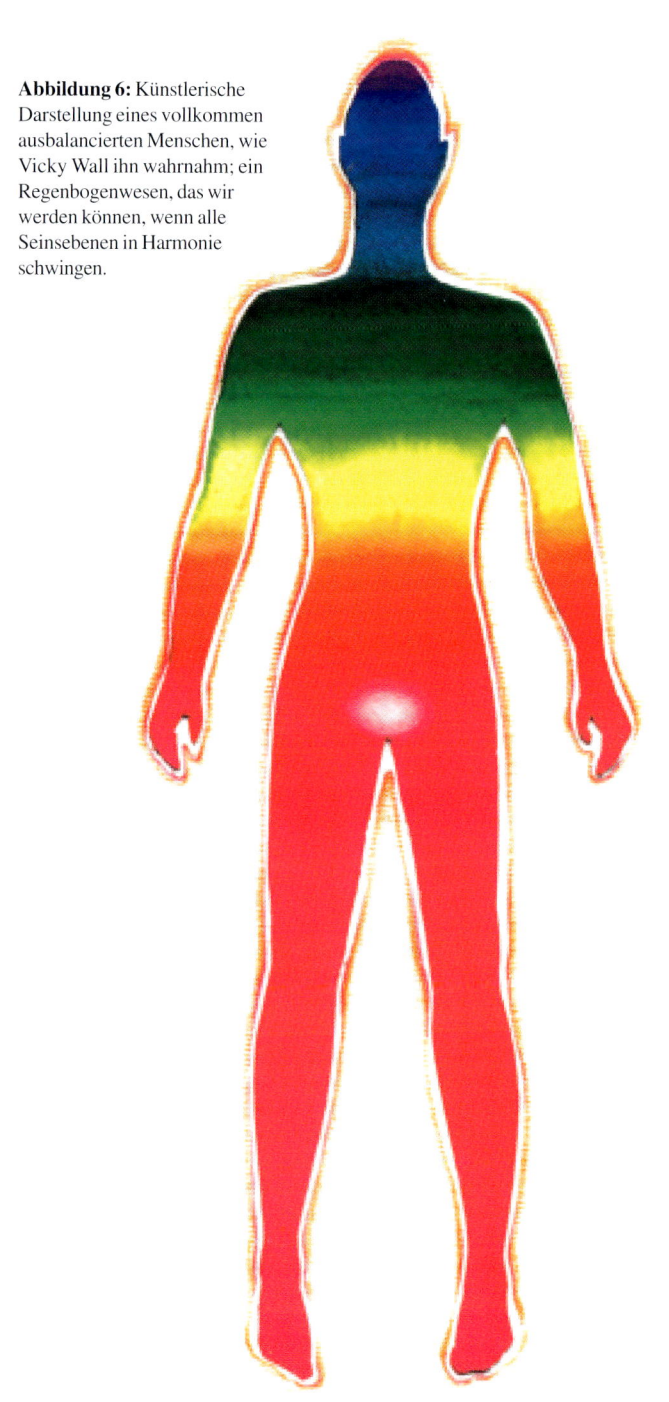

Abbildung 6: Künstlerische Darstellung eines vollkommen ausbalancierten Menschen, wie Vicky Wall ihn wahrnahm; ein Regenbogenwesen, das wir werden können, wenn alle Seinsebenen in Harmonie schwingen.

Abbildung 7: Die Flaschen 55 und 56. Die von Nancy gewählte Nr. 55, die »Christus-Flasche«, spricht von der Lichtenergie, die in die physische Ebene strahlt.

Abbildung 8: Die Energie-Flasche, Rot/Rot, liefert uns die Kraft, uns wieder mit der Begeisterung für das Leben und die Liebe zu verbinden.

Abbildung 9 und 10: Jede Flasche enthält eine Zusammenstellung von Energien aus drei Reichen; das erste ist das Pflanzenreich. Die obere Hälfte besteht aus Pflanzenölen, die aromatische ätherische Öle enthalten und mit hochwertigen Pflanzenfarben gefärbt wurden. Diese perfekt ausgewogene Ölmischung sitzt auf einer wässerigen Fraktion, die aus reinstem Wasser und einem wässerigen Pflanzenauszug besteht.

Abbildung 11: Die Flaschen 25 und 26. Nr. 26, Orange/Orange, Schockflasche oder »Dickerchen« genannt, tauchte als erste in Alans Auswahl auf. An dieser Stelle stehend, weist sie darauf hin, daß die Person, die sie anwendet, eine Erschütterung oder Mißhandlung erlebte, die aufgearbeitet werden muß.

Abbildung 12: Die Flaschen 40 und 41. Nr. 40, Rot/Gold, trägt den Namen »Ich bin«. Sie wurde von Harald gewählt und deutet auf einen enthusiastischen Menschen, der seine Weisheit und sein Verständnis in die Welt tragen kann.

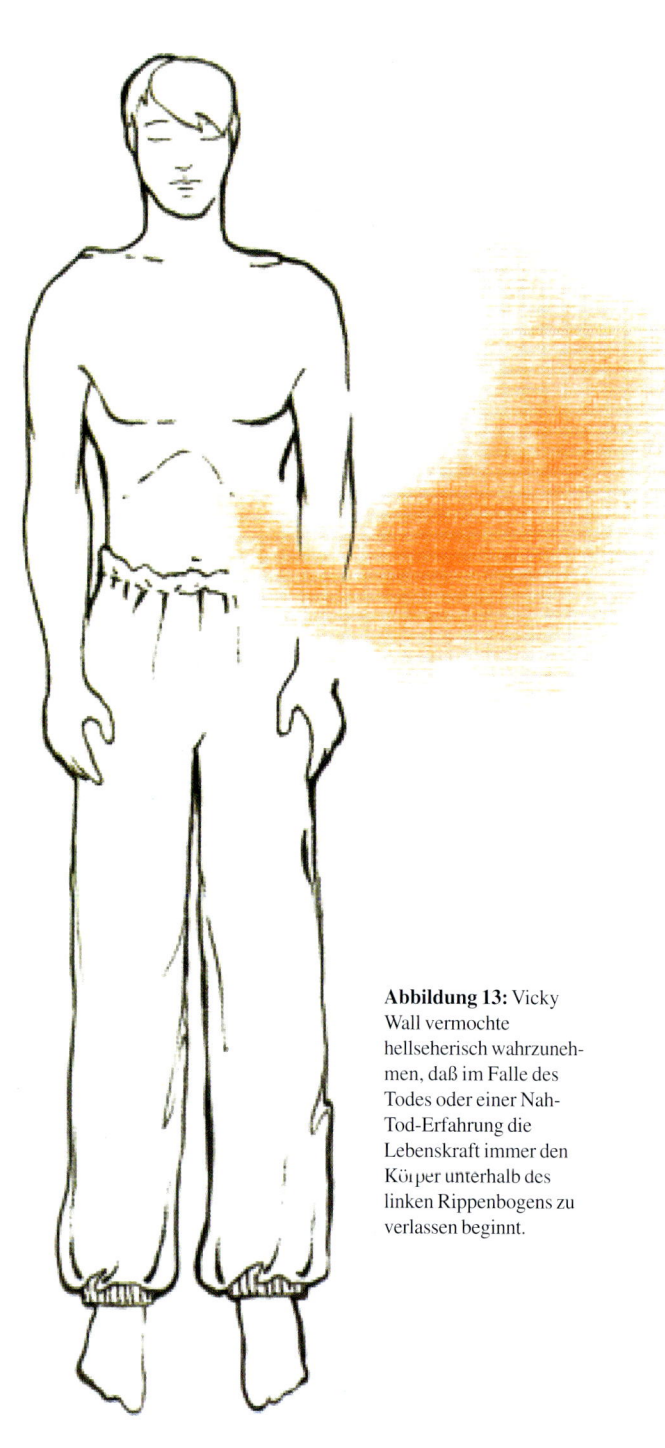

Abbildung 13: Vicky Wall vermochte hellseherisch wahrzunehmen, daß im Falle des Todes oder einer Nah-Tod-Erfahrung die Lebenskraft immer den Körper unterhalb des linken Rippenbogens zu verlassen beginnt.

Abbildung 14 und 15: Pomander und Quintessenzen: Pomander sind alkoholische Pflanzenauszüge. Man kann sie mit den Händen direkt auf die Aura auftragen. Die Quintessenzen ähneln den Pomandern, sind aber blasser und wirken stärker als diese. Es sind die subtilsten Produkte in der Aura-Soma Reihe.

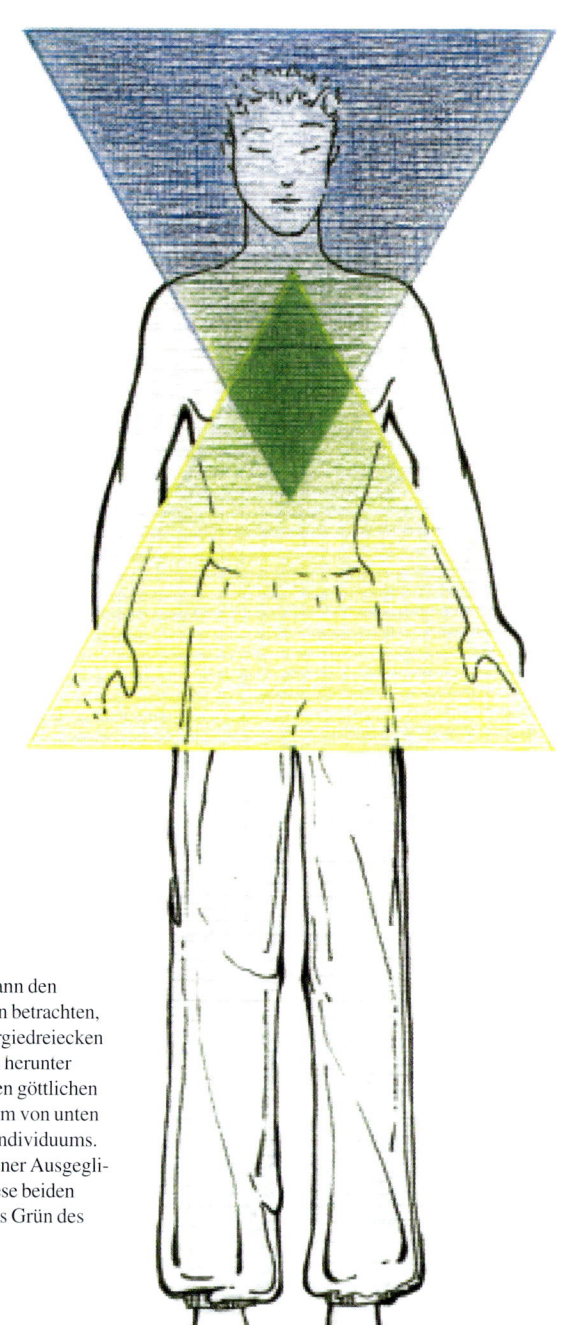

Abbildung 16: Man kann den Menschen als ein Wesen betrachten, das zwischen zwei Energiedreiecken schwebt, dem von oben herunter reichenden Blau, das den göttlichen Willen darstellt, und dem von unten kommenden Gelb des Individuums. Im Zustand vollkommener Ausgeglichenheit treffen sich diese beiden Dreiecke und bilden das Grün des Herzbereichs.

Abbildung 17: Die Flaschen 21 und 22. Die von Camilla gewählte Nr. 21, Grün/Rosa, ist bekannt als Neubeginn der Liebe und kann auf eine starke und reife Persönlichkeit hinweisen.

Abbildung 18: Die Flaschen 43 und 44. Nr. 43, Türkis/Türkis, bedeutet Kreativität. Ihre Stärke liegt in der Fähigkeit umfassender, kreativer Kommunikation über den Herzbereich, was sich oft in Musik oder Tanz ausdrückt. In Pauls Fall lag die angezeigte Herausforderung zum Teil an seiner Unwilligkeit, mit seinen tieferen Seinsaspekten in Verbindung zu treten.

Abbildung 19: Die Flaschen 1, 2, 3. Nr. 3, Blau/Grün, wird Herz-Flasche genannt. Sie bezieht sich in erster Linie auf das Herz und den Emotionalaspekt des Lebens.

Abbildung 20: Die Flaschen 15, 16, 17. Nr. 16 trägt den Namen »violettes Gewand«. Sie deutet auf jemanden hin, der eine starke Verbindung zum Geistigen besitzt und wird von denjenigen gewählt, die anderen in ihrem Transformationsprozeß beistehen. Sie tröstete Roys Vater, als dieser sich seinem Tode näherte.

Abbildung 21: Nach ihrem Unfall glich Magdalens Aura einem zerschmetterten Fensterglas.

Abbildung 22: Magdalens Aura, drei Wochen nach dem Unfall. Eine Wiederherstellung ist deutlich erkennbar.

Abbildung 23: Zwei Monate später. Diese Darstellung zeigt, daß sich die regenbogenartige Entwicklung, die über Magdalens Kopf angefangen hatte, inzwischen über den gesamten Körper erstreckte.

Abbildung 24: Wir gewinnen einen tiefen Einblick in die Natur des Klaren Lichtes allein aus seinem Namen; er beinhaltet Klarheit. Der Ausdruck »kristallklar« gibt die Klarheit des durchsichtigen Quarzes oder Kristalls, der eine Verfestigung reinen Lichts ist, wieder.

11
Gelb

Das dritte Hauptenergiezentrum des Körpers ist der Solarplexus. Wir haben den roten Bereich verlassen und befinden uns nun in dem Areal der Primärfarbe Gelb, einem Farbton, der nur aus einem einzigen Strahl besteht. Die meisten Farben, man nennt sie auch sekundär oder tertiär, stellen eine Kombination aus zwei oder mehreren Strahlen dar. Zum Beispiel ist Grün eine Mischung aus Gelb und Blau; Violett vereinigt Blau und Rot in sich.

Gelb ist der Strahl des Sonnenscheins. Der Solarplexus bildet das Sonnenzentrum unseres Daseins und repräsentiert den Kern unserer Individualität.

Wie die Sonne am Himmel erscheint, so kann jeder Mensch als Individuum emportauchen; einzeln und einzigartig und doch nicht getrennt von der übrigen Schöpfung. Das Erkennen der persönlichen Qualität bedeutet die Anerkennung der individuellen Rolle, die jeder Mensch im Rahmen der Evolution zu spielen hat. Nach Shakespeare ist *die Welt nur eine Bühne*, und wir müssen herausfinden, welchen Part wir zu spielen haben.

Gelb ist die Farbe des Prana, der universalen Lebenskraft. Der Solarplexus beteiligt sich wesentlich an der Aufnahme dieser Lebensenergie, die uns Vitalität und Kraft schenkt. Dieses Zentrum wirkt als Nervenknotenpunkt, in dem unzählige Informationsimpulse zusammentreffen, die den Myriaden unserer Erfahrungen entstammen und durch die Nervenkanäle weitergeleitet werden. Was fangen wir mit diesen Informationen an? Akzeptieren und verarbeiten wir sie, indem wir den Solarplexus offen und entspannt halten, damit die Vitalkraft eintreten und zirkulieren und die Erfahrung in das individuelle Gewebe unseres Sein eingebaut werden kann? Oder zieht sich dieses Zentrum aus Furcht in einen Knoten zusammen, was die Seele verkrampft und Verdauungsschwierigkeiten verursacht?

Man hat den Solarplexus auch das zweite Gehirn genannt, da wir durch diesen Bereich Wissen aufnehmen. Gelb steht daher mit Wissen und seiner Verbreitung in Beziehung. Es besteht eine enge Verbindung mit der Funktion des Intellekts und des Denkens. Jemand, der viel Gelb wählt, mag einen regen Verstand besitzen und fühlt sich vor allem von intellektuellen Tätigkeiten, wie dem Schreiben, der Mathematik oder dem Lehren, angezogen. In seiner gesunden Zusammensetzung stellt Gelb eine kreative Kraft praktischen Denkens und schöpferischen Verständnisses dar, die sich in Weisheit und Inspiration niederschlägt. Doch diese Form der Weisheit wurde eher durch Lernen und Denken erworben und weniger durch die tiefgreifendere, intuitive Weisheit des Gold. Gelb reflektiert ein Gefühl der Zufriedenheit als Folge intellektueller Errungenschaft, worin auch ein negativer Aspekt liegen kann. In diesem Fall manifestiert sich Gelb als Zynismus und Sarkasmus.

Gelb wirkt erbauend, fördert den Optimismus und die gute Laune. Das Sonnenlicht hebt das Gemüt und vermittelt Wärme, Frohsinn und Humor. Ein Mangel verursacht Depressionen, übt einen negativen Einfluß auf den Körper aus, ruft Vitamin-D-Mangel hervor und verringert die Lebenskraft. Bei der sogenannten Seasonal Affektive Disorder (jahreszeitlich bedingten Störung) handelt es sich aus ärztlicher Sicht um einen Zustand von Traurigkeit, eine Art der Depression, die durch die Einwirkung von Sonnenstrahlen behoben werden kann. Jemand, der sich zu Gelb hingezogen fühlt, ist wahrscheinlich lebhaft und optimistisch und bringt andere Menschen zum Lachen. Solche Leute können die heitere Seite einer Situation sehen, und sie reisen vermutlich gerne in sonnige Länder. Vielleicht besteht auch eine Verbindung aus früheren Leben zu Regionen wie den Mittelmeerländern, Ägypten oder Südamerika. Oder aber sie fühlen sich ganz einfach zum Gelb hingezogen, weil sie ein Nervenbündel sind.

Die alten Ägypter glaubten, daß die Sonne bei ihrem Untergang am Abend in die Unterwelt hinabstieg und diese durchquerte, um am folgenden Morgen neu geboren zu werden. Jeder Sonnenaufgang kennzeichnet einen Neubeginn. Gelb symbolisiert neues Leben, Geburt und Wiedergeburt. Seine Heilkraft schenkt Regeneration. Es ist die Farbe der Frühlingsblumen, des gelben Eisenhuts, der Primeln und Osterglocken sowie des Eigelbs und der Küken. Es ist die Farbe junger Seelen und jugendlicher Begeisterung, der Fülle neuer Schöpfung. Gelb ist die Farbe der Erneuerung und des innovativen Gedankens.

Es besteht eine Beziehung zwischen diesem Farbton und dem weißen Licht. Seine Schwingungsrate liegt zwar niedriger, aber es ist eine strahlend kraftvolle Farbe, die die Energie des weißen Lichts auszustrahlen vermag. Wir nehmen die Sonne als Gelb wahr; tatsächlich aber sendet sie das volle Spektrum des weißen Lichtes aus. Ähnlich nehmen wir das Licht einer durchsichtigen Glühbirne als Gelb wahr. Eine Kerzenflamme brennt gelb, das Symbol ewigen Lebens und unseres inneren Lichtes.

Gelb ist auch die Farbe der Ernte, der Frische, der Nahrung und Reife. Es reflektiert die materielle Nahrungsaufnahme und die Verarbeitung des Prana und des intellektuellen Stoffes. Die gelbe Farbe schenkt Energie und regt vor allem den Mentalkörper an. Eltern, die die intellektuelle Fähigkeit ihres Kindes fördern möchten, sollten sein Schlafzimmer gelb tapezieren.

Gelb ist die Farbe des individuellen Willens. Sie ist die Begeisterung, sich ein Ziel zu setzen und es zu erreichen und äußert sich in dem Wissen und dem Glauben, daß der Erfolg winkt, wenn man seine Absichten mit dem Willen verfolgt. In übertrieben ausgeprägter Form könnte dies zur Ichbezogenheit, Selbstsucht und Wichtigtuerei führen.

Es gibt noch einen weiteren negativen Aspekt des gelben Chakras. Jemand, der ein Feigling ist, wird auch als *gelb-bäuchig* (Yellow bellied) bezeichnet. Die Angst hält ihn zurück. Es mag ihn mit Entsetzen erfüllen, seine Individualität einzugestehen, und er unterdrückt alles, was er weiß und glaubt, nur um Konflikte zu vermeiden. Die Angst gehört zu unserem Dasein; einige unserer Schrecken, insbesondere diejenigen im gelben Bereich, sind hübsch verpackt und etikettiert, während die tiefer sitzenden geschickter verschleiert sind und ihnen ist schwieriger beizukommen. Es ist die Furcht, die unseren Solarplexus verkrampft. Auf physischer Ebene mag sie sich in verschiedenster Weise bemerkbar machen, zum Beispiel als Magenbeschwerden, Nieren- oder Bauchspeicheldrüsenerkrankung. Mehrere lebenswichtige Organe befinden sich in diesem Raum beziehungsweise im Bereich von Gold und Orange. Unruhe kann sich auch über das Nervensystem als Ängstlichkeit ausdrücken. Der Solarplexus steht in enger Beziehung zur Haut. Diesbezügliche Probleme, die dem Gelb des Nervenknotenpunkts entstammen, können sich daher als Reizungen an anderen Körperstellen zeigen.

Auf emotionaler Ebene manifestiert sich die Angst oft auf unterschiedliche Weise. Jemand, der unter großer Furcht leidet, mag das Bedürfnis haben, seine Mitmenschen zu kontrollieren, sie zu dominieren und zu manipulieren. Die im Gelb ruhende Angst kann mitunter durch den Verstand und die Kraft des Intellekts bewältigt werden. Die im Gold angesiedelte Furcht aber liegt tief in den äußersten Schlupfwinkeln unseres Bewußtseins vergraben. Gelb bedeutet mentale Mut, das heißt, wir verspüren zwar die Angst, gehen aber dagegen an und handeln trotzdem.

Ebenso wie das Gold beinhaltet Gelb manchmal eine gewisse Verwirrung, die an sich als Werkzeug dient, unseren Geist schließlich völlig zu klären. Das blasse Gelb, das entsteht, wenn Licht durch das Gold scheint, kann zwar ein Indikator für größte Verwirrung und Angst sein, weist aber ebenfalls den Weg zur Selbsterkenntnis.

Die Aufwärtsbewegung durch die Energiezentren hat teilweise von der Abhängigkeit fort und in die Unabhängigkeit geführt. Unsere Aufgabe besteht darin, aufrecht, klar und in uns selbst gefestigt in der Welt zu stehen. Indem wir Licht in die Thematik des Gelb senden, wird es uns möglich, Abstand von unserem Bedürfnis zu nehmen, etwas beweisen zu wollen. Im Zustand der Abhängigkeit hielten wir Ausschau nach von außen kommender Anerkennung, nach einer Autoritätsperson. Die Entdeckung unserer wahren Individualität befreit uns von diesem inneren Zwang. Wir sind fähig, »OK« zu uns selbst zu sagen. Sobald wir den Mut fassen, unsere Ängste näher zu beleuchten und uns selbst zu betrachten, finden wir Zugang zu neuem Wissen, einer Weisheit, die uns mit dem allgemeinen menschlichen Zustand verknüpft. Vielleicht sind die Dinge gar nicht so ernst, wie wir annahmen. Wir sollten uns die Worte des Zen-Meisters Bodhidharma merken: »Glücklich der Mensch, der über sich selbst lachen kann, denn er wird nie aufhören, sich zu amüsieren.«

12.

Der Wendepunkt

Wir haben drei Hauptenergiezentren des Körpers sowie drei Regenbogenfarben mit ihren Abstufungen betrachtet und uns einigen der damit verbundenen Themen zugewandt. Nun sind wir an einen Kreuzungspunkt gelangt und sollten zunächst einen Augenblick lang innehalten, um zu schauen, aus welcher Richtung wir kamen und in welche wir weitergehen wollen. An dieser Stelle möchte ich auch einen kurzen Blick auf die Geschehnisse meiner eigenen Reise werfen, die sich nach der »Wiedergeburt« ereigneten.

Mittels Aura-Soma können wir auf verschiedenen Existenzebenen Lichtenergien für unser Wohlergehen einbringen. Etwas von diesem Vorgang hatte ich auf besagtem Workshop erkannt. Trotzdem verstand ich die Theorie kaum und akzeptierte am Anfang nur wenig davon, in einer Zeit, in der Lernschübe das bizarre Drama meiner damaligen Erfahrungswelt durchsetzten. Ich wurde von einem Ereignis in das nächste gestürzt. Das Leben selbst sollte mein bester Lehrmeister sein. In brutaler Weise schien es mir eine Reihe von mächtigen und eindrucksvollen Möglichkeiten zu bieten, um Energien zu entdecken, von denen ich nicht einmal geträumt hatte. Lehnstühle sind verlockend. Doch die Dornen und Nadeln, die Erschütterungen und Ängste sind es, die uns aufwekken. Die in diese Ereignisse eingebrachten Lichtenergien wirkten als Heilmittel und trugen zum Verständnis bei.

Ich entschloß mich, mit den Kindern von zu Hause fortzugehen, obwohl ich nicht wußte wohin. Meine Erbschaft, die ich vor Jahren von meinen Eltern erhalten hatte, war in unser Haus geflossen; sie war dahin. Seit Jahren hatte meine Haupttätigkeit darin bestanden, mich um die Kinder zu kümmern. Dafür wird man nicht bezahlt. Außerdem lebten wir völlig abgeschieden und ohne die nötigen Mittel, Miete in einer bewohnteren Gegend zahlen zu können. Aber gehen mußte ich. Zum Glück war es nun Sommer, und wir konnten in Wohnwagen oder leerstehenden Räumen von Verwandten übernachten. Dann kam der Herbst, und wir drängten uns in dem freien Zimmer eines großzügigen Freundes zusammen.

Innerhalb weniger Monate wurden wir alle von Mike und Claudia gerettet. Sie boten uns die Benutzung eines kleinen Landhauses an, aus dem sie und ihre Familie gerade ausgezogen waren. Es besaß eine warme und gemütliche Atmosphäre, eine eingebaute Küche, tapezierte Wände, Teppiche, Vorhänge und eine wunderbar wärmende Heizung. Es war ein Geschenk des Himmels. Mit Hilfe geduldiger Freunde holte ich aus dem Bauernhaus alles, was mir gehörte und richtete das Häuschen ein; seit zwei Jahren das erste richtige Zuhause.

Die Erleichterung, eine Art Unabhängigkeit und ein eigenes Heim gefunden zu haben, hielt nicht lange an. Mitten in der dritten Nacht in jenem Häuschen, gerade als alle Möbel ihren Platz gefunden hatten, wachte mein Sohn Stephen auf und klagte über Unterleibsschmerzen. Innerhalb weniger Stunden verlor er soviel Flüssigkeit, daß er nahezu sein Bewußtsein verlor. Als der Arzt eintraf, war der Blinddarm durchgebrochen. Die Entscheidung lag bei mir, entweder auf die Ambulanz zu warten oder in das nächst gelegene, fünfundzwanzig Kilometer entfernte Krankenhaus zu rasen. Ich fuhr schneller als je zuvor und brachte Stephen zur Unfallstation, wo man bereits auf ihn wartete.

Inzwischen war er bewußtlos. Sie hängten ihn an eine Infusion, und die Untersuchungen begannen. In angespannter Verzweiflung wartete ich, während sie die nächsten zu unternehmenden Schritte beschlossen. Die Ärzte meinten, es handelte sich nicht einmal um einen Blinddarmdurchbruch. Es gab Anzeichen für ein Nierenversagen, weshalb man den Jungen an eine entsprechende Maschine hängen müßte. Ich fragte nach der Länge der Behandlung.

»Für den Rest seines Lebens«, erwiderte man mir ruhig.

Ihre Ruhe hielt an. Ich wollte schreien. Ich war sicher, daß der Blinddarm durchgebrochen war und sie augenblicklich operieren mußten, damit das Kind nicht sterben würde. Die Stunden schienen Wochen zu gleichen, während wir auf die Testergebnisse warteten. Es war bereits Abend, als man feststellte, daß es der Blinddarm war und man ihn in den Operationssaal brachte. Mütter waren dort nicht zugelassen. Ich verließ also das Krankenhaus in der Hoffnung, ein paar Stunden in meiner Lieblingsecke in der Lincoln Kathedrale verbringen zu können. Dort würde ich zur Ruhe kommen. Doch die Kathedrale war geschlossen. Ich hockte in dem einzigen noch offenen Platz, einer Fischbude, stocherte hin und wieder in meinem Essen herum und blickte ständig auf die Uhr.

Als sie Stephen aus dem Operationssaal rollten, traf ich den Narkosearzt.

»Es war knapp«, meinte er. »Er ist sehr krank. Aber ich denke, er wird es schaffen.«

Ich hätte den Mann umarmen können.

Tagelang lag Stephen in seinem Krankenhausbett, den kleinen elfjährigen Körper verdrahtet wie eine Telephonzentrale. Abgesehen davon, daß er still und gleichmäßig atmete, so als ob er schlief, gab er kaum ein Lebenszeichen von sich. Da war nur dieses sanfte Stöhnen, dieses »Mama«, wenn ich meine Hand für einen Augenblick von seinem Unterleib entfernte. Wenn die Morphinspritze seine Muskeln durchdrang, schrie er qualvoll auf. Aber es gab keine andere Wahl. Ohne Morphin hätte der Schmerz eine gefährliche Schwelle erreicht. Sobald dieser nachließ, versank das Kind wieder in einen Koma ähnlichen Zustand, und es sah ganz so aus, als ob es dort bleiben wollte.

Eines war klar, er befand sich in tiefem Schock. Er war schließlich gerade mit dem Leben davon gekommen, und das ist Erschütterung genug. Hinzu kam, daß er sein Zuhause verloren hatte, alles, an das er ein Leben lang gewöhnt gewesen war. Und dann auch noch das Messer des Chirurgen. Es gehört zum modernen Leben und rettet mit Sicherheit viele Menschen vor dem Tod. Dennoch wird das Messer als ein Angriff auf den betäubten Körper empfunden. Ich dachte darüber nach, ob eine Besserung eintreten könnte, wenn man den Schock behandelte.

Damals wußte ich nur wenig über das Phänomen der seelischen Erschütterung. Ich hatte lediglich gehört, daß ihre tiefreichenden Auswirkungen vielleicht nur von einem Therapeuten, wie einem Homöopathen, richtig erkannt werden konnten. Mir war auch bekannt, daß Vicky Wall aufgrund ihrer Hellsichtigkeit mehr über solche Fälle wußte als die meisten Ärzte. Während des Krieges hatte sie sich als Fahrerin des Ambulanzwagens betätigt. Man hatte ihr den Spitznamen »Pegasus« gegeben, da sie wie das geflügelte Pferd der griechischen Mythologie oft unvorhergesehen bei den schwersten Verletzungen auftauchte. Häufig erschien sie in den kritischsten Augenblicken am Ort der Szene. Immer wieder stellte sie bei den Fällen von Tod oder solchen, die dem Tod knapp entrannen, ein gemeinsames Merkmal fest, das sie mit ihren inneren Augen erblickte. Die Lebenskraft begann, den Körper unterhalb des linken Rippenbogens zu verlassen. (Abbildung 13 illustriert diesen Vorgang.)

Interessanterweise blieb die Aura oder das Energiefeld selbst nach einer Genesung des Patienten häufig verschoben, was zu einer dauerhaften Unausgewogenheit im gesamten Energiefluß des Körpers führte.

Was sollte ich tun? Meine bisherigen Kenntnisse reichten nur soweit, daß in Fällen seelischer Erschütterung der Inhalt der sogenannten *Schock-Flasche* (Orange/Orange), angefangen mit dem Ohrläppchen, in die linke Körperseite bis hinunter zum Knöchel einmassiert werden mußte. Das sollte die Aura in ihre ursprüngliche Lage zurückbringen und die Kluft schließen. Vor mir aber lag ein Kind, an das ich nur schwerlich herankommen konnte. Stephen wollte sich kaum bewegen. Wenn ich ihn aufsetzte, sank er nach wenigen Minuten in sich zusammen und schlief wieder ein. Selbst in gesundem Zustand mochte er das Gefühl von »klebrigem Öl« nicht auf seinem Körper. Außerdem hing er am Dauertropf. Ich suchte nach einer annehmbareren Lösung und beschloß, an dem Energiefeld zu arbeiten, das ihn umgab. Ich wählte den Orange Pomander, einer der von Vicky Wall hergestellten Mischungen. Diese Kräuterzusammensetzung, eine modifizierte Form der ursprünglichen Formel für Balance-Flaschen, wurde nicht unmittelbar auf dem Körper selbst angewendet, sondern etwas davon entfernt. Ich tropfte ein wenig von dem Pomander in meine Handflächen und rieb sie gegeneinander, um meine Empfindsamkeit für das Energiefeld um Stephens Körper zu erhöhen. Sobald ich meine Hände in die Nähe des Feldes brachte, spürte ich die Hitze und das Prickeln in ihnen. Das war mir vertraut. Neu für mich war jedoch das Erfühlen einer starken Energie, die sich fast wie eine Wand über den gesamten linken Körperbereich erstreckte und über die normale ertastbare Grenze der Aura hinausging. Auf der rechten Seite befand sich ein Hohlraum. Dieser Bereich fühlte sich leblos an. Ich verbrachte eine halbe Stunde damit, die Energie von Stephens linker Seite zum Zentrum hin zu streichen.

Warten! Es sollte einer der aufregendsten Tage meines Lebens sein. Als ich begann, saß Stephen auf einem Stuhl. Der Versuch, ihn aufrecht hinzusetzen, war bisher fehlgeschlagen, denn nach fünf Minuten war er völlig erschöpft. Nun, während ich an ihm arbeitete, fühlte ich die Energie von der linken Seite, auf die sie gerutscht war, zur Mitte zurückkehren. Als dies geschah, spürte er seine physische Energie erneut fließen, und der Körper begann, sein Gleichgewicht wiederzuerlangen.

Nach einer halben Stunde bat er mich, damit aufzuhören. Seiner Aussage nach war, abgesehen von einem guten Zentimeter, alles wieder dort, wo es sein sollte. Er hatte genug. Für einen Elfjährigen, der sich besser fühlte und nach Tagen eines Koma ähnlichen Zustands nun etwas unternehmen wollte, reichte das. Er ging wieder ins Bett und setzte sich auf, wo er sich, ohne zwischendurch zu schlafen, sechs Stunden lang mit Spielen beschäftigte. Als ich schließlich nach Hause ging, saß er immer noch lächelnd und plaudernd aufrecht im Bett.

Die Krankenschwestern zeigten sich neugierig in Bezug auf meine Behandlung und deren Folgen. Es überraschte mich. Im Lichte moderner Physik betrachtet, war dieser Vorgang gar nicht so ungewöhnlich, wie wir im folgenden Kapitel sehen werden.

Es dauerte einige Monate, bis Stephen völlig gesund war. Die Wärme und Annehmlichkeit des Landhäuschens machte es leichter, als es in dem Bauernhaus gewesen wäre. Ich verkaufte meine Büchersammlung, um die Sozialversorgung, von der wir lebten, ein wenig aufzustocken. Das bedeutete, ich konnte Stephen alle Nahrung zukommen lassen, die seinen Körper wiederaufbaute. Verzicht bringt eine seltsame Zufriedenheit mit sich. Ich brauchte keine Bücher, mit Sicherheit besaß ich nicht die Zeit, sie zu lesen. Ich wußte, daß ich später wieder welche kaufen konnte, wenn ich wollte. Zusammen mit meiner Ehe hatte ich auch mein Scheckbuch hinter mir gelassen. Es lag eine Einfachheit in dem Wissen, daß die wenigen Geldscheine, eine Aufmerksamkeit des Wohlfahrtsstaates, die ich allwöchentlich vom Postamt abholte, mein ganzes Einkommen ausmachten. Unser Kapital bestand in dem wenigen Besitz, wie Büchern, ein paar Möbelstücken und einigen Schmuckstücken, deren Wert später vielleicht einmal nützlich werden konnte. Wir litten nie Mangel, und in Krisenzeiten wie diesen gab es stets einen Ausweg.

Wir richteten uns also schlecht und recht ein. Ich begeisterte mich zunehmend für die Arbeit mit Farben, und die Heilung meines Sohnes zog meine volle Aufmerksamkeit auf sich. Innerhalb weniger Monate war er wieder völlig gesund und gewöhnte sich an die fast vollständige Abwesenheit seines Vaters. Meine älteste Tochter war Dank der Hilfe einer guten Fee wieder glücklich in ihrer alten Schule in Oxford eingegliedert. Magdalen, die Jüngste, fühlte sich in ihrem neuen, warmen Schlafraum wohl. Sie brauchte ständig Gesellschaft, was sie auch erwiderte. Trotz meiner Sorgen war ich dankbar für diese Kinder. Jedes einzelne besaß eine warme, liebevolle und starke Wesensart. Ich wagte zu hoffen, daß die Lehrjahre nun vorüber waren und ich bald ein Umfeld finden würde, in dem ich beginnen konnte, meine verschiedenen Erfahrungen nutzbringend einzusetzen.

Die Krise mit Stephen war die erste in zwei Jahren gewesen, bei der Mike uns nicht geholfen hatte. Trotz seiner vielen Arbeiten und seiner häufigen Abwesenheit, war er immer rein zufällig dann aufgetaucht, wenn wir ihn am dringendsten brauchten, und das war oft gewesen.

Welche Lektionen hatten wir bis zu diesem Punkt gelernt? Vielleicht könnte man die Hauptprobleme mit den ersten drei Energiezentren in Beziehung setzen. Im Bereich des Basis-Chakras liegen die Themen des Überlebens, die Beschaffung von Nahrung, Wärme und Obdach, was im Westen häufig unter der Rubrik Geld läuft. Aufgrund der oft frustrierenden Auseinandersetzung mit dieser Problematik liegen auch Ärger und Groll in diesem Feld. Die hauptsächliche Herausforderung im Rosa kreist um das Bedürfnis nach bedingungsloser Liebe, die es uns ermöglicht, uns selbst zu akzeptieren und zu wachsen. Die Bereiche der Koralle und des Orange enthalten das Thema gegenseitiger Abhängigkeit. Gold und Gelb verweisen auf die verschiedenen Stufen der Angst, die Frage des Selbstwertgefühls und den Kampf, wir selbst zu werden.

Wie verhielt es sich in dieser Hinsicht mit unseren Erfahrungen? Nun, wir hatten auf jeden Fall überlebt. Stephen war am Leben, und mit einem geringeren Einkommen, als wir es jemals besessen hatten, waren wir glücklicher als je zuvor. Ich erinnerte mich an die Worte eines Freundes, der einmal gesagt hatte, jeder müsse zumindest einmal im Leben alles verlieren. Jetzt begann ich, die Bedeutung dieser Aussage zu verstehen.

Und dann fragt sich, wie wir lernen können, uns selbst zu lieben und zu akzeptieren und das Problem gegenseitiger Abhängigkeit zu lösen. Ich war aus einer Ehe ausgebrochen, die, wie in so vielen Fällen, eher durch Bande der Angst als der Liebe zusammengehalten wurde, mit an deren Worten, dem Wunsch nach Liebe, der Furcht vor dem Alleinsein und dem Bedürfnis, gebraucht zu werden. Eine Beziehung gegenseitiger Abhängigkeit nahm ihr Ende. Doch hatte ich meine Abhängigkeit nicht bis zu einem bestimmten Maße auf Mike übertragen? Ich sah in ihm nicht nur den Arzt, Heiler und Lehrer, sondern auch jemanden, der Probleme löste. Obwohl ich seit siebzehn Jahren größtenteils alleine die Verantwortung für die Kinder und die Alltagsdinge getragen hatte, war mir noch nicht der Gedanke gekommen, daß ich auch ganz gut ohne die Ratschläge eines außen stehenden Menschen zurecht kommen konnte. Ich klammerte mich immer noch an die Vorstellung, daß jemand an meinen Verantwortlichkeiten teilnahm. Ich mußte noch verstehen lernen, daß Mike, in seiner Arbeit mit mir, mich mir selbst zurückgab.

Das letzte Mal war Mike nicht da gewesen, und ich hatte mich nicht nur ganz alleine mit der Situation auseinandergesetzt, sondern auch entdeckt, daß ich Stephens Genesung weitgehend zu beeinflussen wußte, ohne die magische Berührung eines anderen. Die Worte eines Freundes kamen mir in den Sinn: »Du mußt deine eigene Stärke zurückgewinnen.« Damals wußte ich nicht einmal, daß ich überhaupt Kraft besaß, die ich hätte verlieren können und verstand daher nicht, was er meinte.

Dann gibt es noch den Gelb-Bereich, die Entdeckung des individuellen Selbst, getrennt von der Gruppe und doch innig mit ihr verbunden. Wie jedes andere Menschenwesen, mußte ich eine einzigartige Eigenschaft besitzen, die ich beisteuern konnte. Ich hatte den Mut gebraucht, mich selbst zu finden, meiner eigenen inneren Stimme zu lauschen, anstatt auf die Stimme einer äußeren Autorität zu hören. Vielleicht hatte ich zuerst aus dem Zustand der Abhängigkeit heraus gemußt, um festzustellen, wer und weshalb ich hier war.

Die Unausgewogenheiten, die in diesen Chakras auftreten können, ehe wir die innere Harmonie gefunden haben, die uns freisetzt und uns weiterschreiten läßt, tragen allgemeine Züge. An diesem Punkt menschlicher Evolution setzen sich die meisten Leute mit solchen Problemen auseinander. Im Werbegeschäft ist diese Tatsache wohl bekannt, und man bemüht sich, unsere Aufmerksamkeit unseren Bedürfnissen entsprechend anzuziehen. Es wird unser Wunsch nach Sicherheit angesprochen, unsere Sehnsucht nach Besitz, unser Bedürfnis, attraktiv zu sein, unser Verlangen nach sexueller Befriedigung und Gruppenzugehörigkeit, unsere Tendenz, nach äußerer Anerkennung Ausschau zu halten, unser schwankendes Selbstwertgefühl und unser Wunsch, unserem Ego Nahrung und Auftrieb zu geben.

Doch nicht nur die Werbung bedient sich dieser allgemeinen Schwierigkeiten und Ängste. Der Waffenhandel gedeiht auf unseren ungelösten Problemen im Bereich der unteren Chakras, der Notwendigkeit zu überleben sowie anderer im Rot angesiedelter Themen, wie Aggressionen oder der im Gelb liegenden Machtfrage. Geldverleiher verlocken uns mit ihren ständigen Angeboten von Glücklichsein, basierend auf Besitz, was ein anderes Thema des Rot ist. Die Versicherungsgesellschaften leben von unseren Ängsten in Bezug auf Überleben und Sicherheit. Der illegale Drogenhandel nutzt den Abhängigkeitsdrang und spricht vor allem die anfälligste Sozialschicht an, die Jugend. Die Hersteller kommerzieller Waren gründen sich eher auf Wettbewerbskampf als auf Zusammenarbeit. Die Sensationspresse gedeiht auf unserem Verlangen nach »Neuigkeiten«, die unsere Ängste schüren und unserem schwachen Vertrauen Auftrieb geben. Wir verfallen einem willkommenen Gefühl von Sicherheit und ergehen uns in der Illusion, vor einem entfernten Unglück oder Vergehen gegen unsere eigene Sicherheit beschützt zu sein, was auch unseren Eigenwert bekräftigt.

Wir alle müssen uns der Herausforderung stellen, Hindernisse von innen heraus zu bewältigen, das heißt, uns mit unserem eigenen Sicherheitsgefühl und dem Empfinden der Stärke zu versehen und unser Bedürfnis aufzugeben, uns selbst und andere zu beurteilen. Wir müssen jenen Innenraum finden, in dem es keine Angst, sondern nur Liebe gibt. Dann besteht keine Notwendigkeit mehr, in gegenseitiger Furcht zu leben, und wir können unsere Energien in eine andere Richtung lenken, sie schöpferischen Tätigkeiten und Gedanken zuwenden, die nicht nur uns selbst nähren, sondern auch alle, mit denen wir in Kontakt treten.

Mike meinte einmal: »Wenn wir eines Tages die Werbung für einen Sportwagen sehen, auf dessen Motorhaube eine Nonne sitzt, dann werden wir wissen, daß sich die Menschheit jenseits dieser Chakras entwickelt.«

Bis dahin ist es zweifellos noch ein langer Weg. Aber inzwischen können wir dem Herzen zustreben. Zur Zeit konzentriert sich das oft so verwundete Herz hauptsächlich auf das Bedürfnis nach emotionaler Nahrung. Doch mit unserem Erwachen kann es sich öffnen und zum Werkzeug für die Entdeckung unserer eigenen Wahrheit, die wir zum Ausdruck bringen, und der Liebe werden. Dann vermögen wir unsere Mitmenschen auf einer anderen Ebene anzusprechen. Die nächste Stufe unserer Reise bietet uns aufregende Möglichkeiten, wenn wir uns der

Herausforderung stellen, uns über die grundsätzlichen Sorgen zu erheben und unserem vollkommenen Menschsein entgegenzuwachsen.

Sobald wir als Individuen die Weisheit der Selbsterkenntnis besitzen und das Geschenk der Menschheit schätzen, dann wird es vielleicht möglich, daß die Menschheit die Menschheit in ihr Herz einläßt. Dann können wir alles Trennende, das der Furcht entspringt, hinter uns lassen und lernen, miteinander von Individuum zu Individuum und von Nation zu Nation zu kommunizieren.

Wir wollen uns zunächst die Frage stellen, inwieweit wir das energetische Wirken des Universums verstehen, da uns dieses Verständnis zu der Erkenntnis führen mag, welche Rolle jeder von uns zu spielen hat.

13.

Lebendige Energien

Jeder lebendige Organismus wird von einer 'Aura' oder einem Energiefeld umgeben. Aus anderer Sicht betrachtet, könnte man auch sagen, daß jeder materielle Körper, sei es der eines Baumes, einer Blume, eines Tieres oder eines Menschen, das Produkt der ihn umgebenden Aura ist. Es hängt vom jeweiligen Standpunkt ab, der sich heutzutage, wie es scheint, rasch wandelt.

Wie kann die Anwendung von Farbe den Zustand der Aura oder des physischen Körpers verändern? Wie war es möglich, daß durch ein einfaches Verschieben der orangefarbenen Energie mit meinen Händen eine derartig auffallende Wirkung im physischen Zustand eines Kindes eintreten konnte, das eine tiefe seelische Erschütterung erlitten hatte? Es spielt keine Rolle, wie wir diesen Vorgang erklären wollen. Tatsache ist, daß etwas höchst Ungewöhnliches geschehen war. Ich hatte mich dabei teilweise auf meine Ausbildung, hauptsächlich aber auf meinen Instinkt verlassen, was mir plötzlich klar machte, daß meine ursprüngliche und seit einiger Zeit angezweifelte Sichtweise der Welt mit Bestimmtheit veraltet war.

Lichtwesen

Es würde den Rahmen des vorliegenden Buches sprengen, wollten wir näher auf die Natur des Universums eingehen, wie sie uns die moderne Wissenschaft anbietet. Dennoch möchte ich in diesem Zusammenhang einige theoretische Gedanken einfügen.

Die Form der Farbtherapie, von der hier die Rede ist, gibt es erst seit vierzehn Jahren. Als Vicky Wall die Balance-Flaschen zum ersten Mal der Welt als Eckpfeiler eines Systems vorstellte, das unseren Energiefluß wiederherzustellen und Körper und Geist zu harmonisieren vermag, betrachteten die meisten von uns das Universum noch nach dem Newtonschen Modell, das man uns an der Schule gelehrt hatte, ein Universum, das hauptsächlich aus durch den Raum getrennte Materie bestand. Wir glaubten an die Existenz einzelner, in sich vollständiger, aber in angemessenem und sicherem Abstand voneinander getrennter Körper. Die Welt schien eine Zeitlang unverändert und voraussehbar zu sein, verläßlich und solide. Isaac Newton wurde 1642 geboren, lebte bis 1727 und wurde weithin als der Vater einer alles erklärenden, absoluten Wissenschaft anerkannt. Sein Hauptwerk, das man vor dreihundert Jahren veröffentlichte, bildete die Grundlage der »klassischen« Physik. In einer Welt, die offensichtlich weniger häufig Veränderungen unterlag, als es im 20. Jahrhundert der Fall ist, wurde seine Philosophie während der letzten zweieinhalb Jahrhunderte zum Evangelium der Wahrheit. Doch Newton selbst wußte gegen Ende seines Lebens, daß sein Werk nur den Beginn darstellte, wenn er schrieb: »*Ich weiß nicht, als was ich der Welt erscheinen mag. Mir selbst aber kommt es so vor, als habe ich wie ein kleiner Junge am Meeresstrand gespielt, hier und da einen glatteren Kieselstein oder eine hübschere Muschel gefunden, während der weite Ozean der Wahrheit völlig unerforscht vor mir lag.*«

Das kosmische Gesetz ist unerbittlich; es lehrt die Tatsache unvermeidbaren Wandels. Die Welt ist nicht solide und beständig. Alles befindet sich in ständigem Fluß, steter Bewegung und Evolution. Jeder Augenblick ist ein Zustand ewigen Wandels. Vielleicht kann dieses Konzept in der heutigen Zeit besser verstanden werden. Wir fahren im Auto herum und sind unablässig der physischen Erfahrung ununterbrochener Energiebewegungen ausgesetzt. Von unserem Wagen aus können wir das Universum wie ein Kaleidoskop betrachten. Wir beobachten das Kommen und Gehen der Autos aus allen Richtungen, das Aufblitzen der Lichter, die Bewegung der Leute, den Austausch von Informationen, und unsere Ohren erleben die Energie des Klanges. Jeder Augenblick unterscheidet sich von dem vorhergehenden, keiner wiederholt sich. Doch es handelt sich dabei bloß um die äußerliche Manifestation des geheimnisvollen Lebens der Erde und des Universums selbst, in dem jedes einzelne Atom vor Lebendigkeit, Bewegung und Wandel vibriert. Jeder Kristall, jede Blume und jeder Mensch verdichtet und übermittelt die Lichtenergie in einzigartiger Weise. Es war Einstein, der diese Wirklichkeit im Laufe seines Lebens erkannte und den Weg für eine völlig neue

Weltanschauung ebnete. Welch ein Unterschied zu der scheinbar sicheren Stabilität des siebzehnten und achtzehnten Jahrhunderts mit seinen ruhig dahinrollenden Pferdekutschen.

Die Unvermeidbarkeit von Veränderung führte Einstein zur Aufstellung seiner Quanten- und Relativitätstheorie. Ihm folgten zahlreiche Atomphysiker, deren Forschungsergebnisse die alte Ordnung auf den Kopf stellten. Stufe um Stufe erlangte die Wissenschaft Zugang zu dem »weiten Ozean der Wahrheit« und entdeckte eine neue und sehr unterschiedliche Wirklichkeit.

Robert Hooke, ein Zeitgenosse Newtons, setzte dessen Korpuskulartheorie, die als Erklärung für das Verhalten des Lichtes diente, die Wellenlängen-Theorie entgegen. Die Forschungen des 20. Jahrhunderts haben jedoch ergeben, daß beide Theorien unvollständig sind, da sich beide anwenden lassen.

Mit Entwicklung der Atomphysik erkannte man, daß das Licht die erste und wichtigste Form der Energie darstellt. Licht ist die Urenergie des Universums, der Baustein der Schöpfung.

Vicky Wall, die ein Leben lang als Apothekerin und Fußpflegerin tätig gewesen war, hatte das von Anfang an erkannt, als sie ihrer Inspiration folgte und ein auf die Balance-Flaschen basierendes Heilsystem entwickelte. Zeit ihres Lebens hatte sie über erstaunliche hellseherische Fähigkeiten und Heilkräfte verfügt. Manchmal wurde sie gefragt, ob sie irgendwelche »Forschungen« betrieben hätte, worauf sie zu antworten pflegte, daß man sie zum Ursprung geführt hatte, an dem Gott sprach: »Es werde Licht«. Sie schrieb: »Und da war Licht. Und Licht war der Anfang der Lebensenergien; dort forschte ich, und mich erinnernd, betrat ich die geheimnisvolle und magische Welt der Farben im Garten Gottes.«

Bei der Zusammenstellung der Balance-Flaschen verkapselte Vicky die Energien des Lichts. Sie war keine Atomphysikerin, und die Grenzen ihrer wissenschaftlichen Ausbildung lagen bei der einer Apothekerin. Aber sie wußte. Sie wußte, das Farbe Licht ist. Ihr war eine Formel gegeben worden, nach der sie nicht nur die verschiedenen Lichtaspekte zusammenbrachte, sondern auch die entstandene Mischung potenzierte. Ihr war der Weg gezeigt worden, wie sie die Energien aus einer anderen Dimension in diese Sphäre hineinbringen konnte, damit sie der Menschheit zum Nutzen gereichten. Jede einzelne Flasche sollte wie ein elektrisches Netzteil wirken, über das die Lichtkraft in den Heilvorgang einfließen konnte. Vicky vermochte den vollen Zusammenhang zunächst noch nicht zu erkennen, verließ sich aber auf ihre Intuition und gab allen vielleicht späteren Einblicken Raum.

Das durch ein Prisma gebrochene weiße Licht teilt sich in die sieben Regenbogenfarben sowie eine Unzahl verschiedener Schattierungen und Tönungen auf. In der Nacht, in der das Balance-System geboren wurde, sah Vicky Farbwellen auf sich zukommen. Als sie nach ihnen greifen wollte, verschwanden sie. Aufgrund ihrer jahrelangen pharmazeutischen Erfahrung gelang es ihr jedoch, sie zurückzugewinnen, indem sie Pflanzen-, Kristall- und Edelsteinenergien zusammenmischte. Sie »balancierte« glänzend farbige Ölessenzen über ebenso erstaunlich farbigen Kräuterwässern aus und schuf eine völlig neue Heilweise, deren Sprache die Farbe ist. Sie wußte kaum etwas über die Bedeutung dieses Systems oder wo das Ganze hinführen sollte. Sie folgte nur ihrer Intuition und wurde so zum Durchlaßgefäß für etwas ganz Außergewöhnliches.

Das tiefe Geheimnis dieser Wirklichkeit, einer Wirklichkeit, die Vicky neu entdeckt hatte, kann man nicht in ein Buch pressen. Lichtenergien lassen sich eher durch die Erfahrung erfassen, als durch die Vernunft. Seit Jahrtausenden hat man ihnen im Osten Ehrerbietung entgegengebracht und sie bis zu einem gewissen Grad auch verstanden. Nach Jahrhunderten der Spaltung, vereinigen sich Wissenschaft und Spiritualität wieder miteinander, was viele Fragen klären mag. Einige Geheimnisse des Universums beginnen sich zu offenbaren. Es scheint daher unumgänglich zu sein, wissenschaftliches und geistiges Gedankengut als vereinte Kräfte zu betrachten. Wie aufregend, in dieser Zeit auf Erden zu sein!

Die Worte Gottes: »Es werde Licht«, läuteten den Beginn der Schöpfung ein, das Erscheinen des Lichts aus der Dunkelheit des Nichts. Licht ist für die irdische Existenz unerläßlich. Der kleinste Baustein des Lebens, das seine Existenz im Licht hat, besteht aus Licht. Die Sonne ist nicht der Ursprung, wohl aber der Katalysator für das Auftreten von Leben auf dieser Ebene. Ohne das Sonnenlicht könnte nichts auch nur einen einzigen Augenblick lang überleben. Es versorgt und nährt die Erde mit Lichtenergie. Wärme und Nahrung erhalten uns. Eine direkte Einwirkung über Haut und Augen erreicht besonders feine Ebenen.

Die Schöpfung ist nicht ein einmaliges Geschehen, sondern ein fortwährender Prozeß. Das Universum, das man sich einst als eine räumlich unterteilte Komposition von Materie vorstellte, wird nun als ein riesiges Energiefeld von unterschiedlichen Konzentrationen betrachtet. Die Energie besteht aus Licht.

Diese wissenschaftlich gesehen komplexe Tatsache in höchst vereinfachter Form ausgedrückt, bedeutet, daß die Schwingungsrate der Lichtenergie in zunehmendem Maße abnimmt, das heißt, dichter wird und sich schließlich als die physische Ebene manifestiert.

Eine solche Erkenntnis stellt unser etabliertes Weltbild natürlich völlig auf den Kopf. Denn logischerweise besteht dann selbst unser alter Lehnstuhl aus verdichtetem Licht. Unaufhörlich steigt das Licht zur Erde herab und bewirkt in jedem Augenblick neue Wunder der Schöpfung. Der Mandelbaum des Hl. Franziskus beweist in dramatischer Weise das Hervorbrechen dieser kreativen Kraft.

Falls wir dieses Postulat annehmen können, folgt daraus, daß wir als Teil der physischen Welt unseren Ursprung unmittelbar im Licht haben. Und wenn alles in der Schöpfung aus Licht besteht, dann müssen auch wir aus Licht zusammengesetzt sein. Wir sind Licht! Dieses für viele von uns völlig neue Konzept findet im Osten bereits seit über zweitausend Jahren seine Anerkennung. In der Akupunkturlehre heißt es seit langem, daß die den physischen Körper umgebende Aura, beziehungsweise das Energiefeld, die materielle Hülle erschafft.

Daraus geht hervor, daß wir den Lichtkörper vor dem physischen besitzen. Er bildet eine Art ätherischer Entwurf für den entstehenden irdischen Körper. Dieser Aspekt eines universalen Gesetzes taucht bei der Arbeit mit Farben recht häufig auf. Aura-Soma bringt ihn in dem Satz »Energie folgt dem Gedanken« zum Ausdruck. Der Plan, die Idee, die Gedankenform steht vor der Manifestation dessen, das wir sehen und berühren können.

Daher sollten wir achtgeben, was wir denken, denn es könnte Wirklichkeit werden. Dazu gibt es eine hübsche Geschichte von einem Ehepaar, das sich so sehr einen weißen Rolls-Royce wünschte, daß dieser eines Tages durch ihr Fenster krachte. In diesem Zusammenhang läßt sich auch die Fernheilung besser verstehen; Heilenergie ist manifestierter Gedanke, was im Rahmen des Gebets bereits bekannt ist. Das Gleiche gilt für die Farben. Die Farbe stellt eine lebendige Energie dar, wobei weder Form, Gestalt oder Material eine Rolle spielen. Selbst gedanklich verwendete Farbe enthält eine Schwingung der lebendigen Energie, die ihr zugrunde liegt.

Nach wissenschaftlicher Auffassung besteht das Universum also aus Licht, das sich in zunehmendem Maße verdichtet. Demnach stellt der physische Körper den konzentriertesten Anteil unseres eigenen Energiefeldes dar, das sich unendlich weit ausbreitet und sich daher mit allem, wie etwa den Energiefeldern von Menschen, Tieren und Bäumen, überschneidet und zusammen existiert. Das führt uns wieder auf die Farbe zurück: Leben ist Energie; Energie ist Licht; Licht ist Farbe; Farbe ist Bewegung und Bewegung ist Leben.

Die Bewegung bleibt auch nach der Bildung des materiellen Körpers erhalten. Es besteht ein gegenseitiger Austausch zwischen der physischen Hülle und den feineren Ebenen. Die feinstofflichen Ebenen nähren unablässig den Erdenkörper und führen ihm Energie zu, während dieser rückwirkend die gesamte Aura beeinflußt. Eine sorgfältige Pflege und Ernährung der materiellen Form macht sie lebendig und robust und erhält und nährt den Energiekörper. Ihr Mißbrauch hingegen, zum Beispiel durch Verschmutzung, unnötigen Streß, Drogen oder Alkohol, erschöpft das aurische Feld. Dieses besteht aus mehreren verschiedenen Ebenen; neben der physischen Hülle gibt es noch sechs feinstoffliche Körper. Dazu gehören der emotionale, mentale und geistige, deren Gesundheitszustand sich unweigerlich auf den materiellen Körper auswirken. Die einzelnen Seinsebenen sind eng und auf unterschiedliche Weise miteinander verbunden, von der physischen direkt bis zur geistigen. Die Unausgewogenheit des einen Aspekts wirkt sich auf alle anderen aus, ebenso wie seine Pflege die Gesundheit und Vitalität des gesamten Seins begünstigen wird.

Was geschah bei der Heilung des Energieflusses von Stephen? Warum war seine physische Energie völlig blockiert, weil sich sein aurisches Feld aus der Mitte zur Seite hin verschoben hatte? Nun, eines der ersten Lichtgesetze besagt, daß Licht sich geradlinig fortpflanzt. Es geht nicht leicht um die Ecke. Wenn sich also der gesamte aurische Körper aus dem Zentrum weg und weit hinüber zur linken Seite bewegt, vermag die Universalenergie, beziehungsweise die Lebenskraft, nur schwierig den Körper zu erreichen.

Viele Menschen sind sich kaum bewußt, daß ein bestimmtes Ereignis in ihrem Leben eine ganze Reihe gesundheitlicher Probleme auslöste. Die Homöopathen haben dieses Phänomen sehr wohl erkannt und ihm sogar den Namen NBWS (Never been well since) gegebenen, was soviel bedeutet wie »seitdem nie mehr richtig gesund gewesen«. Die Ursache hierfür liegt darin, daß jenes, ein Ungleichgewicht auslösende Moment nie wieder richtiggestellt wurde. Häufig handelt es sich dabei um Schock oder Trauma. Es muß nicht unbedingt eine Nah-Tod-Erfahrung sein oder eine ernstliche Erkrankung. Oft liegt eine mentale oder emotionale Erschütterung vor, deren Bedeutung durchaus unbemerkt geblieben worden sein kann. In jedem Falle aber muß der energetische Aspekt angesprochen werden. Ansonsten kann jemand den aus dem Gleichgewicht geworfenen Energiefluß lebenslang mit sich herumschleppen und sich gesundheitlich nie völlig erholen. Es kann sogar sein, daß die Energieauswirkungen eines solchen Traumas aus einem früheren Leben mit herübergebracht worden sind und das verschobene Energiefeld von Geburt an sichtbar ist.

Wir beginnen nun, eine Vorstellung von unserer Existenz als Menschen zu bekommen, die weit über die des einfachen, soliden Körpers hinausgeht, den wir sehen und fühlen können. Alles ist Energie; nichts ist statisch. Existenz bedeutet Energiebewegung, die zudem die Grundlage der Beziehung bildet. Teil der Schöpfung zu sein heißt, sich in einer unaufhörlichen Beziehung zu allem zu befinden.

14.
Wachstum

Bei der Schaffung und Verwendung von Aura-Soma hatte Vicky Wall intuitiv vieles von dem Wissen erfaßt, das uns nun durch die Wissenschaft zugänglich gemacht wird, vor allem die Kenntnis von den lebendigen, sich bewegenden Energien, die uns und unser Universum ausmachen.

Einige Jahre lang gab es nur die unmittelbar auf den physischen Körper aufzutragende Balance-Emulsion. Vicky Wall wußte, daß sie genügte, um eine vollständige Heilung herbeizuführen. Doch es kam der Zeitpunkt, in dem sie spürte, daß die Leute oft eine raschere Reaktion erwarteten und *Balance* vielleicht bereichert werden könnte.

Seit frühester Kindheit hatte Vicky die Angewohnheit, Kräuter zu sammeln und ihre medizinische Wirksamkeit zu studieren. Als sie Überlegungen anstellte, wie sich der Wirkungsbereich von Aura-Soma erweitern ließe, bemerkte sie, daß die Jahre ihres Kräutersammelns inzwischen die magische Zahl neunundvierzig erreicht hatten, also siebenmal die Sieben. Der Mensch besitzt sieben Chakras und sieben Körper. Ebenso wie einige andere hellsichtige Personen, war auch Vicky das siebte Kind eines siebten Kindes. Spätestens seit Pythagoras ist bekannt, daß Zahlen Energieträger sind. Vicky wußte um das Besondere der Zahl neunundvierzig und betrachtete sie als ein Zeichen. Sie schuf eine neue Kräutermischung, deren Wirkungsweise durch die Genesung meines Sohnes Stephen veranschaulicht wurde. Was hatte es mit diesem neuen Produkt auf sich, mit dem wir so erfolgreich auf der Ätherebene arbeiten können?

Die Pomander

Im Gegensatz zu den Balance-Ölen setzt sich der Pomander nicht aus Ölen und Kräuterwässern zusammen, sondern ist ein alkoholischer Auszug. Das Wort Pomander stammt aus dem Französischen und geht auf den Gebrauch eines mit Nelken gespickten Apfels zurück, der die Atmosphäre reinigen und so den Richter im Gerichtssaal klare Urteile fällen lassen sollte.

Der Pomander wird mit den Händen direkt in die Aura eingeführt. In den Handinnenflächen liegen untergeordnete Chakras. Es werden drei Tropfen der Flüssigkeit auf die linke Handfläche geträufelt. Arme und Hände nach oben haltend, reibt man letztere gegeneinander, wobei der Alkohol verdunstet, was zum Ausdruck bringen soll, daß wir anderen Menschen die Heilenergie zukommen lassen, ehe wir sie auf uns selbst anwenden. »Energie folgt dem Gedanken«; und so werden die Strahlen zuerst der Heilung des Planeten dargeboten. Danach streichen wir in leicht massierender Bewegung sachte über den Scheitel, den Hinterkopf und durch alle Energiezentren an der Vorderseite des Körpers entlang abwärts, und zwar mehrere Zentimeter vom physischen Körper entfernt. Dann führen wir die Hände zum Gesicht und inhalieren den Pomander mit drei tiefen Atemzügen. Auf diese Weise geben wir dem Körper drei verschiedene Möglichkeiten, den Pomander zu absorbieren - durch die Haut, die Aura und den Atem. Wenn wir eine andere Person behandeln, können wir rund um den Körper arbeiten.

Warum erlebt man bei dieser Art der Behandlung des Energiefeldes eine raschere Reaktion? Man könnte doch annehmen, daß die größere Entfernung vom Körper den Vorgang verlangsamt.

Nach jenem Tag, an dem ich Stephen mit dem orange-farbigen Pomander behandelt hatte, sollte ich noch mehr erfahren. Während seiner Genesung konzentrierte ich mich bei meiner Arbeit an seinem Unterleib darauf, die Energiebewegung aufrechtzuerhalten, um mögliche Verklebungen in seinem Gedärm aufzubrechen. Er empfand die Wärme meiner Hände als angenehm. Doch nach einer Weile entfernte ich instinktiv meine Hände von seinem Körper und hielt sie etwa zwanzig Zentimeter darüber. Stephen reagierte sofort und rief überrascht aus:

»Laß deine Hände dort!«

Tief in seinen Därmen spürte er eine Bewegung, die ihm seiner Beschreibung nach ein Gefühl gab, als würde sich etwas lösen. Interessanterweise hatte sich dieses Empfinden aber erst eingestellt, nachdem meine Hände den Körper nicht mehr berührten und ich begonnen hatte, auf aurischer Ebene zu arbeiten.

An dieser Stelle möchte ich nochmals auf den Energieaspekt des Universums eingehen. Eine Verlangsamung der Lichtschwingung führt zur Schaffung immer dichter werdender Ebenen. Je höher die Schwingungsrate, desto größer die Schnelligkeit und umgekehrt. Auf den feineren Ebenen bewegt sich die Energie sehr schnell, was rasche Veränderungen mit sich bringt. Die materielle Ebene vermag sich aufgrund ihrer Dichte nur langsam zu bewegen.

In diesem Zusammenhang ist es interessant festzustellen, daß im Vergleich zu den anderen Planeten Pluto, der erst vor einigen Jahrzehnten entdeckt wurde, am weitesten von der Erde entfernt liegt. Doch nach Angaben zahlreicher Astrologen besitzt dieser möglicherweise den größten Einfluß auf die Erde und ihre Bewohner.

Da Vicky erkannte, wie wichtig es ist, den Energiekörper gesund zu erhalten, schuf sie die Pomander, um den Organismus über die Aura rasch mit den notwendigsten Strahlen zu versorgen. Außerdem war ihr bewußt, daß wir Schutz auf energetischer Ebene benötigen.

Das liegt daran, daß unser Körper im Grunde genommen nicht ganz so solide und materiell ist, wie wir einst angenommen haben. Da wir unsere Existenz in einem sich ständig bewegenden Energiefeld haben, stehen wir in fortwährendem Austausch mit den Energiefeldern derer, die uns umgeben, was oft zu einem Überfließen führt. Das bedeutet, daß wir uns manchmal energetisch unbewußt verausgaben und erschöpft sind. Hin und wieder mögen wir auch eine bestimmte Energie aufnehmen, die sich mit unserer eigenen nicht besonders verträgt. In beiden Fällen wird das optimale Gleichgewicht unserer Lebenskraft nicht gewährleistet. Wir müssen für eine Art energetische Integrität sorgen, was die Pomander unterstützend beeinflussen.

Die Erde wird von Schutzschichten blauer Energie umgeben, die ihre Oberfläche vor den schädigenden Sonnenstrahlen abschirmen, damit sie nicht verbrennt. Ähnlich müssen auch wir uns vor den Belastungen des Alltags schützen, die Lücken und Schwächen in unserer Aura hervorrufen können. Wenn man jemanden mit einem Pomander behandelt, kann man oft solche Schwachstellen spüren, denn der Pomander erhöht unsere Empfindsamkeit für unser eigenes Energiefeld und das anderer. Oft nehmen wir diese schwachen Bereiche während der Behandlung in unseren Händen durch ein Gefühl von Kälte wahr. Im allgemeinen lassen sie sich in kürzester Zeit wiederherstellen, indem wir den Farbstrahl, dessen der Patient am dringendsten bedarf, darauf konzentrieren. Anhand der Kirlian-Photografie kann man den Schutzfilm erkennen, den der Pomander bildet und der sich wie ein Band um die Aura legt. Die in ihm enthaltenen kleinen Ventile dienen dazu, alle negativen Energien auszufiltern, die positiven aber durchzulassen. Positive Schwingungen erhöhen die aurische Kraft.

Wenn wir daher einen Pomander über das Energiefeld verteilen, verstärken wir einen bestimmten Farbstrahl und hüllen uns in einen warmen, schützenden Mantel, der sozusagen allem Wetter trotzt.

Um diesen Vorgang genau zu verstehen, sollte man am besten selbst mit den Pomandern experimentieren. Die Sinneserfahrungen sind unterschiedlich, doch am besten versuchen wir einfach, zu sehen oder zu fühlen. Wie im Falle der Balance-Flaschen, werden wir durch unsere Farbauswahl zu dem richtigen Pomander geführt. Genauer gesagt, indem wir die von uns ausgesuchten Balance-Flaschen näher untersuchen, finden wir den geeigneten Pomander. Den Duft zu mögen, wirkt als Bestätigung für die richtige Wahl. Jeder einzelne Pomander enthält alle neunundvierzig kostbaren Kräuter, die Vicky im Laufe der Jahre ausgesucht und gesammelt hat, und zwar in unterschiedlichen Proportionen, was sich nach dem jeweiligen Chakra, das angesprochen werden soll, richtet. Zur Zeit gibt es vierzehn verschiedene Pomander. Die subtilen Variationen in ihren Farben und der himmlische Duft, der ihnen entströmt, wenn man den Deckel öffnet, spiegelt die feinen Abstufungen innerhalb des Chakra-Systems in unserem Körper wider.

Einige dieser Pomander besitzen unerwartete Nebenwirkungen. Zum Beispiel stellt der weiße nicht nur ein starkes Desinfektionsmittel dar, sondern vermag auch Schnittwunden in einer Weise zusammenzuziehen, die den Heilungsprozeß enorm beschleunigt. Aus diesem Grund verwenden einige Zahnärzte, denen Aura-Soma vertraut ist, diesen Pomander als Ätzmittel für Wunden der Mundschleimhaut (er schmeckt scheußlich!). Der magenta-farbige Pomander unterstützt die Stabilisierung der durch die Akupunkturbehandlung zugeführten Energie, indem man ihn unmittelbar nach Entfernung der Nadel aufträgt, was die Wirkung verlängert. Der orange-farbige Pomander besitzt die erstaunliche Fähigkeit, Autos und Computer wieder in Gang zu bringen. Es gelingt zwar nicht immer, aber ich habe einige Fälle beobachtet, bei denen es klappte.

Aura-Soma und Vicky Walls Erkenntnisse wurden vertieft und erweitert. Die Farben begannen, in die äußersten Winkel der Erde zu reisen und als Boten der Freude zu ihr zurückzukehren. Ihrer inneren Führung folgend und angespornt durch die vielen überraschenden Ergebnisse, die bei der Verwendung von *Balance* und Pomander erzielt wurden, beschloß Vicky, einen Schritt weiter zu gehen. Sie »gebar« eine Reihe von fünfzehn Flaschen, deren Inhalt größtenteils blassere Farben aufwies als die bisherigen Mischungen. Sie erhielten die Bezeichnung »Meisteressenzen«. Im Laufe ihres steten Kontakts mit den höheren Dimensionen hatte sie die Einsicht gewonnen, daß die Farbe den Menschen noch tiefer eindringen lassen kann. Je blasser die Tönung, desto näher lag sie dem Ursprung des Lichts. Sie fühlte, daß jede Farbe auf sehr hoher Ebene einen bestimmten Aspekt der Quelle des weißen Lichtes reflektierte. Sie glaubte, wenn wir einen bestimmten Strahl kontaktierten, könnten wir uns für eine spezielle Energieeigenschaft oder Führung der Quelle öffnen. Daher beschloß sie, den neuen Flaschen einen Namen zu geben. Sie setzte jede einzelne in Beziehung zu der Energie eines Meisters, einer hoch entwickelten, in den geistigen Dimensionen weilenden Wesenheit. Die Energieeigenschaft, die diese neue Schöpfung zu bieten hatte, schien Vickys Intuition zu bestätigen. Sowohl die Auskunft über die Person, die sich für eine bestimmte Flasche entschied, als auch der Heileffekt erreichten neue Höhen. Der gesamte Prozeß schien sich auf eine neue Schwingungsstufe emporzubewegen. Die von Substanzen ausstrahlende Energie kann elektronisch gemessen werden. Die computerähnlichen Kästen spüren mit größter Genauigkeit die Unausgeglichenheit in den verschiedenen Körperbereichen auf und können außerdem Wasser oder Salze energetisch aufladen, um für den einzelnen Patienten höchst wirksame Heilmittel zur Verfügung zu stellen. Diese Maschinen können auch das von Menschen oder anderen Lebewesen ausgesandte Energiefeld registrieren. Solche Messungen zeigen, daß der Energiepegel der Meisteressenzen im Vergleich zu den anderen Mixturen am höchsten liegt.

Vicky beschloß daher, daß es an der Zeit war, diese neue Dimension bei der Schaffung ihrer Produkte zu erreichen. *Balance* wurde auf die Haut aufgetragen und die Pomander auf das elektromagnetische Energiefeld, das den physischen Körper unmittelbar umgibt. Nach Vickys Ansicht gab es jedoch Raum für mehr. Um das Heilsystem abzuschließen, mußte noch die Formel der »Quintessenzen« gefunden werden. Daraus ergab sich die nächste Stufe des Werdeganges.

Die Quintessenzen

Die alkoholischen Quintessenzen enthalten ebenfalls eine Sammlung von Pflanzenextrakten. So wie die »Meister«-Reihe der Balance-Flaschen eine hellere Farbe aufweist, sind auch die Quintessenzen blasser als die Pomander und auch wirkungsvoller.

Die Aura-Soma-Quintessenzen besitzen die feinsten Schwingungen innerhalb der gesamten Produktserie. Man kann sie mit Blütenessenzen vergleichen oder mit den Hochpotenzen der homöopathischen Mittel - verdünnt und ätherisch. Das heißt, sie wirken weniger auf materieller Ebene als vielmehr in feinstofflichen Bereichen. Wie die Pomander, werden auch die Quintessenzen durch die Aura gefächelt, doch nicht mit den Händen, sondern mit den Handgelenken. Diese sind über einen Energiekanal direkt mit dem Herzen verbunden. Die sanfte Farbenenergie der Quintessenzen dringt tief ein.

Es empfiehlt sich, die Pomander regelmäßig anzuwenden, um ständigen Schutz und eine Kräftigung der Aura zu sichern. Die Quintessenzen hingegen üben eine andere Funktion aus. Ihre Energie kann jederzeit konzentriert werden, wenn wir eine bestimmte Schwingung aus höherer Ebene anrufen wollen. Auf diese Weise mag es uns gelingen, den kreativsten Aspekt derjenigen Farbe in die Aura einzubringen, mit der die jeweilige Quintessenz in Beziehung steht. Diesen Vorgang könnten wir durchführen, um im Rahmen unseres geistigen Wachstums bestimmte Aspekte anzusprechen, und zwar vor der Meditation oder bei der Arbeit an einer bestimmten Eigenschaft, wie Engagement, Mitgefühl oder innerem Frieden. Man kann sie auch zu Beginn eines speziellen Projektes benutzen, um mittels einer spezifischen Energie den Prozeß zu steigern. Dabei kann es sich um das Schreiben oder die Produktion eines Schauspiels handeln oder um die Suche nach einer eindeutig klaren Beurteilung in einem schwierigen Rechtsfall.

Um die Quintessenzen richtig verstehen zu können, sollte man sie an sich selbst ausprobieren. Man lernt ihre Energien durch eine Vielfalt von Erfahrungen und Empfindungen kennen. Einige Menschen verspüren zunächst lediglich ein leichtes Prickeln in den Fingerspitzen, sobald sie einige Tropfen auf das Handgelenk gegeben haben. Andere mögen sich sehr stark geerdet fühlen, wobei die Energie sie geradezu durchströmt und sie sich der Erde unter ihren Füßen bewußt werden. Vieles hängt natürlich von der Quintessenz ab, die sie gerade benutzen. Jemand, der eine andere Essenz anwendet, mag fühlen, wie sich seine blockierte Kreativität freisetzt, was sich im Schreiben von Gedichten niederschlägt oder in dem Entstehen wunderbarer Gemälde.

Während der Aura-Soma-Kurse lernen die Teilnehmer, sich gegenseitig die Energien der Pomander und Quintessenzen in die Aura zu fächeln und dadurch den Energiefluß zu verstärken. Viele Therapeuten bedienen sich dieser spezifischen Massagetechnik als höchst wirksamer, aber sanfter Unterstützung der auf *Balance* basierenden Beratungen.

Aura-Soma bestand nun aus *Balance* und den diese Farbkombinationen energetisch unterstützenden Pomandern und Quintessenzen. Damit war dieses einzigartige Heilsystem vollständig, durch das wir ein Mittel für viele Schmerzen und Probleme finden mögen, das aber vor allem die Möglichkeit bietet, subtile Bewußtseinswandlungen zu erfahren, um eine freundlichere Wirklichkeit zu erkennen und zu erschaffen.

Mit wachsendem Verständnis und zunehmender Bewußtseinserweiterung werden wir eines Tages erfassen, daß wir in einem Universum leben, in dem alles miteinander verbunden ist.

15
Kosmische Verbindungen

Wenn wir mit den Pomandern und Quintessenzen arbeiten und dabei etwas von den mächtigen Energien fühlen, die uns aus den feinstofflicheren Ebenen beeinflussen, wird uns eine wichtige Erfahrung zuteil. Aufgrund des Naturgesetzes steht alles in gegenseitiger Wechselbeziehung, entstammt derselben Quelle und kehrt zu dieser zurück.

Menschen, Tiere und Pflanzen sowie die Erde selbst verbindet derselbe Ursprung. Jede Handlung einem anderen gegenüber richtetet sich demnach auch auf uns. Alles empfängt und überträgt einen Teil der universalen Lebenskraft in einem ewig dahinströmenden Energiefluß. Die Zerstörung des Regenwaldes in Ecuador oder Brasilien wird das gesamte Klima des Planeten verändern; ein Erdbeben in Tokio wird sich auf einer subtilen Ebene auf die Blätter der Bäume im Englischen Garten in München auswirken; die aus einem liebevollen Herzen geborenen Gedanken der Mutter Theresa hoben die Schwingung der Erde dem Licht entgegen, wohingegen die Gedankenwelt Hitlers diese einst zur Dunkelheit herabsenkte.

Unsere eigenen Gedanken erschaffen eine Energie, die unweigerlich das übrige Universum beeinflussen wird. Es liegt an uns, ob es sich dabei um eine positive oder negative Energie handelt. Wollen wir erschaffen oder zerstören? Mit unseren eigenen Farben in Berührung zu treten, ermöglicht es uns, unsere Gedanken bewußter zu erleben und daher Verantwortung für ihre Qualität zu tragen. Wir sind keine passiven Wesen, herumgestoßen von Kräften, die wir nicht kontrollieren können. Jeder von uns spielt eine wichtige Rolle in einem sich entfaltenden Drama der Weltgeschichte. Jeder Mensch ist einzigartig und besitzt mehr Macht, als er jemals ahnte. Unsere Farben zu erkennen, bedeutet Selbsterkenntnis, sich der Natur seiner Absichten und Gedanken bewußt zu werden. Dann vermögen wir die Macht zurückzugewinnen, von der wir nie wußten, daß wir sie verloren hatten. Dann erkennen wir die Möglichkeit, diese Macht in unserer Welt einzusetzen und so Mitschöpfer des Göttlichen zu werden. Das ist unsere Berufung.

Telepathie

Die Tatsache, daß alles Energie und somit in irgendeiner Weise mit einander verknüpft ist, wird von Kindern und Tieren rein instinktiv verstanden. Mit zunehmender »Reife« verliert sich diese naturgegebene Sensitivität, und der Verstand tritt an ihre Stelle. Wie verhält es sich etwa mit der Telepathie? Dieses Phänomen erlebte ich bewußt zum ersten Mal, kurz bevor wir Oxford verließen. Magdalen war damals ein winziges Baby und mußte rund um die Uhr versorgt werden, während ich selbst unter so hohem Fieber litt, daß ich kaum die Kraft besaß, mich im Bett herumzudrehen. Da mein Mann weder mit Babys noch Krankheiten umgehen konnte, war ich alleine und höchst besorgt um das Wohlergehen Magdalens. Dann rief eine Freundin aus Florida an. Wir hatten uns seit einigen Wochen nicht mehr gesprochen.

»Sorge dich nicht«, erklang eine vertraute Stimme aus kilometerweiter Entfernung. »Ich wollte dir nur sagen, daß ich an dich denke. Es wird dir bald besser gehen.«

Wird diese besondere Gabe nur einigen wenigen verliehen? Das kann ich einfach nicht glauben. Wie oft passiert es doch, daß wir intensiv an jemanden, der uns nahesteht, denken und diese Person uns dann anruft oder schreibt. Das sollte eigentlich nicht überraschen. Unsere Gedanken bewegen sich mit der Geschwindigkeit des Lichts, denn sie sind Licht. Meine Tochter Nicola erklärte mir, sie hätte aufgegeben, noch viel zu mir zu sagen, da ich ihre Gedanken erfaßte, noch bevor sie diese zum Ausdruck bringen könnte.

In diesem Zusammenhang sollten wir einmal über unsere Doppelnatur als Lichtwesen nachsinnen. Falls sich das Licht als Partikel und auch als Wellenlänge verhalten kann, dann gilt das auch für uns. Der Partikel-Aspekt in uns drückt sich in Form und Substanz aus, die, obwohl in ständig fließender Bewegung, als der materielle Körper erkannt wird. Zeit und Raum begrenzen ihn und binden ihn an die Erde. Der Wellenlängen-Aspekt unseres Seins, der weder Form noch Substanz besitzt, ist den physischen Sinnen nicht sichtbar und wird auch nicht durch

Raum und Zeit eingeschränkt. Mit anderen Worten, er kann überall zur selben Zeit sein. Daraus ergibt sich, daß wir in gewisser Weise an unserem Büroschreibtisch sitzen und gleichzeitig durch das Universum reisen, als Partikel und als Welle. Beide Aspekte tragen die Unterschrift Farbe.

Tiere

Wir können eine Menge von unseren Haustieren lernen. Als ich unser Bauernhaus verließ, zwangen mich die Umstände, unsere Hündin bei meinem Mann zu lassen, der sehr an ihr hing. Ich besuchte sie des öfteren und ging mit ihr spazieren, vermied es jedoch, sie zu unserem neuen Zuhause zu bringen, um das Tier nicht noch mehr zu verwirren, als es ohnehin unvermeidbar gewesen war. Der Hund hatte bereits seinen ersten Besitzer, meine Tochter Nicola, verloren, als diese ins Internat ging. Die beiden hingen sehr aneinander. Als ich Nicola zum ersten Mal von der Schule abholte, weil sie in unserem kleinen Landhaus ihr freies Wochenende verbringen wollte, fanden wir den Hund vor der Haustüre sitzen. Wie konnte er wissen, wo wir jetzt wohnten und daß Nicola an jenem Tage nach Hause kam?

Viele Tierbesitzer könnten zweifellos ähnliche Begebenheiten erzählen. Da die Technik diese Kreaturen der natürlichen Welt nicht zu entfremden vermochte, besitzen sie die Fähigkeit telepathischer Kommunikation, das heißt, sie bedienen sich einer universalen Telekommunikation, die alle Satelliten und Drähte umgeht. Das Universum ist Energie; Energie ist Licht, und Licht ist Farbe. Abgesehen von ihren telepathischen Fähigkeiten, reagieren Tiere, die weder Wissen noch Intellekt belastet, sehr stark auf Farbheilung. Sie mögen die Farben nicht selbst aussuchen können und sich daher auf die Intuition ihrer Menschenfreunde verlassen müssen.

Die dunkle Seite des Gehirns

Wenn wir uns vor Augen halten, daß unsere Welt, das ganze Universum, Energie und nicht feste Materie ist, erkennen wir auch die Folgen, die diese Tatsache mit sich bringt und können einen Mißstand beheben, der bereits seit Jahrhunderten besteht.

Abgesehen von der materiellen und individuellen Ebene, kann man die Bezeichnung *Balance* auch auf andere Ebenen anwenden. Krankheit bedeutet Ungleichgewicht, ein Zustand, dem wir nicht nur als Individuen, sondern auch als Gesellschaft und Zivilisation begegnen.

Wir sind im Begriff, das Fische-Zeitalter zu verlassen und in ein neues, das Wasserman-Zeitalter, einzutreten. Die Spanne eines jeden, sehr spezifischen Zeitalters beträgt im Allgemeinen etwa zwei bis zweieinhalbtausend Jahre. Es zeigt Stärken und Schwächen, wie man es in allem findet. Ein besonders auffallendes Merkmal des Fische-Zeitalters liegt in seiner Prägung als Patriarchat, was sich in großem Umfang in einem Gleichgewichtsverlust manifestiert hat. Es handelt sich dabei nicht bloß um eine Frage der Dominanz des Mannes; dies ist nur eines der Merkmale. Das Wesen dieser Verschiebung wurzelt viel tiefer. Es besteht eine Unebenheit zwischen den beiden komplementären Kräften, der femininen und der maskulinen Seite, die in jedem einzelnen von uns ruht. Der maskuline Aspekt ist im wesentlichen nach außen gerichtet, rational und analytisch, während der feminine Aspekt die rezeptive, intuitive und schöpferische Kraft darstellt.

Wie haben wir uns nun seit einigen hundert oder tausend Jahren verhalten? Wir haben nach einer außerhalb von uns liegenden Autorität gesucht und uns vor dem Maskulinen in anderen und in uns selbst gebeugt. Wir haben uns denjenigen Dingen zugewandt, die wir messen und irgendwie mit unseren Sinnen und unserem Verstand erfassen können. Strukturen und Formen haben wir lange Zeit unser Vertrauen geschenkt und so ein gewaltiges technisches Imperium geschaffen und die grundlegenden Probleme und Unannehmlichkeiten des Überlebens gemeistert. Mit dieser beachtlichen Leistung haben wir auf äußerer Ebene sehr viel erreicht.

Doch es stellt sich die Frage, ob uns der eigentliche Sinn unseres Erdendaseins noch bewußt ist. Haben wir nicht gerade aufgrund unserer Fähigkeit, die maskuline Energie in uns zu entfalten, jene logische, ordentliche Art und Weise, in der wir unser Umfeld und die Natur beherrschen, ein Gefühl der Absonderung geschaffen? Erwarten wir in unserer Isolation nicht von dem Arzt, Priester oder Lehrer Führung und Tadel? Verlassen wir uns nicht auf die Regierung, das Wetter, im Grunde genommen alles Äußere, anstatt auf uns selbst? Es scheint, wir haben in diesem bürokratischen Szenario die Klänge der Natur und die kleine, stille Stimme im Innern erstickt.

Was ist das, diese innere Stimme? Sie ist unsere In-tuition, unser innerer Lehrer, die andere Hälfte unseres Seins. Sie steht mit dem »dunklen«, unerforschten Bereich unseres Gehirns in Verbindung, der rechten Seite, die bei vielen Menschen lange Zeit brachlag. Die linke Gehirnhälfte, der rational analytische Aspekt, hat bisher dominiert, was sich an der Vergrößerung der rechten Schulter und Körperseite erkennen läßt. Der Unterschied ist geringfügig, aber vorhanden.

Wir müssen ein Gleichgewicht schaffen, das heißt, wieder mit unserem Innern in Berührung kommen, und wir müssen lernen, auf unsere feminine Seite, unsere innere Weisheit und Bereitschaft zu lauschen und ihre Botschaft zu empfangen. Wenn wir unsere wahren Farben erkennen, gewinnen wir genau zu dieser Dimension Zugang. Auf unsere eigene innere Stimme zu hören bedeutet, unsere individuelle Stärke zu finden. Dann bedürfen wir kaum noch äußerer Führung. Wir sollten uns nicht als Opfer fühlen, sondern können lernen, für uns selbst die Verantwortung zu übernehmen.

Energie ist universal, und wir bestehen aus der universalen Lebenskraft, die uns nährt. Das alles klingt sehr einfach. Warum aber sind wir nicht alle gleich? Was ist es, das jeden von uns zum Individuum macht? Auf einen einfachen Nenner gebracht, kann man sagen, daß wir uns aufgrund der Eigenschaft dieser Energie unterscheiden. Wir empfangen die Lichtenergien aus dem Universum und geben sie weiter, was uns als Transformator wirken läßt. Die Art und Weise, in der wir die Energie umwandeln, spiegelt sich in der Lichtbeschaffenheit oder der Farbe, die wir ausstrahlen, wider. Da alle Materie in unterschiedlicher Frequenz vibrierende Energie darstellt, besitzt alles seine ganz spezifische Wellenlänge.

»Wir liegen auf derselben Wellenlänge.« »Diese Person strahlt eine gute Schwingung aus.« Solche Aussagen bringen sprachlich unser instinktives Wissen um jenes Phänomen zum Ausdruck. Wir wissen, in wessen Nähe wir uns wohl fühlen; denn unsere Schwingungen weisen genügend Ähnlichkeit auf, so daß wir uns gegenseitig erkennen.

Nichts davon ist neu. Mit der Wiederentdeckung der grundlegenden Bedeutung der Farb- und Lichtenergien, kommen wir eigentlich nur wieder mit dem wahren Wesen unserer Natur in Berührung. Licht hat seit uralten Zeiten als Baustein für die Schöpfung gedient.

Wir sprechen vom Licht des Verstehens. Wir hoffen, ein Problem zu lösen, indem wir Licht auf die Situation werfen. Aura-Soma wirkt ganz bewußt mit den Lichtenergien. Ebenso wie sich rein weißes Licht, das durch ein Prisma geschickt wird, in seine Spektralfarben aufteilt, so läßt Aura-Soma dieses Licht, jene Farben, auf die jeweiligen Probleme oder Situationen scheinen. Dies bedeutet, daß wir die Sachlage nicht nur klar sehen und verstehen, sondern sie auch aufgrund der genauen Farbe in ihre Komponenten zu zerlegen vermögen, was auf der jeweiligen Farbauswahl der einzelnen Person basiert. Vicky Wall pflegte zu sagen: »Ihr seid die Farben, die ihr wählt, und diese reflektieren die Bedürfnisse eures Seins.«

Angenommen wir sind vorwiegend unbewußte Wesen (selbst von Einstein heißt es, daß er an einem guten Tag höchstens zu zehn Prozent bewußt war), kann sich der Prozeß der Selbsterkenntnis sehr lange hinziehen. Das Faszinierende der Farben besteht darin, daß sie uns selbst auf unvorstellbar tiefer Ebene unmittelbar widerspiegeln, auf der Ebene reinen Bewußtseins. Wenn sich uns die Gelegenheit bietet, von den Flaschen diejenigen Farbkombinationen auszusuchen, zu denen wir uns unwiderstehlich hingezogen fühlen, eröffnet sich uns die Möglichkeit, uns selbst nicht nur auf äußerer Ebene oder der unserer Persönlichkeit zu erkennen, sondern auch in einem Bereich reinsten Bewußtseins. In fast geheimnisvoller und tiefgreifender Weise steht man sozusagen vor einem Spiegel. Ebenso wie die Augen die Fenster der Seele sind, so sind die Farben ihr Spiegel. Durch die Begegnung mit *Balance* können wir die Begrenzungen unserer Persönlichkeit transzendieren und unser wahres Wesen erkennen. Das bedeutet, daß Selbsterkenntnis doch nicht ein solch langer Prozeß sein muß.

Eine Begegnung mit den lebendigen, leuchtenden, lichtdurchfluteten Energien von *Balance* kann in der glühenden Asche unseres Seins längst vergessene Erinnerungen an ein anderes Zeitalter, ein lichteres Bewußtsein aufrühren. Ist es möglich, daß wir bei Eintritt in diese neue Ära, diese Zeit der Bewußtseinsveränderung, etwas von unserem anfänglichen Verständnis zurückgewinnen? Vielleicht wühlen diese Farben tatsächlich etwas Uraltes in uns auf, die Erinnerung an uns selbst in unserer ursprünglichsten und reinsten Form.

Einst nahmen wir unseren Anfang aus der Quelle reinen weißen Lichts und begannen unsere Reise. Unterwegs begegneten wir der Dunkelheit und Verwirrung und verloren unseren Weg. Doch das war sicherlich so geplant. Wie bei einer Schatzsuche mußten wir nach weiterführenden Anhaltspunkten fahnden. Auf unserer Wanderung sollten wir Erfahrungen sammeln und Weisheit gewinnen, um zu wachsen. Die Furchen in unserem Gesicht zeugen von unserem Leben, den Pfaden unserer Erfahrung. Wir besitzen die innere Kraft, durch die Dunkelheit und Verwirrung zu gehen und die Schwierigkeiten zum Zwecke größeren Reichtums zu akzeptieren. Dann werden wir vielleicht entsprechend der erlernten Lektionen in zunehmendem Maße Klarheit finden. Am Ende einer langen Reise mögen wir schließlich auf allen Seinsebenen als reine, vollkommen harmonische Farbe existieren, als Regenbogenwesen des Lichts. Vielleicht gehört es zu unserem Werdegang, daß wir vorübergehend vergessen haben, wer wir eigentlich sind, und wir brauchen einen zarten Wink, eine Gedächtnishilfe, die unsere bruchstückhafte Bewußtheit wieder in ein Ganzes zusammenfügt, damit wir die Fülle unseres zukünftigen Seins zu erkennen vermögen. Damit dies geschehen kann, müssen wir unser vollständiges Potential erkennen.

Ist das ein zu hoher Anspruch? Ich glaube kaum. Die tiefgründigsten Theorien sind oft die einfachsten. In gewisser Hinsicht ist die Farbe sehr einfach, denn Farbe *ist*. Wir sind menschliche Wesen, die mit allem, was existiert, in Beziehung stehen. Als Menschenwesen sind wir hier, um zu lernen. Vielleicht wurde uns die Farbe in dieser neuen Form und zu einer Zeit beschert, um in neuer Weise zu erwachen. Wir wollen nun die mögliche Problematik unserer niederen Natur hinter uns lassen, die Reise fortsetzen und uns dem Herzen zuwenden.

16.

Olivgrün

Das Olivgrün hilft uns, den Weg zum Herzen zu finden. Dieser Farbbereich liegt zwischen dem Solarplexus und der Herzregion. Er schützt und unterstützt das Herz von unten her.

Mit dem Oliv wenden wir uns auch einer neuen Farbe zu, dem Blau. Blau steht in enger Beziehung zur Kommunikation. Olivgrün setzt sich aus zwei Teilen Gelb und einem Teil Blau zusammen, wobei die Energie der gelben Farbe eine andere Verwendungsform findet. Sie bringt der Welt Weisheit und Wissen; sie ist die Übermittlerin dieses Wissens.

Die Entdeckung und Befreiung unserer Individualität im Gelbbereich ist unvollständig, solange wir diese Individualität nicht in einer Weise einsetzen, die dem Ganzen dient. »Kein Mensch ist eine Insel.« Das Oliv bietet ein Milieu, in dem das individuelle Selbst am gemeinsamen Weltenraum teilhat und sich anderen mitteilt.

Dieser Strahl hat sich lange Zeit bemäntelt im Verborgenen gehalten. Die Farbe Oliv wird häufig mit Militäruniformen in Zusammenhang gebracht, deren Hauptzweck in der Tarnung liegt. In Aura-Soma trat sie vor etwa vier Jahren zum ersten Mal in der Balance-Flasche Nr. 91 auf. Bis vor kurzem muß sie Jahrtausende lang verhältnismäßig unbemerkt in der Quelle aller Farben geruht haben. Wahrscheinlich hat sie sich dort seit Anbruch der Zeit befunden, da sie dieselbe Schwingung besitzt wie die Natur selbst. Überall in der Schöpfung stößt man auf ihre Energien, in den Blättern, Gräsern und Moosen, die die Erdoberfläche bedecken.

Oliv ist die Farbe des sich entfaltenden Blattes, des Waldes und der Immergrün-Pflanze. Es ist die Farbe des Chlorophylls, der Natur, der Pflanze, die Schöpfung des Blattes; Lichtenergie wird in chemische Energie umgewandelt. Bei diesem chemischen Prozeß steigt die Lebenskraft zur Erde hernieder und manifestiert sich durch die Pflanze. Die Energie des Olivgrün wirkt auf vielen Ebenen regenerierend.

Die untere Herzregion verbindet uns über die untere Körperhälfte mit unserer Umgebung. »Unsere Füße sind unser Verstehen.« Menschen, die in ihrem Leben unter schmerzhaften Trennungen oder Verbindungen gelitten haben, können mit jener Farbe diesen Emotionalbereich heilen und Vertrauen, Glauben und Zuversicht wiederherstellen. Oliv ist jener Teil des Herz-Zentrums, der uns mit der physischen Welt, in die wir uns inkarniert haben, verbindet und uns hilft, unser Bewußtsein mit der Ebene zu verknüpfen, die uns nährt und erhält. Diese Farbe ermöglicht es, erneut eine Beziehung zu unserem irdischen Umfeld zu schaffen und sogar unsere Augen für das Deva-Reich zu öffnen, der Welt jener Naturwesen, die wir Feen und Elfen nennen und die sich um die Pflanzen und Minerale kümmern.

Die Olivenfrucht an sich ist bitter schmeckend. Sie muß erst einem chemischen Prozeß unterzogen werden, der ihr die Bitterkeit nimmt, damit sie eßbar und nahrhaft wird. Man kann diesen Vorgang auch aus spiritueller Sicht betrachten. Oliv besitzt die Fähigkeit, Schmerz und Bitternis, die sich im Herzbereich angestaut haben, herauszuziehen.

Es ist die Farbe, die uns emotionale Kraft und Stärke verleiht. Der Olivenbaum wächst auf steinigem Grund und in heißen, trockenen Klimazonen. Er muß seine Wurzeln tief in die Erde graben, um die nötige Nahrung zu finden. Die Farbe Oliv vermag uns daher in schwierigen Zeiten zu helfen, in denen wir der Ausdauer und Kraft bedürfen. Diese Widerstandskraft wird uns durch den oft olivgrünen Seetang geliefert, der vor allem jene Minerale enthält, die unser Knochengerüst kräftigen. Diese Farbe kann uns sowohl auf physischer und emotionaler als auch auf mentaler und spiritueller Ebene zu großer Ausdauer befähigen.

Außerdem verheißt sie neue Gefilde und freundlichere Zeiten. Nach der Sintflut verließ die Taube die Arche Noah und kehrte mit einem Olivenzweig im Schnabel zurück, als Zeichen für neu hervorsprießendes Leben. Jahrtausende lang benutzte man das Olivenöl als Lichtquelle. Der Priester verwendet es für die letzte Ölung, die eine Brücke zwischen dieser und der jenseitigen Welt schlagen soll. Olivenbäume werden auf lange Sicht hin angepflanzt, ein Ausdruck der Dauerhaftigkeit und des Vertrauens.

Der Olivenzweig steht als Symbol für den Frieden. Er bekundet unsere Bereitschaft, den Konflikt beizulegen, keinen Groll mehr zu hegen und weise miteinander umzugehen.

Die olivgrüne Farbe der Militäruniform dient nicht nur als Schutz, sondern kennzeichnet ebenfalls Macht. Im weitesten Sinne betrachtet, verhüllt sie in diesem Zusammenhang die Gewalt versteckter Waffen in einem Zeitalter, in dem sich der Waffenkampf oft über weite Entfernungen hin erstreckt. Oliv steht auch in Zusammenhang mit Autorität und Führungsqualitäten. Dabei handelt es sich zum Teil um unsere persönliche Macht und Führungseigenschaft.

Die Frage erhebt sich, ob wir nun beginnen, unsere wahre Macht aufzuspüren, nachdem wir die im Bereich der drei unteren Energiezentren angesiedelten Probleme gelöst haben. In Aura-Soma wird die Farbe Olivgrün besonders mit den femininen Aspekten der Führerschaft in Verbindung gebracht, einer Führung, die der Herzensweisheit entspringt. Oliv vermag unser Selbstvertrauen und unsere Bereitschaft zu stärken sowie den Wunsch und die Fähigkeit zu fördern, andere zu leiten. Wird diese Energie in negativer Weise eingesetzt, das heißt, wird die Macht mißbraucht, dann besteht Gefahr. Ihre rechte Verwendung jedoch kann Positives hervorbringen. Welchen Weg wir beschreiten, liegt im Verantwortungsbereich des einzelnen. Einigen meiner Kollegen gegenüber habe ich mich recht herrschsüchtig verhalten, wenn ich eine Zeitlang mit der Oliv/Oliv Kombination arbeitete. Die Energie dieser Farbe kann Herz und Gefühl jener stimulieren, die der Führung und Ermunterung bedürfen.

Sowohl der Solarplexus als auch das Herz-Zentrum haben ihren Sitz in der Körpermitte. Oliv bildet die Brücke zwischen beiden und verbindet dadurch die höheren und niederen Aspekte unseres Seins miteinander. Es verknüpft das Dauerhafte mit dem Vergänglichen. Es hilft uns, unsere Liebe für uns selbst mit der für unsere Mitmenschen auszubalancieren und ein Gleichgewicht zwischen Intellekt und Gefühlen herzustellen, was uns befähigt, mit dem Herzen zu denken.

Auf diese Weise kann uns die olivgrüne Farbe helfen, unsere Gefühle konstruktiv zu verarbeiten. Wenn wir uns mit unseren Emotionen identifizieren, geben wir der Möglichkeit Raum, uns an sie zu binden und von ihnen beherrscht zu werden. Das Oliv unterstützt uns darin, solche Identifikationen loszulassen und über uns selbst lachen zu können. Es vermag dem Emotionalkörper die Freude der Gelb-Energie zu vermitteln, worin sich sein regenerativer Aspekt bemerkbar macht.

Eine Unausgewogenheit in diesem Chakra kann zu Unzufriedenheit, sogar zu Verfolgungsängsten führen. Das Holz des Olivenbaums besitzt eine ungewöhnliche Härte. Jemand, der sich stark zur olivgrünen Farbe hingezogen fühlt, mag große Schwierigkeiten haben, sich zu beugen, was sich in festgefahrenen Gefühls- und Denkmustern äußern kann. Eine solche Geistes- und Herzensverfassung mag sich auf physischer Ebene niederschlagen, zum Beispiel als Gelenksteife, und uns die Sturheit und Bewegungslosigkeit eines Esels verleihen. Wie unbeschwert tanzen oder klettern wir denn noch über den Zaun, wenn wir uns in unseren Ideen festgefahren haben?

Ein solcher Widerstand läßt sich an der Reaktion vieler Menschen auf die olivgrüne Farbe an sich ablesen, da sie eine gewisse Herausforderung zu bergen scheint. So mancher hat sich bei seiner ersten Begegnung von ihr abgestoßen gefühlt, was später dann, nach der anfänglichen Überwindung des Widerwillens der Schwingung gegenüber, häufig in große Begeisterung umschlug.

Oliv vermag die Klarheit der Gelb-Energie in unser Herz zu senken und gibt uns die Fähigkeit, unseren Pfad deutlich vor uns zu sehen und ein Empfinden für die rechte Richtung zu gewinnen. Wenn daher die Angst, sich fortzubewegen, erst einmal ausgeschaltet ist, erleichtert die Olive-Energie ein vertrauensvolles Voranschreiten. Wir können mit dem Strom dahingleiten und uns im sich ständig wandelnden und sprühenden Schöpfungstanz mitbewegen.

Oliv ist reinigend und desinfizierend. Es wirkt beruhigend. Die Kiefer hat seit langem ihre Verwendung in Reinigungs- und Erfrischungslösungen sowie in Beruhigungbädern gefunden. Die beruhigende und besänftigende Eigenschaft dieser Farbe wird in vieler Hinsicht eingesetzt, wie zum Beispiel bei Sonnenverbrennungen der Haut. Dieser Grünton beschwichtigt chaotische Energiezustände, die wieder ausbalanciert werden müssen.

Oliv ist das Grün der Natur und ein Aspekt des Herzens. Es ist das Gleichgewicht des Herz-Zentrums, und seine heilenden, besänftigenden, wiederbelebenden Eigenschaften lassen sich in vielen verschiedenen Situationen verwenden. Oliv bringt die Dinge wieder zum Bewußtsein. Es ist die Farbe der Mutter Erde, die Verbindung zur natürlichen Welt. Sie knüpft ein Band zu uralten Zeiten, eine Farbe, die gerade erst auftaucht, um erneut genutzt zu werden.

17.

Grün

Grün ist das Zentrum selbst, das Herz-Zentrum, das vierte der sieben Chakras, von denen drei über und drei unter ihm liegen. Hier treffen sich in vollkommenem Gleichgewicht das Blau des Göttlichen und das Gelb des individuellen Willens. Der aufrecht in der Welt stehende Mensch, dessen Chakras weit geöffnet sind, um die universale Lebenskraft zu empfangen, kann als ein Wesen betrachtet werden, das zwischen zwei Energiedreiecken schwebt, das eine von oben nach unten und das andere von unten nach oben reichend (siehe Abbildung 16).

Die Lösung dieser beiden Energien, der himmlischen und der irdischen, ruht im Grün des geöffneten Herzens. Es bietet sich die Möglichkeit, den persönlichen Willen, unsere Tatkraft und unseren Ehrgeiz, nach dem erhabenen Willen auszurichten, sobald das Herz-Chakra erweckt ist. Dann werden wir Harmonie, Raum, Richtung und Wahrheit finden. Echte Selbstverwirklichung bedeutet die Entdeckung des Selbst in Beziehung zum Göttlichen.

Grün ist das Herz, dessen Widerspiegelung sich in der Natur findet. Grün sorgt für Lebensunterhalt und Wachstum, Leben und Gleichgewicht. Es ist die Farbe selbstloser Liebe, der Ausdruck unseres Herzens. Es ist die Kommunikation unserer Gedanken, Gefühle und Taten.

Grün repräsentiert die Welt und den gemeinsamen Raum, einen Raum, an dem jeder teilhat, indem er seine Einzigartigkeit und sein Talent, das individuelle Selbst, einbringt. Auf die Menschheit bezogen, repräsentiert diese Farbe die Möglichkeit eines Quantensprungs im Bewußtsein, so daß wir uns über die Belange der drei unteren Chakras – Überleben, Abhängigkeit und die Probleme hinsichtlich Macht und Ego – erheben und eine neue Bewußtseinsebene betreten. Bleibt das Herz-Chakra unerweckt, werden wir dazu neigen, uns bloß auf unsere emotionalen Bedürfnisse zu konzentrieren. Wenn aber das Licht auf dieses Zentrum einwirkt, mögen wir entdecken, daß das Herz den Sitz der Wahrheit darstellt. Die Erweckung dieses Zentrums bietet die Möglichkeit, uns selbst und unsere Mitmenschen in neuer Weise zu erkennen, das heißt, basierend auf der Wahrheit vermögen wir uns über ein offenes Herz von Mensch zu Mensch, Gruppe zu Gruppe und Nation zu Nation mitzuteilen. Unser Versuch, die Lektionen der Vergangenheit zu integrieren, bildet den Leitgedanken für den Eintritt in eine neue Epoche.

Der Mensch nimmt innerhalb des Lebens eine besondere Stellung ein. Seiner Bewußtseinsentwicklung entsprechend, liegt das Hauptaugenmerk des Tieres auf seinem Bedürfnis nach Nahrung, Wärme und Obdach sowie dem Vergnügen. Der Mensch hingegen besitzt die Möglichkeit, darüber hinauszuwachsen. Dieser Prozeß nimmt seinen Anfang im Gelb, und zwar mit der Entwicklung des individuellen Willens und der Entdeckung des Selbst. Diese im Grün liegende Chance, sich über die individuelle Wunschnatur zu erheben, bedeutet eine Bewußtseinserweiterung der Menschheit.

Die Öffnung des Herz-Chakras besitzt andere Auswirkungen. Sobald wir die grundlegenden Ängste bezüglich des Überlebens überwunden, das Bedürfnis nach gegenseitiger Abhängigkeit besiegt und unsere persönliche Stärke entdeckt haben, mögen wir zu einem neuen Verständnis gelangen - der Erkenntnis, daß das ganze Universum in gegenseitiger Wechselbeziehung steht. Was das eine Wesen betrifft, wirkt sich auch auf alle anderen aus.

Eine solche gegenseitige Abhängigkeit unterscheidet sich gewaltig von der emotionalen Abhängigkeit. Wir erkennen zum Beispiel, daß zwischen unserem Leben und dem der Bäume, die uns mit dem lebensnotwendigen Sauerstoff versorgen, ein enges Band besteht. Wir atmen dieselbe Luft. Jeder neue Atemzug bietet die Gelegenheit zur Ausdehnung, wenn Herz und Lungen sich öffnen. Grün ist die Anerkennung unseres Bedürfnisses nach dem Meer, dem Wasser, der Luft, die wir atmen und den Kreaturen und Pflanzen, die uns nähren, unser Verlangen nach der Erde selbst. Im Grün erkennen wir unsere Verantwortung, für alles Sorge zu tragen, das auch uns umsorgt. Die gegenseitige Anteilnahme ist universal - sie ist kosmisch.

Wenn sich das Herz-Chakra öffnet, beginnen wir die gegenseitige Verbindung im Universum tatsächlich zu fühlen. Wir erkennen die Wirklichkeit der lebendigen, sich bewegenden Energien, die unser Universum bilden und verstehen, daß uns unsere Beziehung zueinander in einen beständigen Energieaustausch verwickelt. Wenn wir uns auf unsere Bedürfnisse konzentrieren, dann wird ein großer Teil dieser Energie wahrscheinlich eine gewisse negative Bedeutung aufweisen. Mit dem Grün beginnt das Vertrauen, so daß sich unsere Beziehung nicht auf Furcht gründet, sondern aus der Fülle inneren Reichtums schöpft.

»In weiter Ferne gibt es einen grünen Hügel…jenseits der Stadtgrenze«. Diese Worte einer Hymne beziehen sich auf Kalvarien und die Kreuzigung Christi - die vollkommene Öffnung des Herz-Chakras, um die gesamte Menschheit zu umfassen, die Selbstaufopferung.

In Dev-Aura, dem von Vicky Wall gegründeten Aura-Soma Lehrzentrum in Tetford, gibt es einen Gedächtnisgarten, den man ihr zu Ehren zwei Jahre nach ihrem Tode angelegt hat. Neben dem Eingangstor befindet sich eine kleine Plakette, auf der die Bibelworte geschrieben stehen: »Ich blicke zum Hügel empor, von dem mir Hilfe naht.«

Grün ist Wahrheit, Gleichgewicht, Richtung und Raum. Es ist harmonisch und harmonisierend, Glaube, Hoffnung, Annahme und Vertrauen. Es ist Natur und die Liebe der Natur, häufig dargestellt durch den *Grünen Mann*, den Naturgott. Grün symbolisiert die Ideale ökologischer Aktivitäten, wie *Greenpeace* und die *Grünen Parteien*, die sich rapide überall auf der Welt verbreiten, sowie den offenen Raum. Es ist die Farbe voll entfalteter Sommerblätter. Ein Baum senkt seine Wurzeln tief in die Erde und reicht hinauf in den Himmel über ihm. Er ist ein Symbol des Wachstums und der Hinwendung zum Licht. Trotz seiner Verwurzelung in der Erde, bezeugt seine aufwärts gerichtete Kraft und Festigkeit Unabhängigkeit, und sein emporsteigender Saft beweist geistige Freiheit. Ein Baum blickt in alle Himmelsrichtungen; Norden, Süden, Osten und Westen, oben und unten. Er repräsentiert Gleichgewicht und Gelassenheit; die Fähigkeit, alle Seiten einer Frage zu sehen und unterscheiden zu können. Grün kann uns dabei helfen, eine solche baumartige Perspektive zu erlangen, die es uns ermöglicht, Entscheidungen von der Herzensebene aus zu treffen. Zum Beispiel wo wir sein müssen, was zu tun ist und wann es zu handeln gilt.

Die Bäume stehen sowohl mit der Zeit als auch mit dem Raum in Verbindung. Jedes Jahr ihres Daseins zeigt sich als Ring in ihrem sich langsam erweiternden Stamm. Die Eiche ist ein Beispiel für einen viele Generationen menschlichen Lebens überdauernden Baum, der uns mit der Vergangenheit und der Zukunft verbindet. Grün steht auch in Zusammenhang mit dem Planet Saturn, bekannt unter dem Namen Chronos oder Altväterzeit.

Wieviel uns doch die Bäume zu lehren und zu bieten haben. Einige sind inzwischen aufgrund ihrer Heileigenschaften bekannt. Die Eiche besitzt besonders starke und positive Heilkräfte. Vicky Wall empfahl den Leuten oft, einen Baum zu umarmen und gab der Grün/Grün-Flasche den Namen »Geh' und umarme einen Baum«.

Die Beziehung der grünen Farbe zur Natur verleiht ihr eine Eigenschaft friedlicher Ruhe und Weite. Die Wände von Krankenhäusern und Gefängnissen werden daher oft grün angestrichen. Auf diese Weise vermittelt man dem Patienten oder Gefangenen nicht nur ein Empfinden friedvoller Akzeptanz, sondern schafft auch die Illusion von Großräumigkeit, obwohl solche Institutionen in Wirklichkeit den Insassen weder Privatraum zugestehen noch die Freiheit gewähren, eigenständige Entscheidungen zu fällen.

Wenn daher jemand die Farbe Grün wählt, bedeutet dies nicht nur, daß diese Person eine besondere Liebe für die Natur und die Wahrheit hegt, sondern weist ebenfalls auf ihre Richtungssuche und ihr Raumbedürfnis hin. Es mag ihr schwerfallen, ihre Privatsphäre zu behaupten, da sie aufgrund ihrer übermäßigen Großzügigkeit andere mit einbezieht. Dieses unerfüllte Bedürfnis kann sich als Ausdehnung auf physischer Ebene manifestieren, und zwar in Form von Gewichtszunahme oder, noch spezifischer, in der Bildung von Tumoren. Es mag auch als Problem im Lungenbereich auftreten, wie zum Beispiel als Atemschwierigkeiten.

Jemandem, der seinen nötigen Eigenraum nicht zu beanspruchen weiß, mag es schwerfallen, seinen Selbstwert zu erkennen und daher dem Lebensraum des anderen einen größeren Wert beimessen, was sich in Eifersucht und Neid ausdrücken kann. Diese Eigenschaft, wenn auch unangenehm, macht einen Menschen recht empfindlich, und er beginnt, andere Leute zu beobachten. Die positive Seite daran ist die Möglichkeit, sich selbst unter die Lupe zu nehmen und die Wahrheit über sein eigenes Wesen zu erfahren. Eine echte Grün-Person ist jemand, der ernsthaft nach der Wahrheit sucht, selbst wenn sich das, was sie einhüllt, nicht immer so gestaltet, wie das Ego es erhofft hat. Wenn Grün eine Herausforderung darstellt, kann die Frage der Wahrhaftigkeit angesprochen sein, wie Zweifel oder vielleicht Betrug.

Grün weist uns eine neue Richtung und einen neuen Ort. Vielleicht begegnet es uns an einer Kreuzung und weist auf ein Hinweisschild. Grünes Licht bedeutet freie Fahrt. Die sogenannte *Grüne Karte* der Vereinigten Staaten öffnet uns den Weg, neues Territorium zu erkunden. Diese Farbe hilft uns, das Alte loszulassen und uns von alten Identifikationen und Angewohnheiten sowie uralten Gefühlsmustern zu lösen, karmischen Mustern, aufgrund derer wir immer wieder dieselben Beziehungen und Schwierigkeiten in unsere Leben ziehen. Karma bedeutet das Gesetz von Ursache und Wirkung: Wir ernten, was wir gesat haben. Für jede Handlung gibt es eine entsprechende oder entgegengesetzte Reaktion. Um unser negatives Karma bezwingen zu können, müssen wir dessen Ursache verstehen, damit sich andere Auswirkungen einstellen.

Die vollkommene Entfaltung des Herz-Chakras befähigt uns, unser Verlangen nach emotionaler Nahrung zu besiegen, ein gebrochenes Herz zu flicken (das im Schmerz einer Angina aufschreien mag) und Gefühle der Eifersucht und des Neids zu zerstreuen. Sobald wir das Wesen der Eifersucht verstehen, brauchen wir uns nicht mehr mit dieser Empfindung zu identifizieren, was zu einer weiteren Gabe der Grün–Energie führt - Freiheit. Das Grün der Erde bietet jedem genügend Raum. Ebenso wie das Rot, liegt auch in dieser Farbe die Möglichkeit, sich mit der Erde zu verbinden, die grenzenlose Weite und Freiheit schenkt.

Im Grün sind Blau und Gelb zu gleichen Teilen enthalten, weshalb ein gewisser Grad an Furcht, angesiedelt im Gelb, noch bestehen bleibt. Die in seiner Schwingung versteckten Ängste sind irrational und beziehen sich vorwiegend auf den Aspekt des Raumes, was in Klaustrophobie oder Platzangst zum Ausdruck kommt. Vielleicht fürchtet man sich, gesehen zu werden. Diese Unsicherheit in Bezug auf die eigene Identität mag den Wunsch hervorrufen, sich zu verstecken; man stellt sein Licht unter den Scheffel, wie es heißt.

Grün ist die Farbe des Herzens und eng mit der Rosa-Energie verbunden, die der Liebe und dem Mitgefühl Ausdruck verleiht, wofür das Grün den Raum schafft und die Wege bahnt. Die Liebe braucht ein Betätigungsfeld, und das ist das Herz. Grün kann somit als aktives Mitgefühl verstanden werden, eine sich ausdrückende, nicht zurückhaltende Liebe.

Die Blackfriars Brücke in London - mit ihrer schwarzen Farbe - besaß lange Zeit den Ruf eines Selbstmordortes. Als man sie grün anstrich, sank die Selbstmordziffer um ein Drittel, was die beruhigende Wirkung der Grün–Energie deutlich macht. Wie bedauerlich, daß man ihr später wieder einen schwarzen Anstrich gab.

Die Farbe Grün erinnert an eine weiche, kuschelige Decke, vergleichbar mit den Blättern, die sich sanft über den Waldboden breiten. Sie spiegelt den Frieden und die Weite von Rasenflächen und Bäumen wider. Sie ist Ausdehnung. Sie bildet das Bindeglied zur physischen Welt, indem sie uns mit den Naturkräften vereinigt. Grün nährt Körper, Geist und Herz.

Camilla

Die Flasche Nr. 21 (Grün/Rosa), bekannt unter dem Namen »Neuer Anfang für die Liebe«, weist in ihrem positiven Aspekt auf eine starke und reife Persönlichkeit hin, deren weibliche und männliche Seiten harmonisch ausbalanciert sind. Sie besitzt einen klaren Blick für die Richtung und ist sehr loyal. Sie liebt bedingungslos, und es fällt ihr leicht, Liebe zu empfangen. Andererseits aber indiziert die Flasche auch eine gewisse Problematik im Austausch von Liebe und ein Bedürfnis, nicht nur Liebe, sondern auch Richtung und Raum zu finden.

Camilla nahm an einem Workshop teil, kurz nachdem ihr Mann sie wegen einer anderen Partnerin verlassen hatte. Am Anfang zeigte sie sich ein wenig reizbar und anspruchsvoller als die anderen Studenten. Sie äußerte ihre Unzufriedenheit über das Essen und die Temperatur des Duschwassers in dem recht bescheidenen Hotel, in dem der Kurs abgehalten wurde.

Nach einigen Tagen bat sie um eine private Konsultation.

Kaum wurden die ersten Beobachtungen hinsichtlich ihrer Farbauswahl ausgesprochen, begannen die Tränen zu fließen. Eine Neigung zu Grün, besonders im Grün/Rosa der zweiten Flasche, war deutlich sichtbar.

Camilla hatte auf das Ende ihrer Ehe ärgerlich und verletzt reagiert, war aber gleichzeitig auch erleichtert. Seit langem hatte es Machtkämpfe zwischen ihr und ihrem Mann gegeben, da beide eine dominierende Rolle in der Beziehung spielen wollten. Camilla war sich ihrer eifersüchtigen und besitzergreifenden Natur bewußt, die auch frühere Beziehungen bereits gekennzeichnet hatte. Sie begann zu erkennen, daß ihr Beschluß, Denis zu heiraten, unbewußt darauf beruht hatte, jemanden zu wählen, den sie nicht kontrollieren konnte. Doch sehr bald war das alte Muster wieder aufgetaucht, was natürlich zu Machtkämpfen führte.

Camilla wußte, daß es ihr zur Gewohnheit geworden war, sich nicht nur nach außen hin, sondern sogar innerhalb ihrer Familie nichts anmerken zu lassen, da diese ganz bestimmte Vorstellungen von der Unauflösbarkeit der Ehe besaß. Jahrelang hatte sie sich in dieser Selbsttäuschung und Irreführung anderer gelangweilt. Sie gedachte, so vieles in ihrem Leben zu tun, aber nichts schien sich mit ihrer Ehe vereinbaren zu lassen. Denis, ein Rechtsanwalt, stammte aus einer wohlhabenden und konservativen Familie. Camillas Interessen führten sie eher in Richtung Yoga und Meditation, und sie wandte sich immer mehr »ausgefallener« Literatur zu. Sie wollte einen Beratungskurs besuchen. Denis verspottete sie deswegen. Camilla blieb ihrer Liebe zur Rockmusik treu. Denis liebte es dagegen, zu den Promenadenkonzerten zu gehen und Beethovens Neunter zu lauschen.

Vom Verstand her wußte Camilla, daß Denis ihr im Grunde genommen einen Gefallen getan hatte, sie zu verlassen. Dennoch plagten sie Eifersucht und Groll der neuen Frau in seinem Leben gegenüber, besonders dann, wenn sie alleine war.

Camilla erkannte, daß in dieser Beziehung ihre Anlagen verkümmert waren und sie sich nach mehr Weite sehnte. Sie sah, daß die Eifersuchts- und Kontrollmuster der Vergangenheit auf Angst und Selbstzweifel basiert hatten und sie über geistige und körperliche Stärke verfügte. Sie erkannte auch ihre Gabe der Intuition, des Mitgefühls und der unbegrenzten Vorräte bedingungsloser Liebe sowie des Humors, wenn es ihr gelingen konnte, ihr Herz zu öffnen, um die Liebe und Kommunikation ihrer Mitmenschen anzunehmen. Das Grün wies auf eine starke Herzensqualität und eine tiefe Naturverbundenheit hin. Rosa kann sich nur durch das Grün ausdrücken, das heißt, über das Herz. Hierin lag für Camilla die ideale Kombination, aus der Sackgasse heraus einen neuen Weg für sich selbst zu finden, Liebe zu geben und zu empfangen.

Camilla entspannte sich zusehends im Laufe jener Woche und lachte mehr, als daß sie weinte. Einige Monate später reiste sie mit ihrem neuen Geliebten ins Ausland. Das war die letzte Nachricht, die ich von ihr erhielt.

18.
Türkis

Zwischen dem Grün des Herzens und dem Blau der Kehle liegt ein Farbbereich, der noch ein wenig von der Grün-Energie aufweist - das Türkis. Das reine Smaragdgrün in der Herzenstiefe unseres Seins, das die Essenz unserer Individualität birgt, scheint von einer Schutzschicht umhüllt zu werden, die gleichzeitig den Weg zur inneren Wahrheit bahnt. Direkt unterhalb des reinen Grüns liegt das Olivgrün, das den Gelbbereich des individuellen Willens mit dem Herzen verbindet und eine Brücke schlägt zwischen Denken und Fühlen, dem Persönlichen und dem Universalen, und Raum schafft, der Kreativität in der Welt Ausdruck zu verleihen. Im Olivgrün dominiert die Gelb-Energie, da Gelb das Blau überwiegt. Im reinen Grün sind Gelb und Blau zu gleichen Teilen vorhanden. Türkis liegt oberhalb des Grüns. Es enthält mehr Blau als Gelb und erfüllt jenen Bereich, in dem das Herz dem Blau der Kehle zustrebt, um seine Botschaft mitzuteilen. Während das Gelb den kleinen, persönlichen Willen kennzeichnet, steht Blau für die Himmelsenergie; Seinen Willen oder den Erhabenen Willen. Hier mag der individuelle Aspekt die Bedürfnisse des Egos überwinden und sich einem größeren Plan unterwerfen; das Herz übersteigt seine Begrenzungen und findet seinen Ausdruck.

Türkis ermöglicht es, der schöpferischen Ausdrucksform des Herzens durch den Gefühlsaspekt des Seins Raum zu geben. Das rationale Denken spielt eine untergeordnete Rolle. Türkis ist die Farbe der Emotionen, der Gefühle, was sich in unterschiedlicher Weise zeigt, im Wort, im Schweigen und im Gedanken. Eine solche Kommunikation spielt sich nicht zwischen zwei Einzelwesen ab, sondern der einzelne spricht viele an. Türkis bringt das Blau der Kommunikation in das Grün der Welt. Es besteht daher eine Beziehung zum Lehren; das Gefühl hinter dem gesprochenen Wort.

Es wäre gut, wenn Aura-Soma eines Tages ein fester Bestandteil der

Lehrerausbildung werden könnte, mit Auffrischungskursen für die Hauptschullehrer. Das Erziehungsprogramm hat sich lange Zeit nur auf den Intellekt konzentriert. Wir müssen beginnen, die Emotionen zu erziehen, damit wir verstehen lernen, was das Innere Kind uns zu lehren versucht, wenn wir den Schmerz dieses verwundeten Kindes auf die Kinder in unserer Obhut projizieren wollen. Wie vorteilhaft wäre es doch, wenn wir etwas von diesen Dingen verstünden, bevor wir Eltern werden.

Die mit dem Türkis verknüpfte Kommunikation ist weit und tief wie der Ozean. Es kann sich um das geschriebene Wort oder die Dichtkunst handeln oder aber um künstlerische Schöpfungen, wie Skulpturen, Gemälde, Tanz und Schauspiel oder Gesang. Alle diese Aktivitäten finden ihren Ausdruck im Bereich des Türkis.

Türkis ist eine natürliche Weiterentwicklung aus der Farbe Rosa. Als erstes werden wir fühlen. Diese Gefühle besitzen aber einen größeren Wert, wenn wir sie mitteilen und andere daran teilhaben lassen, damit sie verstanden, behandelt und geheilt werden können, um ihre Botschaft zu verbreiten. Zu diesem Zweck muß Rosa das Blau finden und es in Türkis umwandeln: dann muß es ausgesprochen und übermittelt werden. Das Rosa kann nur über das Herz seinen Ausdruck finden, durch das Grün oder Türkis. Es gibt eine Balance-Kombination »Rosa über Türkis«, die den Namen »Geburt der Venus« trägt. Es ist die Anerkennung dessen, was geschehen kann, wenn die Mitteilung des Herzens der Rosa-Energie zum Durchbruch verhilft.

Die Farbe Türkis wird mit vergangenen Zivilisationen in Beziehung gebracht, besonders mit Atlantis und Lemuria. Diese beiden frühesten Zivilisationen könnte man auch als Experimente mit dem Leben auf Erden betrachten, die aufgrund von Machtmißbrauch zerfielen. Türkis findet man auch häufig bei den Töpferwaren und Sandzeichnungen ethnischer Gruppen. Zusammen mit Blattgold und anderen exotischen Farben ziert es die Schreine östlicher Kulturen. In Ägypten und später bei den Indianern fand der Türkis als machtvoller Heilstein seine Verwendung.

Türkis, ebenso wie Magenta, gehört zu den Strahlen des neuen Zeitalters; seine Farbe wird mit *Aquarius*, dem Wassermann, in Verbindung gebracht, dem astrologischen Zeichen der heraufdämmernden neuen Zeit. Wasser ist das Element der Gefühle und Emotionen. Der Mensch ist sich erst kürzlich des Türkis bewußt geworden, weshalb man diese Farbe der neuen Zeit zuordnet. Vor allem aber repräsentiert Türkis ein neu erwachtes Chakra, das unmittelbar rechts oberhalb des Herzens liegt. Viele Hellseher erwähnen heute das Auftauchen dieses Energiefeldes in der menschlichen Aura, was aus der Sicht von Aura-Soma als eine allgemeine Zunahme von Energie betrachtet wird, die in diesen Bereich fließt, da immer mehr Menschen zum Herzensaspekt ihres Bewußtseins erwachen. Der indische Seher und Heilige Ramana Maharshi erkannte diese Tatsache als erster. Er glaubte, daß sich der Erleuchtungspfad der Menschheit durch die Erforschung und Beantwortung einer einzigen Frage finden ließe: »Wer bin ich?« Die Antwort auf diese Frage liefert den Schlüssel zu unserer Erleuchtung und befähigt jeden einzelnen, die Verantwortung für sich selbst zu übernehmen, eine wesentliche Voraussetzung für das Überleben der Menschheit auf diesem Planeten.

Ramana Maharshi nannte das neu aufblühende Chakra *Ananda Khanda*, was soviel bedeutet wie *Sitz der Glückseligkeit*. Glückseligkeit ist das, was wir uns selbst geben können, wenn wir die Antwort auf die Frage »Wer bin ich« gefunden haben und die Verantwortung dafür übernehmen. Die Antwort liegt darin, *Ananda Khanda* von der rechten Seite zur Brustmitte hin zu bewegen und so die Türkis-Energie und die wahre schöpferische Kommunikation, basierend auf der Gefühlsebene, vollkommen zu erwecken. So gesehen handelt es sich um die Farbe unseres inneren Lehrers.

Diese Farbe steht auch für Selbstvertrauen und frei denkende Unabhängigkeit. Eine solche Unabhängigkeit, die sich auf dem Gefühl und der Verantwortlichkeit des Herzens gründet, zeigt sich wahrscheinlich eher im Rahmen der Menschenfreundlichkeit als in der Isolation. Im Falle von unangebrachtem Idealismus kann Türkis auf Selbsttäuschung hinweisen, die Möglichkeit, uns selbst zum Narren zu halten, indem wir die Dinge nicht so sehen, wie sie in Wirklichkeit sind, sondern so, wie wir sie haben möchten.

Türkis ist die Farbe des Meeres, durch das es uns mit dem kollektiven Unterbewußten der Menschheit verbindet, mit längst vergangenen Zivilisationen, wie etwa jener von Atlantis. Ihr Wissen und ihre Lehren jedoch haben sich der unbewußten Erinnerung eingeprägt und stehen in keinem Geschichtsbuch. Türkis bietet die Möglichkeit einer neuen Art der Individuation, die aus der Verbindung mit den tiefen, fühlenden, unbewußten Aspekten unserer Persönlichkeit hervorgehen kann. C.G.

Jung bemerkte, daß in den Träumen seiner Patienten, die sich einer größeren Ganzheit entgegen bewegten, Mandalas gleichende Bilder auftauchten. Es sind die aus dem kollektiven Unterbewußten heraufsteigenden Symbole, die sich auf einer bewußten Ebene integrieren.

Das machtvollste Symbol der Türkis-Energie lebt im Meer - der Delphin. Delphine können über weite Entfernungen hinweg miteinander in Verbindung treten. Ihre weitreichende, telepathische Kommunikation basiert sehr stark auf dem Gefühl. Ihr Gehirn verfügt über eine größere Anzahl von Nervenverbindungen als es bei den Menschen der Fall ist. Aber sie setzen ihre mentale und emotionale Energie eher ein, um zu spielen anstatt zu arbeiten. Sie wissen um die Fülle des Meeres und müssen sich daher nicht um ihr Überleben sorgen, wie die Menschen, ein Umstand, der spielerisches Verhalten erklärt. Sie reagieren spontan. Sie kümmern sich um die Jungen, die Alten und die Hilflosen, indem sie zusammenarbeiten und für ihre kranken und bedürftigen Angehörigen sorgen.

Wenn wir uns selbst erkennen und uns mitteilen und dann die Verantwortung dafür übernehmen, gewinnen wir Freiheit. Auch dieser Aspekt steht im Zusammenhang mit der Problematik des Überlebens, der Kreativität und der Verspieltheit. Delphine sind Kreaturen, die ihre Freiheit im Meer gefunden haben. Auch Schwimmbäder symbolisieren die Möglichkeit der Freiheit, der Bewegung und des Spiels im Element Wasser.

Türkis besitzt eine transdimensionale Eigenschaft. Es verbindet uns nicht nur mit dem Ozean universalen Bewußtseins, versinnbildlicht durch das Meer, indem es uns befähigt, von der bewußten in die unbewußte Sphäre hinüber zu wechseln, sondern es stellt auch die Verbindung zu anderen Reichen dar, wie dem Engel- und Deva-Reich, oder zu außerirdischen Wesen. Dieses umfassende Bewußtsein läßt sich mit dem Delphin vergleichen. Wenn eines der Tiere leidet, werden alle anderen zu seinem Kreis gehörigen Delphine im Ozean darum wissen.

Auf einer anderen Ebene spielt Türkis auch eine wesentliche Rolle, nämlich im Zusammenhang mit den Kommunikationsmöglichkeiten, die uns die moderne Technologie beschert hat. Aufgrund der Entwicklung des Silizium-Chips läßt sich eine augenblickliche Verständigung mit irgendeinem andern Teil des Globus herstellen. Die falsche Anwendung derselben Energie trug zum Fall früher Zivilisationen, wie Atlantis und

Lemuria, bei, zum Beispiel bei der Genmanipulation. Der Mensch spielte Gott und mißbrauchte Wissen und Macht.

Alle diese Dinge liegen im Bereich des Türkis. Wir können heutzutage zur selben Zeit dieselbe Botschaft an Millionen von Menschen überall auf der Welt senden. Unsere Herausforderung besteht darin, aus der Vergangenheit zu lernen und die Qualität dieser Kommunikation verantwortungsbewußt zu steuern, um einen erneuten Niedergang zu vermeiden. Die Verwendung des Satellitennetzes kann der Manipulation dienen oder aber der Erziehung und einer schöpferischen Tätigkeit, was die planetarischen Schwingungen hebt und einen Quantensprung des Bewußtseins herbeiführt. Die Türkis–Energie weist auf einen tiefgreifenden Wandel in unserem Verhältnis zu Raum und Zeit hin. Die Welt ist enger zusammengerückt, wir haben den Zyklus der Kohle verlassen und sind in den des Siliziums eingetreten.

Türkis birgt daher die Mahnung, daß alles untereinander verbunden ist. Wir müssen die Verantwortung für unsere Gedanken und unseren bewußten Gedankenaustausch übernehmen. Kommunikation bedeutet aufzunehmen und auszusenden. Wenn wir also den Klatsch und die negativen Nachrichten energetisch nicht mehr unterstützen, sterben sie aus.

Verantwortung, ein liebevoller Gedankenaustausch, Freiheit und ein warmes, türkisfarbenes Meer bieten die Möglichkeit des Friedens und der Ruhe. Die Anwesenheit des Türkis kann natürlich auch das Gegenteil bedeuten. Sie weist auf das tiefe Bedürfnis nach Heiterkeit, Stille und echter, liebevoller Kommunikation hin. Es mag auch ein Zeichen der Ruhe vor dem Sturm sein. Türkis wirkt besänftigend und kann bei Menschen Verwendung finden, die Schwierigkeiten haben, ihr Herz zu öffnen.

Das Hauptmerkmal des Türkis zeigt sich also im Kommunikationsbereich. Es stellt eine Integration vom Grün des Herzens mit dem Blau der Kehle dar. Wenn Herz und Kehle harmonisch miteinander wirken, verleihen sie der Stimme eine große Heilkraft, die sich auf dem Wege der Beratung, durch Meditation oder durch Gesang auszudrücken vermag. Das Zusammenspiel dieser beiden Chakras eröffnet auch die Möglichkeit der Intuition, des Einfühlungsvermögens und des Hellhörens; der Fähigkeit, jenseits der allgemeinen Norm zu hören und zu fühlen. Eine medial veranlagte Person muß im Herzen gefestigt sein; das ist der Anfang klaren Sehens und Fühlens.

Paul

Die Stärke der Flasche Nr. 43 (Türkis/Türkis), *Kreativität* genannt, ruht in der schöpferischen und umfassenden Kommunikationsfähigkeit, die dem Herzen entspringt. Eine solche Verständigung liegt oft jenseits des Verbalen und drückt sich in Musik oder Tanz aus. Diese Farbkombination weist auf eine selbstbewußte Person hin, die fähig ist, sich aufgrund ihrer Lebenserfahrung mit ihrem inneren Lehrer in Verbindung zu setzen. Es kann eine Farbmischung der Inspiration sein. Wie alle anderen Farben und Kombinationen, zeigt auch diese Flasche manchmal Aspekte der Persönlichkeit, die auf Schwierigkeiten deuten. Besonders in zweiter Position weist diese Balance-Farbzusammenstellung auf einen gewissen Widerwillen hin, sich mit den tieferen, weniger bewußten Aspekten des Selbst auseinanderzusetzen. Der Klient mag mehr oder weniger stark den Zugang zu seinen Gefühlen verloren haben. Dieser Abstand zu sich selbst hat zur Folge, daß er sich von seinen Mitmenschen zurückgewiesen und getrennt fühlt.

Paul, ein selbständiger Geschäftsmann, war eindeutig daran gewöhnt, sein eigener Herr zu sein. Schlagfertig und jovial, scherzte er sich durch die ersten fünfundzwanzig Minuten der Sitzung. Da alle Flaschen Blockfarben aufwiesen, also sowohl oben als auch unten dieselbe Farbe zeigten, wurde bald klar, daß es sich hier um einen Mann handelte, der sich angewöhnt hatte, sein Leben nicht allzu scharf unter die Lupe zu nehmen. Er besaß eine breite Palette an Talenten, die allerdings ein wenig verstreut lagen. Die einzelnen Teile seines Selbst schienen voneinander getrennt und in Disharmonie zu existieren. Er konnte sie buchstäblich nicht »zusammenbringen«. Nach etwa einer halben Stunde wurden seine Scherze weniger, und ich fragte Paul, was er sich von seinem Besuch einer Aura-Soma-Sitzung erhofft hatte. Nach einigen Minuten erwiderte er still, daß er in den letzten Jahren unter mehreren ernsten Depressionsanfällen gelitten hatte, die es ihm wochenlang unmöglich machten, sein Geschäft zu führen. Er gestand, daß sich diese schwierigen Perioden belastend auf sein Familienleben ausgewirkt hatten. Gegen Ende der ersten Sitzung bemerkte Paul ganz unverhofft, er sei mit sechs Monaten von einem freundlichen, liebenswerten Ehepaar adoptiert worden, das ihm, nach seinen eigenen Worten, »alles gegeben hatte, was man sich wünschen könnte«.

Paul nahm die Türkis/Türkis-Flasche mit der Anweisung nach Hause, den Inhalt zu schütteln und zweimal täglich während der nächsten drei bis vier Wochen anzuwenden. Es hätte mich kaum verwundert, wäre er nicht mehr zurückgekommen. Ich war mir auch nicht sicher, ob er viel von dem verstanden hatte, was aus den von ihm gewählten Farbkombinationen herauszulesen war, besonders da der fehlende Bewegungsfluß zwischen den beiden Schichten eine Interpretation erschwerte.

Doch über ein Jahr später kam er wieder. Diese Sitzung unterschied sich tiefgreifend von der ersten. Paul war auf die Suche gegangen. Zunächst hatte er beschlossen, seine leiblichen Eltern aufzuspüren und schließlich herausgefunden, daß sein Vater Lehrer für klassische Literatur und seine Mutter eine seiner Studentinnen gewesen war. Dieses Wissen hatte zu seinem Verständnis beigetragen, warum er in der kleinen Geschäftswelt, in der er aufgewachsen war und die ihn bis in sein Erwachsenenalter hinein begleitete, nie die rechte Erfüllung gefunden hatte. Seit langem verspürte er eine tiefe Sehnsucht. Da er diese aber nicht genau zu bestimmen vermochte, blieb er im Geschäftsleben stecken. Nun aber war ihm bewußt, daß er nach einer gewissen Sinnhaftigkeit suchte und hatte begonnen, sich in seiner spärlichen Freizeit dem Schreiben zu widmen. Es war ihm immer noch nicht eindeutig klar, wie er sein Leben zu leben wünschte, aber das Schreiben hatte einen Raum in seinem Leben eingenommen, und er wunderte sich über die Ideen, die durch ihn zum Ausdruck kamen. Weitere Depressionsperioden hatten sich eingestellt, doch das Empfinden, die Kontrolle verloren zu haben, ängstigte ihn weniger. Statt dessen akzeptierte er diese Zeiten als Antrieb für sein Schreiben.

Der auffälligste Wandel, den Paul durchgemacht hatte, schien seine beginnende Wahrheitssuche zu sein. Es war ihm bewußt geworden, daß er es sich, wie so viele Adoptivkinder, von Kindheit an daran gewöhnt hatte zu lügen. Gerade diese Angewohnheit hatte ihn jahrelang von seiner eigenen Wahrhaftigkeit abgehalten, so daß er einfach nicht wußte, was ihm gehörte und was den anderen. Das Spiel war zur augenscheinlichen Realität geworden, und das wahre Ziel lag hinter einem Schleier. Eine gewisse Leidenschaftlichkeit kennzeichnete nun seine Suche.

Für Paul war die Erfahrung mit der Türkis-Energie nur der Anfang eines langen Prozesses. Jede Stufe, die er erarbeitete oder, mit anderen Worten, jede therapeutische Farbkombination kann als die Überwindung eines weiteren Hindernisses im Sturm des Lebenskampf betrachtet werden. Wenn wir die einzelnen Stufen als Herausforderungen annehmen, bieten sie nicht nur die Gelegenheit, unsere Stärke aufzubauen und unsere Talente zu entwickeln, sondern auch die Chance, eine Mauer der Gewöhnung abzutragen, die unseren Blick für die Wahrheit verstellt hat.

19.

Blau

Das fünfte Haupt-Chakra umfaßt den Kehlkopfbereich. Hier herrscht das Blau, die erste der drei Primärfarben. Es ist die Farbe des Himmels, aus dem zunächst die Sonne und dann die Erde hervortraten. Blau steht in enger Beziehung zum Schöpfungsursprung.

Diese Farbe verbindet uns mit dem »Göttlichen Plan«. Nichts geschieht aufs Geratewohl. Es gibt einen göttlichen Plan, an dem wir alle teilhaben. Unseren persönlichen Gottesentwurf könnte man als eine Landkarte beschreiben, die vor unserer Inkarnation in Zusammenarbeit mit himmlischen Lichtwesen gezeichnet wurde. Als Menschen verlieren wir diese Karte immer wieder aus dem Blick.

Blau ist eine Schutzfarbe; die Erde wird von einer blauen Schicht umgeben, um sie vor den schädigenden Sonnenstrahlen abzuschirmen, die ihre Oberfläche verbrennen würden. Die Farbe Blau mag uns in ähnlicher Weise beschützen. Sie liegt im kühlenden und besänftigenden Bereich des Spektrums. Rot regt an, Blau hingegen beruhigt. Es besitzt heilende und zurückhaltende Eigenschaften. Diese Farbe hindert den Fortschritt, sie verlangsamt und bietet die Gelegenheit zur Stille. Sie vermag Krankheit, Disharmonie und alle negativen Schwingungen abzuhalten.

Über den Kehlkopfbereich nehmen wir unsere Hauptnahrung, den Lebensatem, auf. Aus der Luft, die uns umgibt, und dem blauen Himmel steht er uns beständig zur Verfügung. Wenn wir einatmen, werden wir sozusagen zum Träger der Stimme Gottes, jener Energie, auf der die Schöpfung beruht: »Am Anfang war das Wort.« Beim Ausatmen verleihen wir über die Stimmbänder unserer eigenen Stimme Ausdruck. Blau ist nicht nur die Farbe des Redens, sondern auch des Zuhörers, des Hörens und des Wissens und bildet somit das Zentrum der Kommunikation. Unterhalb des Blau liegt das Türkis, der aus der Tiefe emporsteigende, »fühlende« Aspekt des Gedankenaustauschs; über dem Blau erstreckt sich das Königsblau, der von oben inspirierte Aspekt der Kommunikation, Eingebungen, die wir zuerst zensieren können, bevor wir sie weitergeben. Das Blau des Himmels oder eines Saphirs ist die direkt durch uns hindurchströmende Verständigung, die wie durch eine offene Tür eintritt. Wir übermitteln, was wir denken.

Diese Blau-Energie der gedanklichen Verständigung wirkt auf irdischer und geistiger Ebene. Sie bildet die Brücke zu höheren Dimensionen und öffnet das Tor ins Reich der Psyche, dessen Botschaft uns über einen medial veranlagten Menschen erreicht. Blau ist die Farbe von *Akasha*, dem fünften Element, dem alles durchdringenden Raum, in dem die übrigen vier Elemente ihre Existenz haben und aufeinander einwirken. Hellseher mit hochentwickelten Kräften vermögen in die Akasha-Chronik zu blicken. Diese Chronik könnte man als kosmische Bibliothek bezeichnen, die Informationen über Vergangenheit, Gegenwart und Zukunft enthält. Auf sie gründeten sich nicht nur die Prophezeiungen ungewöhnlicher Menschen, sondern, wie im Falle von Edgar Cayce, auch seine Einblicke in längst vergangene Zeiten, weshalb es ihm möglich war, ansonsten unheilbare Krankheiten auf wundersame Weise zu heilen. Wir alle fühlen uns wie aus heiterem Himmel inspiriert; irgend etwas teilt sich uns unverhofft mit.

Blau bietet den Raum zur Veränderung, den Übergang von einer Dimension zur anderen, der Vorgang von Geburt und Tod, die Möglichkeit eines friedvollen Übergangs. »Sei getrost und wisse, daß ich Gott bin.«

Das Erwachen des Blau-Chakras steht daher im Zusammenhang mit Verständigung und Beziehung. In diesem Farbbereich wird das Thema unserer Ausdrucksfähigkeit im Verhältnis zu unserem Denken angesprochen, das heißt, wie wir gedanklich vorgehen und diesen Prozeß uns selbst und anderen verdeutlichen, also unsere Beziehung zu unseren eigenen Mentalvorgängen gestalten.

Das Erwachen dieses Zentrums birgt die Möglichkeit tiefen, mentalen Friedens. Der schwatzende Geist kommt zur Ruhe und unterwirft das persönliche Wollen bewußt dem höheren Willen. Ein solcher Friede »übersteigt alles Verstehen«. Dieses Chakra ist zur Zeit wohl bei den wenigsten Menschen auf unserem Planeten völlig entfaltet. An diesem Punkt der Evolution blicken wir eher auf das Potential für die Zukunft, als auf die Wirklichkeit, die nur wenigen hochentwickelten Wesen beschieden ist. Wir nehmen einen Schritt nach dem anderen, obgleich im

Laufe unserer Entwicklung die Chakras bisweilen vorübergehend erwachen können.

Blau ist die stille Heiterkeit eines wolkenlosen Sommerhimmels oder einer Lagune, der Vergißmeinnicht und des Glücksvogels. Der Laramar, ein seltener Kristall von wunderschönem Blaßblau, soll uns helfen, uns mit dem göttlichen Aspekt der Liebe zu verbinden, damit wir uns über die menschlichen Begrenzungen hinaus erheben und selbst im größten Konflikt Zugang zur Quelle bedingungsloser Liebe finden. Blau ist die Farbe der Madonna oder der chinesischen Göttin des Mitgefühls, Kwan Yin, aber auch der hinduistischen Gottheiten Krishna und Vishnu. In der buddhistischen Philosophie versinnbildlicht Blau die Klarheit des Geistes, frei zu sein vom Gewölk der Gedanken. Hinter den auftauchenden Gedanken und Gefühlen steht der blaue Himmel, vergleichbar mit den vorüberziehenden Wolken, die unsere Wahrnehmung des klaren Firmamentes dahinter trüben. Blau ist die Farbe des Göttlichen, der Kommunikation und des tiefsten Friedens. Dennoch, wie bei allen anderen Farben, gibt es auch hier die Dualität. Die Frage lautet: »Welcher Friede?« Zuviel Blau mag darauf hindeuten, daß diese Person Frieden um jeden Preis anstrebt, alles für ein ruhiges Leben tut. Wenn wir nicht sagen, was wir fühlen, handelt es sich um ein Thema des Türkis; nicht auszudrücken, was wir denken, gehört in den Bereich des Blau. Die Folge des Verlangens nach Frieden um jeden Preis ist das Fehlen von Frieden überhaupt.

Blau ist die Farbe hoher Ideale und Prinzipien. Es kann ein Zeichen von großer Geduld sein, wenn sich jemand zu den Blautönen hingezogen fühlt. Vielleicht liegen auch gewisse Kommunikationsfähigkeiten auf innerer und äußerer Ebene vor. Die Aktivität der rechten Gehirnhälfte befreit den intuitiven und feminin-kreativen Aspekt des Seins. Wenn Friede herrscht, vermag die schöpferische Energie zu fließen.

Die Primärfarbe Blau bildet den Hauptanteil des Lichts, das unsere Erde erreicht, eine Energie, die sich von oben nach unten richtet. Sie liegt dem Göttlichen also am nächsten. Vicky Wall warnte uns jedoch, daß wir »für die Erde nichts taugen, sind wir zu stark himmelwärts orientiert«. Wenn man eine Menge Blau wählt, mag das auf den Wunsch hindeuten, im Himmel sein zu wollen oder eine irdische Existenz zurückzuweisen. Blau kann auch besagen, daß man sich den irdischen Verantwortungen entziehen möchte.

Ein Hauptmerkmal des Blau und ein weiterer Aspekt unserer Reise ist die Unabhängigkeit. Es handelt sich hier um das genaue Gegenteil der Orange-Energie, in deren Bereich die Problematik gegenseitiger Abhängigkeit fällt. In gewisser Weise zeigt sich Blau als der Ausweg zum Dilemma des Orange, da es die Möglichkeit bietet, tiefen inneren Frieden zu finden und aufgrund dessen die Muster der Sucht und Abhängigkeit bearbeitet, so daß allmählich die eigene Unabhängigkeit erlangt werden kann.

Andererseits mag das Bedürfnis nach der blauen Farbe aber auch auf jemanden hinweisen, der sich zurückhält, weil er entfliehen möchte. Wahre Unabhängigkeit bedeutet ein Leben in einer ausbalancierten, gegenseitigen Wechselbeziehung. Dieser Zustand wird bereits im Grün mit der vollkommenen Verwirklichung der Unabhängigkeit berührt, was sich in der Anerkennung unseres Bedürfnisses nach Zusammenarbeit auf allen Ebenen ausdrückt. Der Schlüssel dazu heißt Friede, die Quintessenz der Blau-Energie. Die Balance-Flasche Nr. 2 (Blau/Blau) trägt den Namen *Friedensflasche*. Wie bereits erwähnt, sind wir nicht nur die Farben selbst, die wir ausgesucht haben, sondern diese spiegeln auch unsere Bedürfnisse wider. Die Wahl des Blau mag durchaus den tiefen Wunsch nach Frieden anzeigen.

Blau bedeutet die göttliche Mutter, die Göttin; die universale mütterliche Energie enthält gleichzeitig aber auch das männliche Element. Sowohl in irdischer als auch in geistiger Sicht besteht eine starke Verbindung des Blau mit dem Maskulinen. Blau ist oft mit dem Thema Autorität verknüpft, etwa bei Schwierigkeiten mit dem Vater und folglich mit der eigenen männlichen Identität. Es kann sich aber auch um die Annahme des sogenannten göttlichen Plans handeln, sowohl auf materieller Ebene als auch auf einer mehr abstrakten Stufe. Nur aus tiefem inneren Frieden heraus vermögen wir zu sagen: »Ich will, daß Dein Wille durch mich geschehe.«

Eine solche Ablehnung spiegelt sich in einigen Symbolen im Bereich des Blau wider. In den sechziger Jahren rebellierte die Jugend gegen die Struktur und gesellschaftliche Moral der Zeit. Mit dem Tragen von Blue Jeans brachte man die Zurückweisung des Status quo und den Wunsch, einer bestimmten Sozialschicht anzugehören, zum Ausdruck. Diese Dualität zeigt sich auch in den blauen Uniformen der Marine und Luftwaffe; man will Individuum sein, gleichzeitig aber auch einer Gruppe angehören. Diese duale Tendenz mag sich in vielen anderen blauen Uniformen zeigen, über allem aber steht die Vorstellung des Dieners. »Dein Wille geschehe«, ist eine Aussage oder Absicht des Blau, was sich oft in dienenden Berufen niederschlägt. Überall auf der Welt tragen die Krankenschwestern Blau, desgleichen die Müllmänner von Paris oder die Straßenkehrer in Tokio.

Die blaue Farbe hat man seit langem ganz allgemein mit Konservatismus und speziell mit der konservativen Partei Englands in Zusammenhang gebracht. Das liegt teilweise an dem Aspekt sozialer Gruppierung innerhalb der Blau-Energie, aber auch mit einem gewissen Bedürfnis, am Alten festzuhalten und sich dem Wandel zu widersetzen. Es kann auf allzu große Gewinnsucht hinweisen, was zu Stagnation führt. Wir halten an etwas fest; und es bleibt in der Kehle stecken. Jemandem, der viel Blau wählt, fällt es wahrscheinlich schwerer, sein Hinterzimmer auszuräumen und den Kram zum Flohmarkt zu tragen, oder er hat größere Probleme mit der Gewichtsabnahme als jemand, der sich zu Rot oder Orange hingezogen fühlt.

Die Autorität im Blaubereich manifestiert sich auf mannigfache Weise. Neben Konservatismus und blauen Uniformen ist es auch die Farbe der Diplomatie und Kultiviertheit; eine vornehme Ahnenreihe ist gekennzeichnet durch *blaues Blut*; kulturelle und akademische Elite werden mit dem *Blauen Band* ausgezeichnet.

Die Möglichkeit der Unabhängigkeit innerhalb des Blau zeigt sich als Geschenk und Stärke, die Erfahrung eines gewissen Alleinseins in höchst positivem Sinne, eher ein Gefühl von Eins-Sein als der Isolation und Einsamkeit. Ansonsten aber weist die Anwesenheit von Blau eher auf einen Zustand des Alleingelassenseins hin, der das Empfinden von Trennung anstatt von Zusammenhalt auslöst. Der Ausdruck »Blue Movies« bezieht sich auf eine sexuelle Erfahrung, herbeigeführt durch Voyeurismus, nicht durch Beteiligung. Oft sprechen wir von »feeling blue«, um unsere Niedergeschlagenheit zum Ausdruck zu bringen. Blau mag auch ein Zeichen von Strenge sein, was Isolation zur Folge hat. Diese Farbe kann innere Zurückgezogenheit und Traurigkeit bedeuten.

Blau kühlt die Feuer des Herzens und des Körpers. Es löscht die Hitze der Leidenschaft und des Ärgers. Es kann sehr hilfreich in Situationen sein, in denen wir aus den Fugen geraten sind und Chaos herrscht, indem es die aufgewühlten Wasser besänftigt und uns unterstützt, die

Sachlage näher in Augenschein zu nehmen. Der Erzengel Michael wird oft in Blau dargestellt. Sein Schwert der Einsicht schlägt den Drachen, der symbolhaft für die Schwierigkeiten unserer niederen Natur steht, wie die Probleme der Leidenschaftlichkeit und des Verlangens. Das Schwert zerstört diese »Drachen« jedoch nicht, sondern es vermittelt die Einsicht, sie zu verstehen. Anstatt uns im Vergnügen zu verlieren, was sich im Orange und den unteren Energiezentren abspielt, können wir im Bereich des Blau wahres Glück finden.

Blau läßt uns ein Gespür für Vertrauen und Glauben bekommen. Es ist die Farbe der himmlischen Universalmutter, die uns in ihrer göttlichen Energie beschützt und erhält. Die Blau-Energie weist den Weg. In vielen Ländern sind die Verkehrsschilder blau. Wir können uns viele Male verfahren und in eine Sackgasse geraten, bis wir schließlich den Göttlichen Willen über unseren eigenen stellen und die Hauptstraße entlang unserer Bestimmung entgegen wandern.

Flasche Nr. 3 (Blau/Grün), die Herz-Flasche

Diese Flasche steht vor allem in Beziehung zum Herzen und den emotionalen Aspekten des Lebens. Sie hilft Menschen, denen es schwerfällt, ihre Gefühle zum Ausdruck zu bringen, indem sie »es sich von der Seele reden«, damit sie kreativ anstatt herzkrank werden können.

Einige von uns nahmen an einem Lehrertreffen in einem Hotel teil, das früher einmal ein Krankenhaus für Tuberkulose-Patienten gewesen war. Diese Krankheit manifestierte auf physischer Ebene unter anderem die Tendenz der Verschlossenheit, alles in sich hineinzufressen, Emotionen, wie Kummer und Trauer, in Herz und Lunge festzuhalten. Hätte man damals bereits Aura-Soma gekannt, wäre diese Farbkombination das Heilmittel dafür gewesen.

Im Laufe der ersten zwei Tage des Kurses explodierten plötzlich zwei Blau/Grün Flaschen auf dem Regal. Es waren die einzigen.

Diejenigen, die mit der Energiearbeit vertraut sind, kennen dieses Phänomen. Auch Kristalle verhalten sich bisweilen in derselben Weise, wenn die in ihnen enthaltene Schwingung dringend benötigt wird. Die jeweiligen Situationen, in denen Flaschen explodieren, sind recht unterschiedlich. In einem Falle stellten wir nach einer Probelesung, die ich mit einer Gruppe von Studenten veranstaltet hatte, die Flaschen auf das Regal zurück, das sich zufälligerweise hinter dem Sitz jener Schülerin befand, für die wir die Deutung durchgeführt hatten. Dann wandten wir unsere Aufmerksamkeit anderen Dingen zu. Innerhalb einer Minute platzte die therapeutische Flasche, die diese Studentin an zweiter Stelle gewählt und die besonders tief sitzende Probleme angesprochen hatte, hinter ihr entzwei. Welch ein Schlamassel!

Wir hofften, daß mit der Explosion der Herz-Flaschen in diesem Hotel etwas von der in ihnen enthaltenen Heilenergie jene armen Seelen erreichen würde, die zweifellos jung und schmerzvoll gestorben waren.

20.

Königsblau

Königsblau ist die Farbe des sich dem Abend zuneigenden Himmels. Der saphirblaue Filter scheint sich aufzulösen, wird transparent, und dann sehen wir die Sterne, die unseren Sinnen tagsüber verborgen bleiben. Mond und Sterne sind immer da, doch erst die Nacht macht sie uns sichtbar. Die königsblaue Farbe wird mit Nuit, der ägyptischen Königin der Nacht, assoziiert, die als Symbol für tiefe Weisheit gilt. Königsblau führt uns daher in ein tiefes Sehen und Fühlen, auf eine neue Ebene des Verständnisses.

Königsblau klärt die Sinnesorgane, mittels derer wir tagsüber Eindrücke aufnehmen. In unseren nächtlichen Träumen fühlen, sehen und hören wir noch, aber auf feinerer Ebene, und wir verbinden uns wahrscheinlich mit den höheren Funktionen des Geistes. Wir lösen uns von den rein physischen Sinnen und blicken hinter den Alltag. Das Tageslicht gehört zum täglichen Lebenslauf; während der Nacht erwacht ein anderer Aspekt unseres Seins.

Königsblau steht in Zusammenhang mit dem sechsten Energiezentrum, dem Brauen-Chakra. Dieser Bereich umfaßt mehrere Sinnesorgane, die Augen, die Ohren und die Nase, die eng mit dem Geschmackssinn verbunden ist. Dieses Zentrum sorgt auch für die Verfeinerung der Sinne, die Fähigkeit tieferen Sehens, Hörens und Fühlens.

Das sechste Chakra ist der sechste Sinn, das auf der Stirn gelegene Dritte Auge, Sitz des Hellsehens, -Hörens und -Fühlens. Königsblau bildet das Tor zum Unbewußten. Überaus sensible Menschen, besonders wenn sie zu Geistesstörungen neigen, reagieren besonders stark auf den Vollmond, eine Zeit, in der das volle Mondlicht auf den unbewußten Geist strahlt.

Die Warnung im Blaubereich lautete, »nicht zu himmlisch zu sein, so daß wir für die Erde untauglich werden«. Königsblau besteht aus zwei Teilen Blau und einem Teil Rot; das Rot ist also zurückgekehrt. Aufgrund der Verknüpfung der Rot-Energie mit der Erde beginnen wir, die himmlische Energie zu erden.

Die Brücke, die die beiden Gehirnhemisphären miteinander verbindet, liegt ebenfalls im Königsblau und stärkt den intuitiv kreativen Seinsaspekt. Die königsblaue Brücke hilft auch beim Übergang zum Leben oder zum Tod. Sie unterstützt das Langzeit- und Kurzzeitgedächtnis. Auf tieferer Ebene fördert sie die Erinnerung an den Sinn unserer irdischen Existenz.

Königsblau wird mit Königen und Majestäten verknüpft; mit König David, dem Führer des jüdischen Volkes; mit der Weisheit des Königs Salomon. Diese Farbe steht eher für geistige als für weltliche Königswürde und Autorität. Sie wird mit Meditation und Mystik in ihrer vollkommensten Form verbunden.

Das Thema Kommunikation im Rahmen des Königsblau unterscheidet sich von der Art der Vermittlung über das Kehlkopf-Chakra. Vergleichbar mit den Ästen eines Baumes, fügt das Königsblau die Einzelteile zusammen und verhilft uns zu intensivem Gedankenaustausch, einer Beziehung zur gesamten Schöpfung und unseren verschiedenen Seinsaspekten. Die einzelnen Facetten unserer Persönlichkeit, die zu unterschiedlichen Zeiten zutage treten, scheinen von dem königlichen Bereich aus beobachtet und mit diesem verbunden zu werden. Der nächtliche, klar sehende Aspekt des Königsblau bringt auch den Sinnesorganen Klarheit, das heißt, es birgt die Möglichkeit, unser Verhältnis zu uns selbst und zu unseren Mitmenschen kreativ zu gestalten.

Der beobachtende Faktor innerhalb dieser Farbe kann aber auch zu übertriebenem Abstand führen. Ein Gefühl der Arroganz, Distanz und Überlegenheit mag sich einstellen. Es könnte extreme Einsamkeit und Isolation bedeuten, weitaus ausgeprägter als im Blau. Es mag eine übermäßige Ernsthaftigkeit vorliegen, ein Mangel an Humor und Spontaneität. Manchmal zeigt sich auch ein Zustand von Depression.

Das Königsblau heilt über die Sinne. Seine Energie unterstützt Maler und Schriftsteller, denen es an der verbalen Kommunikationsfähigkeit mangelt.

Es besteht eine Beziehung zwischen dem Königsblau und dem Lapislazuli. Dieser Stein besaß den höchsten Wert während der ägyptischen Dynastien. Die Energie des Königsblau befindet sich auch im Angelith. Diesen Edelstein findet man nur in Peru. Er ist mit dem Engelreich verbunden. Die Energien beider Steine sind in der königsblauen Balance-Kombination enthalten.

Eine dem Königsblau zugewandte Person liebt das Geheimnisvolle und Unerwartete; sie liebt Geheimnisse. Sie mag daher dazu neigen, auf Schwierigkeiten zu reagieren, indem sie sich in die Isolation begibt und sich in ihre eigene Welt zurückzieht, vielleicht sogar in eine Phantasiewelt eintaucht. Jemand, der sich vom Königsblau stark angezogen fühlt, mag ein großer Idealist sein, was ihn die Dinge nicht so sehen läßt, wie sie in Wirklichkeit sind. Er kann sogar ein wenig paranoid sein oder, im umgekehrten Falle, der Schöpfer utopischer Visionen.

Es gibt viele Ähnlichkeiten zwischen dem Blau und dem Königsblau. Doch die meisten Merkmale des Blau liegen im Königsblau in verstärkter, fast extremer Form vor. Während einerseits die Möglichkeit tiefer Depression, Mutlosigkeit und Einsamkeit gegeben ist, kann andererseits das Potential für tiefe Konzentration und geistige Klarheit vorliegen. Schwierigkeiten mit der Autorität können ebenso vorhanden sein wie eine erstaunliche Kreativität im Feld der Beziehungen. Ein Mensch dieses Farbbereichs bringt Leistungen und besitzt eine große Entschlußkraft, das heißt, er führt die Dinge bis zum Ende durch. Seine Merkmale sind mentale Stärke und Ausdauer.

Wie steht es nun um unseren Werdegang? Was würde die Erweckung des königsblauen Chakras mit sich bringen? Das Thema Beziehung beschränkt sich nicht auf unser Verhältnis zu uns selbst und unseren Mitmenschen, sondern schließt alles Existierende mit ein. Es geht sogar noch darüber hinaus, da das Königsblau auch die Art und Weise der Subjekt-Objekt Beziehung anspricht. So können wir mit unserem ganzen Sein in einer Blume aufgehen; sie nicht nur sehen, sondern sie erfahren und eins mit ihr werden. Die Begrenzungen von Subjekt und Objekt werden transzendiert. Allerdings entspricht auf unserer jetzigen Evolutionsstufe ein solch seltener Zustand nur einem gelegentlich auftretenden Phänomen.

Das Königsblau bietet tiefgreifenden Wandel - Befreiung durch Transmutation. Obwohl es bis zu einem gewissen Ausmaß die Bitterkeit und das Leiden des Violett in sich trägt, sind auch die Eigenschaften des Wiederaufbaus, der Regeneration und der Wiedergeburt enthalten. Es wirkt nährend und vorbereitend. Man nimmt es in Zeiten bevorstehender Transformation wahr, da es jene umgibt, die sich anschicken, in die geistige Welt hinüber zu gehen. Königsblau ist die Farbe der Alchemisten. Es begleitet jene außergewöhnlichen Menschen, die man *Katalysatoren* nennen könnte, da sie die psychische und geistige Entwicklung derer beschleunigen, die sie berühren. Es ist Blitz und Quecksilber. Seine Energie ist eher flüchtig als konstant; sie verschiebt, verändert und transformiert. Diese Farbe ist Bewegung, plötzliche Inspiration. Das Königsblau ist dann Höchstleistung, wenn Leistung zur Inspiration wird.

21
Violett

Violett ist die Farbe des siebten und letzten Energiezentrums innerhalb des traditionellen Chakra-Systems und das letzte, das sich auf den physischen Körper bezieht. Violett kennzeichnet das Scheitel-Chakra, unsere persönliche Verbindung mit der Energie des Himmels.

Diese siebte Farbe steht in Beziehung zum Ritual, zur Magie, dem Rätselhaften und der Mystik. Die Zahl Sieben an sich ist eine magische und mystische Zahl. Wir sprechen vom siebten Himmel und den sieben Wundern der Welt. Das siebte Kind besitzt oft besondere Talente. Der menschliche Körper erneuert sich alle sieben Jahre. Es gibt sieben Chakras, sieben Körper, sieben Noten auf der Haupttonleiter und sieben Regenbogenfarben.

Violett bildet demnach den Abschluß eines Zyklus. Im Osten herrscht der Glaube, daß in violettfarbener Bettwäsche zu schlafen, ein langes Leben beschert. Über dem frisch gepflügten Feld, das für die neue Frucht vorbereitet wird, kann ein violetter Dunst auftauchen. Violett ist die Farbe des Herbstes mit seinen reifen Früchten und den modernden Blättern, die der Erde Nahrung für eine neue Jahreszeit liefern. Es ist auch die Farbe vollkommenen Loslassens, damit etwas Neues geboren werden kann. Violett ist die Energie der Vollendung, der Erneuerung und des neuen Wachstums, selbst der Erneuerung, die uns von karmischen Wunden und Fesseln befreit und uns karmische Absolution bietet.

In dieser Farbe sind Rot und Blau zu gleichen Teilen anwesend. Violett symbolisiert also Himmel und Erde, Spiritualität in Beziehung zum Dienen. Über das Rot erdet es den göttlichen Plan unserer höheren Absichten. Es ist die Farbe der Einschwingung auf und Verbindung mit unserem höheren Selbst. Es hilft uns zu erkennen, weshalb wir hier sind, was wir tun müssen und wie. Es kann die Aufopferung des Selbst im Zusammenhang mit Frieden bedeuten.

Violett gehört zu den Farben mit höherer Schwingungsfrequenz. Von allen Farbtönen des sichtbaren Lichtspektrums besitzt es die niedrigste Wellenlänge und die beruhigendste Wirkung. In der orthodoxen Medizin benutzt man ultraviolette Strahlen zur Behandlung von Krebs. Aufgrund ihrer kurzen Wellenlänge und hohen Schwingungsrate dringen sie tief ein.

Diese durchdringende Natur des Violett verleiht ihm geistige Kraft. Diese Farbe ist mit der Fähigkeit verknüpft, unbekannte Reiche zu schauen. Violett steht für Spiritualität. Es ist die Wachheit, die jenseits der Illusion der Wirklichkeit in das wahre Wissen des Überbewußten blickt. Es ist die Farbe des Aufstiegs, der Transzendenz des Physischen und Irdischen und der Verbindung mit den Akasha-Ebenen, jenem Raum, in dem alle anderen Elemente existieren und in dem die Geschichte des Universums verzeichnet steht.

Ebenso wie das Königsblau, wird auch das Violett mit dem Königlichen und mit der Autorität verknüpft. In Japan legt man ein violettfarbenes Band um das Haupt des kranken Monarchen, um diese Verbindung zum Ausdruck zu bringen. Das violette Gewand wird im Allgemeinen jedoch eher mit dem Bischof als mit dem Monarchen assoziiert. Es symbolisiert ihn als Repräsentanten des Himmels auf Erden.

Violett wirkt heilend. Es ist das Morphin der Farben, das die Schmerzen von Körper und Geist lindert. Der Amethyst, eine Kristallisation der Violett-Energie, stellt den natürlichen Zustand der Dinge wieder her. Diese Energie besitzt die Fähigkeit, Verletzungen und Wunden auf vielen Ebenen zu mildern. Im Violett sind oft tiefes Leid und großer Schmerz enthalten. Es ist das Leid in der Freude, der bittere Tropfen in der romantischen Liebe. In dieser Farbe sind auch der Kummer und Schmerz angesiedelt, die eine Annahme des Lebens auf Erden mit sich bringen.

Das im Violett enthaltene Geschenk liegt in der Möglichkeit, den Himmel auf die Erde zu bringen. Kummer mag den Wunsch wecken, zu entfliehen und zum Himmel zurückzukehren. Es mögen große Schwierigkeiten vorliegen, sich mit dem materiellen Aspekt irdischer Existenz zurecht zu finden. Das kann sich in übermäßiger Strebsamkeit niederschlagen und zur Sucht führen oder aber als Tendenz auftreten, sich der Verantwortung für die materiellen und praktischen Alltagsdinge zu entziehen. Auf geistiger und mentaler Ebene kann sich die Sucht als Besessenheit, besonders religiöse Besessenheit manifestieren. Es mag sich geistiger Stolz und Großartigkeit oder aber eine gewisse Distanz und

Zurückhaltung zeigen, was in die Isolation führt. Auf emotionaler Ebene äußert sich diese Trennung vielleicht als extreme Introvertiertheit und im Falle tiefer innerer Verwundung als die Tendenz, in die Neurose und Überempfindlichkeit zu verfallen. Die Kombination von Rot und Blau kann eine starke Energie in die Kommunikation einbringen. Andererseits jedoch mag das im Blau verborgene Rot auf eine unausgesprochene Frustration hinweisen. Das Violett kann bedeuten, daß zu viele Überlegungen tiefen Schmerz verursacht haben.

Im Violett liegt aber auch die Möglichkeit, durch falsches Handeln hervorgerufenes Leid zu sühnen und Frieden zu finden. Dadurch können wir die Einheit mit uns selbst, der Quelle und anderen erfahren.

Violett ist auch die Farbe des Ausgleichs. Es ist die Aussöhnung der Polaritäten von männlich und weiblich; heiß und kalt; Himmel und Erde; Handeln und Denken. In ausgeglichenem Zustand ist das Violett ein Zeichen von Ganzheit, einer Vollkommenheit, die dann eintritt, wenn wir uns unserer eigenen inneren Vermählung nähern, dem inneren Gleichgewicht der sich ergänzenden männlichen und weiblichen Energiekräfte, der Vernunft und Intuition, des Gebens und Nehmens. Die Wahl der violetten Farbe mag einen Menschen zeigen, der zufrieden ist, ohne Anerkennung zu dienen, da es aus dem Gefühl der eigenen inneren Vollständigkeit heraus geschieht. Es mag jemand sein, der einfach erfolgreich ist, ohne danach drängen zu müssen.

Im Violett liegt auch eine große Stärke. Die Violett-Person verpflichtet sich hingebungsvoll hohen Idealen. Für sie stehen die ideologischen Belange über den persönlichen. Das aufopfernde Element des Violett stellt einen wesentlichen Teil des Ganzen dar, da dieser Mensch die geistigen Überlegungen des Dienens, Heilens und der Spiritualität höher einstuft als die eigene Genugtuung. Oft handelt es sich um jemanden, der zwar tiefes Leid erfahren hat, gleichzeitig aber auch im Zustand des Gleichgewichts über Kraft, Konzentration und Klarheit verfügt.

Violett ist die Farbe der Transformation und Transmutation. Sobald wir beginnen, ein Gespür für Ganzheit zu bekommen und den Himmel auf die Erde bringen, ergibt sich die Möglichkeit eines tiefgreifenden Wandels. Das Ende eines Zyklus bringt den Tod des Alten, damit Neues geboren werden kann. Violett reinigt und läutert. St. Germain ist vor allem bekannt in Zusammenhang mit der lilafarbenen Flamme der Transmutation, der tiefen Läuterung des Bleis unserer niederen und schwerfälligen Natur zum Gold unserer wahren Aura und unseres tatsächlichen Potentials.

Die Reise bis zur Erweckung unseres siebten Chakras ist lang. Sie führt zur Aussöhnung aller gegensätzlichen Kräfte, die sich im Scheitel-Chakra vereinen, und zu einer vollkommenen Verwandtschaft mit allem, was da ist. Eine solche Vollkommenheit haben nur sehr große Seelen, wie Christus, Buddha oder Mohammed, erreicht.

Violett kennzeichnet in jeder Hinsicht das Ende eines Werdegangs und mit dem Ende letztlich die Möglichkeit vollkommener Erleuchtung und Wiedergeburt.

Roy

Die Flasche Nr. 16 (Violett/Violett) – *die violettfarbene Robe* – enthält die Möglichkeit zu grundlegender Veränderung und Transformation. Sie weist auf jemanden hin, der eine starke Verbindung zum göttlichen Plan besitzt und wird von Menschen gewählt, die anderen bei deren Wandlungsprozeß behilflich sind. Oft arbeiten sie mit den Sterbenden. Der herausfordernde Aspekt liegt in der Schwierigkeit, Veränderungen anzunehmen und sich von alten Angewohnheiten zu lösen.

Roy nahm an einem Workshop teil, als sein Vater gerade mit einem Schlaganfall im Krankenhaus lag. Sein Vater Fred war über achtzig, und eine Genesung war höchst unwahrscheinlich. Wenn er nicht bewußtlos war, zeigte er sich gereizt und unfreundlich und hatte eindeutig Schwierigkeiten, sich mit der Situation abzufinden. Roy brachte ihm eine Violett/Violett-Flasche. Obwohl Fred sich in Aura-Soma nicht auskannte, nahm er sie an sich. Während der nächsten drei Tage wollte er sie immerzu halten. Er wurde zusehends ruhiger. Nach diesen drei Tagen starb er in Frieden.

22.

Einweihung

Tod, Sterben, Transformation, das Ende eines Prozesses, gekennzeichnet durch die Farbe Violett. Doch jedes Ende birgt den potentiellen Beginn, vielleicht tiefer in den Prozeß einzudringen und ihn besser zu verstehen.

Viele Menschen erfüllt Trauer, wenn etwas zu Ende geht. Der Verlust einer seit langem gewohnten Lebensweise kann ein Gefühl der Absonderung hervorrufen. Selbst das Aufgeben der vertrauten Umgebung ist oft schmerzlich. Zeiten des Abschlusses hinterlassen eine gewisse innere Leere, die unseren Glauben bitter prüft.

Einige Monate nach Stephens Genesung sah ich mich einer solchen Situation gegenüber. Obgleich dankbar für die Wärme, die mir die Kinder entgegenbrachten, war es nicht einfach, sie alleine zu erziehen, und die geringen finanziellen Mittel, die mir zu Verfügung standen, ließen unser Leben recht monoton ablaufen. Ich war gespannt, was das Schicksal uns als nächstes bescheren würde.

Der Monat Juni ging in einen wunderschönen, warmen Juli über. Es war Samstagmorgen. Die inzwischen sechsjährige Magdalen war gerade zum Nachbarn gelaufen, um mit einer Freundin zu spielen. Ich vergewisserte mich, daß alles in Ordnung war. Zwei Minuten später kam die Freundin in unser Cottage gerannt und schrie: »Magdalen ist überfahren worden!«

Alles bewegte sich danach im Zeitlupentempo. Als ich die am Boden liegenden Magdalen erreichte, vermochte ich nur still und geradezu automatisch meine Hand sanft auf ihren Rücken zu legen und um Hilfe zu beten. Ich bat als Durchlaßgefäß für diejenige Energie dienen zu dürfen, die ihr nützlich sein konnte. Heilen schien so natürlich zu sein. Alles mehr Praktische lag außerhalb meines Bereichs. Später entdeckte ich, daß ein Nachbar bereits vor mir dort gewesen war und ihren Luftweg offenhielt; ohne diese erste Hilfe wäre sie mit Sicherheit gestorben. Ich hockte neben ihrem winzigen Körper, der so friedlich auf der Straße lag, während sich die Leute einfanden und der Unfalldienst schweigend seine ausgezeichnete Arbeit leistete. Ich beobachtete, wie Magdalen anscheinend Blut erbrach und sah sie bereits sterben. Doch sie brach nicht, wie ich später feststellte. Sie würgte an dem Blut von ihrer fast völlig abgetrennten Zunge.

Binnen weniger Minuten war Mike neben mir auf der Straße. Ich wies den wohlmeinenden Einwand des Ortspolizisten zurück, als Mike Magdalen sanft von der Wirbelsäulenbasis hinauf zu ihrem Kopf abtastete. »Wenn sie stirbt, ist es in Ordnung«, sagte ich zu ihm, während wir auf den Ambulanzwagen warteten.

In meiner anfänglichen Betäubung dachte ich, die Tiefen erkundet und den schlimmsten Schicksalsschlag akzeptiert zu haben. Immer wieder hatte ich gebetet, daß eine solche Situation nie eintreten möge. Doch ich wußte, weder Himmel noch Hölle vermochten mich von diesem Kind zu trennen. Dann sagte Mike, er sei sicher, sie werde überleben. Abgesehen von einem anderen Fall, war dies das einzige Mal, daß er mir gegenüber von der Zukunft sprach. Ich wußte, er schaute sie oft, redete aber fast nie darüber. Dies schenkte mir den Glauben, der Berge versetzen kann. Von diesem Augenblick an befielen mich kaum noch Zweifel. Scharen von Engeln und Menschen würden alles daransetzen, das Leben dieses Kindes zu retten.

Die ersten dieser Engel waren neben dem Nachbarn, der ihr das Atmen ermöglicht hatte, der Notfalldienst. In gleichmäßigem Tempo fuhr die Ambulanz in das achtzig Kilometer entfernt gelegene Krankenhaus. Selbst die kilometerlange Brücke über die Humber Meeresbucht hatte man vom Verkehr freigehalten, um die Fahrt zu sichern. Jede Minute zählte. Man nutzte die Zeit im Wagen nicht nur, um Magdalen am Leben zu erhalten, sondern auch, um ihr den Kopf für die bevorstehende Gehirnoperation zu scheren.

Als wir sie im Hospital sehen konnten, lag die erste Operation bereits hinter ihr. Eingewickelt wie eine winzige ägyptische Mumie, hing sie an der modernsten lebensrettenden Maschinerie. Magdalens Vater war da. Der Chirurg sprach mit uns beiden über seine Zweifel, ihr Leben retten zu können und erklärte uns, daß das Kind in jedem Falle einen bleibenden Gehirnschaden davontragen würde, dessen Ausmaß abzuwarten sei.

Wenn jemals ein Mensch überleben sollte, dann muß es Magdalen gewesen sein. Falls es einen Göttlichen Plan gibt, dann wurden alle Kräfte des Himmels mobil gemacht, um eine vollkommene Symphonie zu orchestrieren. Ein mächtiger organischer Generator war angelassen worden, so daß jedes Instrument, jedes Einzelteil in vollkommener Ordnung und Harmonie miteinander wirkte. Das größte in unserer Nähe gelegene Krankenhaus galt damals als das beste im Land für Gehirnoperationen. Die modernsten und hochentwickeltsten Maschinen waren gerade einen Monat zuvor eingetroffen. Die beiden Krankenschwestern auf der Intensivstation gehörten zu den liebevollsten und hingebungsvollsten Menschenwesen, denen ich jemals begegnen durfte. Mikes Sohn Aaron war diesen Pfad vor Magdalen gewandelt; er schien ihr den Stab in die Hand gedrückt zu haben. In den fünf Jahren, die seit seinem Unfall vergangen waren, hatten Mike und Claudia das Land nach den neuesten Erkenntnissen durchforscht, die Aaron hätten helfen können, wovon Magdalen im Laufe der ersten Woche profitierte. Heiler von überall auf der Welt versammelten sich und arbeiteten entweder unmittelbar an ihrer Seite oder aber aus der Entfernung.

Mike unterrichtete am folgenden Tag vierzig neue Studenten. Wie er das schaffte, ist schwer zu sagen, denn er unternahm keinen Versuch, mindestens die ersten drei Nächte zu schlafen; er hielt Wache, Tag und Nacht. Claudia stand mir zur Seite, gleichbleibend und ruhig, wie ein tiefes Meer. Die Nachricht verbreitete sich rasch über jene neuen Schüler hinaus zu den Aura-Soma-Studenten in der ganzen Welt. Sie schlossen sich mit Freunden aus der Vergangenheit und Gegenwart in Gebet und Heilarbeit zusammen, sichtbar für Mike und fühlbar für mich.

Immer noch kreuzen sich unsere Wege von Zeit zu Zeit. Ich bin diesen Menschen nie begegnet, die uns bloß erkennen, weil sie sich an jenes Geschehen erinnern. Mir bleibt nur, ihnen aus der Tiefe meines Herzens und meiner Seele zu danken.

Das Ganze war ein unbeschreiblich aufreibender Alptraum, eine Achterbahn der Erleuchtung und Verwirrung, der Hochstimmung und des Schmerzes, der Hoffnung und der Verzweiflung. Leben und Tod wandelten Hand in Hand, einerseits überquellend von Farbe und Wärme und andererseits kalt und dunkel wie schwarzes Eis. Die erste Operation sollte nur der Beginn sein. Trotz der Maschinen und der geschickten Händen des Chirurgen starb Magdalen ein zweites Mal in jener Nacht.

Dieser Augenblick war bei weitem schlimmer als das ursprüngliche Geschehen. Doch sie war nicht alleine. Nah und fern wurde für sie gebetet. Als sie daraus hervorging, hatte sie, so glaube ich, die Entscheidung getroffen zu bleiben. Falls sie überleben sollte, mußten die Ärzte nochmals operieren. Das Risiko war hoch. Das riesige Trauma mußte sich verheerend auf einen solch kleinen Körper auswirken. Doch die Alternative lautete wahrscheinlich immer noch Tod und mit Sicherheit Schädigung. Es gab eigentlich keine echte Wahl.

Fünf Tage später tauchte Magdalen für wenige Minuten aus ihrem Koma empor. Sie erkannte uns und lächelte erfreut, bevor sie erneut für weitere fünf Tage in scheinbare Vergeßlichkeit verfiel. Doch ihr kurzes Erwachen gab uns die Kraft weiterzumachen. Es lag eine ungeheure Arbeit vor uns, deren Vollendung mindestens zwei bis drei Jahre in Anspruch nehmen würde. Sie mußte wieder lernen zu essen und zu trinken, zu sprechen und zu gehen und unsere Namen neu zu entdecken.

Ursache und Wirkung lassen sich niemals völlig voneinander trennen, besonders hinsichtlich der geheimnisvollen und unendlich vielgestaltigen Themen von Leben und Tod, Krankheit und Gesundheit. Wir können lediglich auf das Ergebnis und unsere Erfahrung blicken. Und wir können sehr aufmerksam auf unsere Intuition, den inneren Lehrer, hören.

Wie war es angesichts dieser scheinbar hoffnungslosen Niederlage möglich, daß Magdalen sich so rasch erholte? Die Fachkenntnisse und das Engagement des Teams der Intensivstation waren einzigartig, doch das Erstaunen blieb nicht aus. Obwohl kein Zweifel daran besteht, daß Magdalen ohne die massive hochtechnische Hilfe kaum ein paar Stunden überlebt hätte, bin ich ebenso sicher, daß sie sich ohne die energetische Unterstützung auf feinstofflicher Ebene nicht in ihrem heutigen Zustand befinden würde. Sie ist eine lebendige, aktive, gesunde Zehnjährige, die liest, schwimmt, herumrennt und schwatzt, wie jedes andere Kind ihres Alters.

Am Tage des Unfalls beschrieb ein hellsehender Freund Magdalens Aura. Nach seinen Worten war diese buchstäblich zerschmettert und ähnelte einem zerbrochenen, in Wasser verrührtem Fensterglas. Sie glich keineswegs mehr dem Ideal des Regenbogenwesens in vollkommener Ausgeglichenheit und Harmonie (siehe Abbildung 21).

Während ihres Komas konnte man den kleinen, fast völlig von Bandagen und Geräten eingeschlossenen Körper kaum erreichen. Vorsichtig arbeiteten wir überall dort, wo wir Zugang zu ihm fanden, vor allem an den Füßen, und führten ihm alle Energie zu, die er zur Heilung verwenden konnte. Wir arbeiteten auch an ihrer Aura, und zwar in der gleichen Weise, in der ich bei Stephen vorgegangen war, in der Hoffnung, ein wenig von dem Gleichgewicht wiederherzustellen, das durch den Schock verlorengegangen war.

Doch dieses Ereignis stellte eine neue Dimension der Erfahrung dar. In meinen schlimmsten Alpträumen hätte ich nicht gewagt, mich in einen solchen Bereich zu begeben. Mir war nicht viel gegeben, mit dem ich arbeiten konnte, außer den Gebeten, meinem Instinkt und meinen Händen. Inzwischen hatte ich auch etwas über die Kraft der Gedanken gelernt, was sich in meinem leidenschaftlichen Bemühen niederschlug, die das Kind umgebende Energie sanft, gleichmäßig und ausnahmslos positiv zu erhalten. Ich informierte nur solche Leute, von denen ich sicher war, daß sie in absolutem Vertrauen und Glauben arbeiteten. Mit anderen Worten, ich versuchte, eine Atmosphäre zu schaffen, in der es keine Angst gab. In der Praxis ließ sich das jedoch nur teilweise verwirklichen. Wenn die Geräte den steigenden Gehirndruck verzeichneten und einige zusätzliche Ärzte und Krankenschwestern sich um Magdalen versammelten, konnte ich mich nur zurückziehen, in der Hoffnung, der Abstand werde sie ein wenig vor meiner unausbleiblichen Furcht abschirmen. Die vielen Freunde mit ihren unterschiedlichen Heilkräften, die sie besuchten, und jene, die aus weiter Entfernung so aktiv halfen, gaben mir die nötige Kraft. Ich fühlte die Wärme und Liebe der von ihnen ausgesandten rosa Heilenergie.

Wir alle sind mehr oder weniger mit der Tatsache vertraut, daß man die Qualität einer Energie fühlen und berühren kann. Die Krankenhausatmosphäre ist ein außergewöhnliches Beispiel dafür. Es ist uns geläufig, welche Kälte eine feindselige Person ausstrahlt oder wie die Spannung in einem Raum so dicht sein kann, daß sie sich mit einem Messer durchschneiden ließe. Die Atmosphäre des Zimmers jedoch, in dem Magdalen lag, glich dem inneren Tempel eines heiligen Ortes. Die Intensivstation mit ihren hochtechnischen Geräten war tatsächlich ein heiliger Ort. Jeder hatte nur ein Ziel vor Augen. Die Krankenschwestern beobachteten uns fasziniert bei unserer Arbeit. Wir alle vereinten harmonisch unsere Talente und unser Wissen in gegenseitigem Respekt.

Ich wußte auch, daß Magdalen auf irgendeiner Ebene ebenso hart wie wir daran arbeitete, Körper und Geist wieder zu vereinen. Manchmal sprach ich zu ihr, manchmal ließ ich sie ruhen. Wenn ich mit ihr redete, erklärte ich ihr, wie sehr wir sie alle liebten; ich plante, mit ihr das Badezimmer rosa anzustreichen; ich erzählte ihr von der Party, die wir feiern würden, sobald es ihr besser ginge, und las ihr Passagen ihrer Lieblingsgeschichten vor. Während der ersten Nacht beobachtete eine Freundin den Monitor, der den Gehirndruck verzeichnete. Jedesmal, wenn ich Magdalen etwas erzählte, das ihr gefiel, sank der Druck erheblich. Ihr Lieblingsthema schien die Party gewesen zu sein. Als ich sie am fünften Tag in meinem Schoß hielt und sie lächelnd erwachte, murmelte sie fast unhörbar die Worte: »Mami - Party - Eiscreme«, bevor sie wieder in die Bewußtlosigkeit glitt.

Nach und nach entfernte man die Bandagen. Die von unserem Freund gegebene Beschreibung der zerschmetterten Aura Magdalens veranlaßte uns, die jeweils entsprechende Balance-Farbkombination in jeden Körperbereich einzumassieren. Auf diese Weise stellten wir gleich von Beginn der Genesung an das Farbgleichgewicht wieder her. Eine Zeitlang führten wir diese Prozedur mehrmals täglich durch. Konnte es sein, daß die Behandlung der Aura an der überraschend schnellen Gesundung Anteil hatte?

Wir haben davon gesprochen, daß der physische Körper durch die Aura beständig neu erschaffen wird. Vicky Wall lehrte, daß bei jedem Versuch wahrer Heilung die Aura und die Chakras mit in Betracht gezogen werden müssen. Diese Dimensionen zu ignorieren, bedeute eine nur vorübergehende Instandsetzung. Das Ungleichgewicht werde sich bald wieder einstellen, entweder als dasselbe, sich stets wiederholende Symptom oder als ein Geschehen auf tieferer Ebene. In diesem Zusammenhang könnte man Magdalens Beispiel als ein wenig aus der Reihe fallend betrachten, denn nicht nur ihre Aura, sondern auch ihr physischer Körper waren von einem Auto angefahren worden. Dennoch, ihre Behandlung schloß von Anfang an die Ausbalancierung ihrer Aura mit ein.

Drei Wochen nach dem Unfall wurde Magdalens Aura erneut beschrieben und skizziert. Eine Besserung des aurischen Zustands ist deutlich sichtbar (Abbildung 22).

Wie die Abbildung zeigt, sind die Veränderungen erstaunlich. Die Aura hat mit ihrer Erneuerung begonnen. Über dem Kopf bilden sich

Chakras, was auf die starke Verbindung zu den geistigen Ebenen hinweist, von denen aus ihre Genesung zweifellos gesteuert wurde. Auch unterhalb der Füße sind Energiezentren sichtbar, was vielleicht auf eine Bindung zur Erde deutet, während sie in ihre physische Hülle zurückkehrte. Wenige Tage nach unserer Heimkehr betrachtete ich mit einer Freundin einige Fotos, die von den verschiedenen Szenen im Krankenhaus gemacht worden waren. Sie zeigten die kaum zu erkennende Magdalen, den Kopf geschoren und bandagiert und verwickelt in Drähten und Schläuchen. Unter den Bildern befanden sich auch ein paar Fotos, die einige Wochen vor dem Unfall aufgenommen worden waren, als sie auf einem Strandesel ritt. Magdalen hatte zuvor weder eine dieser Fotografien gesehen noch sich selbst bis zu diesem Zeitpunkt in ihrem Genesungsprozeß im Spiegel erblickt. Sie gesellte sich zu uns und rief jedesmal aus: »Das bin ich! Das bin ich!« wenn sie die Bandagen auf dem Bild sah.

Eine der Aufnahmen zeigte sie mit wehenden Haaren am Strand. Ihr Gesichtsausdruck veränderte sich. Jede Spur von Wiedererkennen schwand. »Wer ist das?« fragte sie.

Mit der Kräftigung ihres physischen Körpers kehrte sie allmählich in das Alltagsleben zurück. Im Laufe der Wochen wurde sie sich ihres neuen Zustands bewußt. Als sie sich eines Tages im Spiegel sah, einem zerlumpten, halb geschorenen Buddha gleich, fragte sie mich in wütender Verwirrung, warum ich ihr die Haare abgeschnitten hatte.

Es lag noch viel Arbeit vor uns. Ihre Aura wies zwar enorme Veränderungen auf, spiegelte aber auch das Ausmaß des Schadens wider, der noch repariert werden mußte. Auf ihn waren die Farbunebenheiten zwischen den beiden Körperseiten und die zackigen Ränder zurückzuführen.

Ein drittes Bild ihrer Aura (Abbildung 23), das zwei Monate später angefertigt wurde, zeigt die regenbogengleiche Formation, die sich zwei Monate zuvor über Magdalens Kopf gebildet hatte und sich nun ihren Körper entlang nach unten erstreckte. Alles wies auf ihre Rückkehr zur Erde hin. Die zerfransten Ränder waren im Begriff zu verschwinden, und die Farben glichen sich aus.

Im Bruchteil einer Sekunde kann das Leben so, wie wir es kennen, vorbei sein. Als wir auf der Straße standen und auf die Ambulanz warteten, meinte Mike: »Es gibt einen Göttlichen Plan. Das Problem ist nur, wir wissen nicht, was er enthält.«

Sehr oft verstehen wir auch nicht seinen Sinn. Ich weiß nur, daß es Augenblicke gibt, in denen die Aufopferung eines Menschen notwendig zu sein scheint, damit andere ihre Lektionen lernen können. Es besteht kein Zweifel, daß dieses Ereignis eine neue Kommunikationsebene zwischen zahlreichen Menschen und einen Quantensprung in Bezug auf Glauben und Vertrauen mit sich brachte.

Ich weiß noch nicht, was Magdalen daraus gewonnen hat; nur die Zeit wird es zeigen. Kopfverletzungen wirken anscheinend oft stimulierend auf die höheren Fähigkeiten, wie Hellsehen und Hellhören. Nicht, daß man jemandem diesen Weg wünschen möchte! Im Laufe der Jahre ist Licht auf einige mit diesem Erlebnis einhergehende Lektionen und sogar Gaben gefallen. Sie veranlaßten mich, mein Verständnis zu vertiefen und mein Bewußtsein jenen anderen Dimensionen zuzuwenden, indem sie mich daran erinnerten, daß wir niemals wirklich alleine sind. In gewisser Weise könnte man hier von einer Einweihung sprechen.

Ein Prozeß war abgeschlossen, und etwas Neues bahnte sich an. Bei allem Schmerz besteht die Gewißheit, daß vom Augenblick des Aufpralls an das Leben nicht mehr dasselbe sein wird. Die Energie bewegt sich spiralförmig, vergleichbar mit dem Kerzenrauch. Meiner Ansicht nach verhält es sich mit uns ebenso, während wir allmählich lernen und uns entwickeln. Wir wiederholen einen Teil desselben Vorgangs, doch wir betrachten ihn aus einem unterschiedlichen Blickwinkel. Für einen Augenblick schien die Frage des Überlebens drängender zu sein als je zuvor. Doch die Zweifel wichen. Und Christus war stets an unserer Seite – sichtbar, hörbar und fühlbar. Er trug Magdalen auf seinem Arm und mit der anderen Hand hielt er mich. Aufgrund meiner eigenen Erfahrung und dessen, was mir Magdalen, nachdem sie wieder sprechen konnte, über ihre Unterhaltungen mit Gott erzählte, glaube ich, daß ein solches Erlebnis für viele Menschen den Weg zur persönlichen Erfahrung Christi ebnet.

Die letzte Stufe unserer Reise führt uns nun jenseits des physischen Körpers zum Magenta über dem Scheitel-Chakra und schließlich zum *Klar*, dem rein weißen Licht.

23.

Magenta

Über dem Scheitel-Chakra und außerhalb des physischen Körpers liegt eine weitere neue Farbe, das Magenta. Ebenso wie das Türkis, der andere »New Age«-Strahl, spricht das Magenta von der Zukunft. Goethe erhaschte als erster einen Blick von den verborgenen Kräften dieser Farbe. Heute kann sie bisweilen unterhalb des Violett am Grunde des Regenbogens wahrgenommen werden.

Die komplexe und starke Energie des Magenta wurzelt tief. Ihre Anwesenheit über dem Scheitel-Chakra weist auf ein ebenfalls neu erwachendes Chakra hin, das achte Energiezentrum. Es kennzeichnet den Beginn eines neuen Zyklus, bei dem das Blau wieder in das Rot eintaucht. Magenta besteht aus einem Teil Blau und zwei Teilen Rot. In diesem Falle jedoch schafft die bisher in erster Linie irdisch ausgerichtete Rot-Energie einen Raum jenseits der materiellen Ebene, in dem sich der Seelenstern, der göttliche Plan für unsere Inkarnation, auszudehnen und zu manifestieren vermag. Vielleicht liegt hierin eine teilweise Erklärung für den komplexen Charakter dieser Energie.

Der heutigen Zeit ist dieser Strahl nicht vertraut. Seine Natur läßt sich anhand der wenigen Symbole, die wir besitzen, näher erklären, besonders jener aus der indianischen Kunst und einigen anderen kleineren Kulturbereichen. Magenta war das erste synthetische Färbemittel, das man aus dem Steinkohlenteer herstellte und das um die Jahrhundertwende die modebewußten Pariserinnen begeisterte.

Es handelt sich tatsächlich um eine sehr interessante Farbe, da sie eine seltsame Kombination der Rot- und Rosa-Energien darstellt, das heißt, die Leidenschaftlichkeit und das Engagement des Rot und die Zartheit des Rosa enthält. Man könnte die Natur dieser Farbe auch als »leidenschaftliche Zärtlichkeit« oder »bedingungslose Leidenschaft« beschreiben. Außerdem ist etwas von dem Blau in ihr vorhanden. Magenta erdet den göttlichen Entwurf und verleiht ihm Energie.

Im Grunde genommen verbergen sich in den Tiefen des Magenta alle Spektralfarben. Im Rahmen des Aura-Soma liegt es in zwei Formen vor, als Farbton von ähnlicher Intensität wie die anderen Farben in den Balance-Flaschen und als Farbschattierung. Letztere ist tief dunkel, so dunkel, daß sie fast schwarz erscheint. Erst wenn das Licht hindurch fällt, enthüllt sich ihre satte und ungewöhnliche Schönheit. Das rein weiße Licht reflektiert alle Farben des Spektrums, im Magenta sind sie enthalten. Es repräsentiert also die grenzenlose Dunkelheit, aus der alles Licht, die gesamte Schöpfung, hervorbricht. Die Magenta-Farbe in dieser tief dunklen Form bildet die Grundschicht einer Reihe von Balance-Flaschen, die unter dem Namen Notfall-Kombinationen laufen. Seine tiefgreifende, in eine jeweils unterschiedliche Kombination eingebrachte Heilenergie vermag auf die eine oder andere Krisensituation ihren Einfluß auszuüben. Die satte Farbfülle des Magenta birgt das volle Spektrum der Heilstrahlen. Wenn wir uns zu diesen Kombinationen hingezogen fühlen, dann bringen wir damit nicht nur unser Bedürfnis nach Heilung zum Ausdruck, sondern auch, daß wir irgendwo im Unterbewußtsein unser innewohnendes Potential anerkennen. Mit anderen Worten, die Antworten auf unsere Fragen liegen in uns selbst.

Der Magenta-Strahl besitzt eine derartige Kraft, daß die von Dr. Castellani entwickelte Magenta-Tinktur allein aufgrund der Farbkraft desinfizierend, antiseptisch und Pilz abtötend wirkt. Vicky Wall benutzte diese Tinktur sehr erfolgreich zur Heilung von Fußpilz.

Die in Magenta enthaltene Liebe kann sich auf unterschiedliche Weise ausdrücken. Sie mag einen harmonischen Zustand menschlichen Glücks herbeiführen oder aber ein Gefühl der Liebe, in dem ein wenig Traurigkeit mitschwingt, jene Art süßer Melancholie, wie sie zum Beispiel in den Chansons von Edith Piaf zu finden ist. Die Wahl des Magenta kann manchmal auch auf unterschwellige Schwierigkeiten im engsten Familienkreis hindeuten, auf »erdrückende Liebe« in der Vergangenheit (möglicherweise Gegenwart) oder völlige Lieblosigkeit, weshalb bereits in jungen Jahren eine Ersatzbefriedigung im spirituellen Bereich gesucht wurde. Das Magenta umschließt eine Menge Rot; das Thema Liebe kann daher in diesem Falle Leidenschaft und Ärger beinhalten.

Magenta ist die Farbe der Liebe auf vielen Ebenen, besonders der göttlichen. Es kann sich als große Menschenliebe oder brennende Gottesliebe äußern. Diese Farbe macht uns auf die Notwendigkeit aufmerksam, die Qualität der Liebe und das Detail zu beachten. Wenn wir uns um die kleinen Dinge liebevoll kümmern können, reflektieren wir etwas von der Energie, die der göttlichen Schöpfung, in der alles sorgsamst beachtet wird, zugrunde liegt. Mit Hilfe der Magenta-Energie vermögen wir unsere Lebensweise qualitativ zu erhöhen.

Diese Energie steht daher auch in Zusammenhang mit der möglichen Entfaltung von Schönheit. Doch selbst darin mag Schmerz liegen. Magenta birgt große Liebe, aber bisweilen auch großes Leid. Das Licht und die Essenz dieser Energie sollten sparsam und vorsichtig verwendet werden. Tiefe Empfindsamkeit für Schönheit mag gleichzeitig die schmerzliche Bewußtheit des Leids mit sich bringen. Magenta ist eine karmische Farbe, die in die Tiefen menschlicher Erinnerungen reicht und ungelöste karmisch bedingte Probleme an die Oberfläche der Erinnerung, der Gedanken und Gefühle hervorholt. Das Wesen des Magenta ist elementar und kann deshalb, vergleichbar mit der Flamme, Licht verbreiten oder verbrennen.

In der Dunkelheit des Magenta verbirgt sich der umsorgende und lernende Aspekt ebenso wie Qual und Isolation. Stärker noch als im Violett, kann hier der Wunsch ausgeprägt sein, »nach Hause« zu gehen, dem Erdendasein zu entfliehen.

In seiner höchsten Form jedoch stellt Magenta die reine Gottesliebe dar, die uns auf allen Ebenen nährt. Es ist göttliche Heilung, die unseren Glauben und unser Wohlbefinden wiederherstellt und uns mit dem wahren Sinn unseres Erdenlebens verbinden kann. Es weist uns den Weg zu unserer wirklichen Lebensbeschäftigung, die uns Erfüllung und Wohlstand beschert, wenn wir unsere Energie auf sie konzentrieren. Obwohl Magenta die Notwendigkeit der Aufopferung anzeigen mag, des Loslassens der Lebensenergie, kann es auch die aufopferungsvolle Liebe in höchst positivem Sinne bedeuten. Das Rot der Liebe, verschmolzen mit dem Blau des Dieners, kann uns die Erfüllung selbstloser Nächstenliebe bringen. Dieser Strahl muß nach den Aussagen einiger Hellseher Christus im Augenblick der Kreuzigung mit aller Kraft umgeben haben.

Obwohl Magenta einen sehr starken Aufopferungsaspekt enthält und ein großes Bedürfnis nach Liebe anzeigen mag, liegt in ihm aber auch eine starke Liebesfähigkeit.

Magenta spielt ebenfalls eine Rolle dabei, sich in jedem Augenblick richtig zu verhalten. Wenn wir im Umgang mit den kleinen Dingen genügend Liebe investieren, zum Beispiel einen leidenden Schmetterling versorgen, uns um Pflanzen kümmern oder grobe Haushaltsmittel vermeiden, um das ökologische Gleichgewicht zu wahren, dann trägt all das dazu bei, daß uns Liebe stets in reichlichem Maße zur Verfügung stehen wird. Diese Liebe sollte dann, der jeweiligen Situation angemessen, mit größter Genauigkeit angewendet werden. Magenta verfügt auch über die Eigenschaft, unsere Aufmerksamkeit anzuregen, vor allem im geistigen Bereich.

Magenta, das den Beginn eines neuen Zyklus kennzeichnet, wird mit inspirierten Denkern in Beziehung gesetzt, jenen, die ihrer Zeit voraus sind und deren Talente und Wahrnehmungen die Menschheit einer höheren Schwingung entgegenführen. Goethe, der als erster den Magenta-Strahl erkannte, lieferte ein Beispiel dafür. Das Gleiche gilt für große Musiker und Künstler, deren Visionen das Menschheitsbewußtsein auf neue Bewußtseinsebenen emporhoben.

Sobald die Schwierigkeiten des physischen Daseins akzeptiert worden sind, kann Magenta friedvoll, beständig und besänftigend sein, den femininen Aspekt der Liebe höchst intuitiv und kreativ bereichernd. In gewisser Weise stellt diese Farbe den Tod der alten Ordnung und den Aufbruch in eine neue Woge des neuen Zeitalters dar.

Kinder besitzen eine Direktheit und Klarheit in ihren Visionen, die uns vieles lehren können. Magdalen und Lilleth, die Tochter von Mike und Claudia, gesellten sich vor einiger Zeit nach der Schule zu unserem Workshop. Die Gruppe arbeitete gerade mit Magenta. Einer der Studenten fragte die Kinder nach ihren Gedanken beim Anblick der Magenta/Magenta-Flasche. Fast gleichzeitig antworteten beide spontan.

»Ich denke an Engel«, sagte Lilleth.

»Ich denke an Jesus«, erwiderte Magdalen.

Aus dem Munde von kleinen Kindern – Einsicht, Verständnis und der Beginn einer neuen Epoche.

24.

Klar

Während Magenta potentiell das volle Farbspektrum enthält, strahlt *Klar* dieses Lichtspektrum aus. Das klare oder rein weiße Licht umgibt den Regenbogen; es ist die leere Seite, die alle Farben enthält, der Vater-Mutter-Aspekt, aus dem die Farbe hervorgeht. Klar ist vereintes Licht; aus dem klaren Licht gehen die Regenbogenfarben hervor, eine über der anderen liegend, völlig ausgeglichen und harmonisch.

Anhand des Namens können wir einen Einblick in die Natur des klaren Lichts gewinnen. Er beinhaltet den Begriff *Klarheit*. Das Wort »kristallklar« gibt die Reinheit des makellosen Bergkristalls, der Verfestigung reinen Lichts, wieder. Das Gleiche gilt für Kristallglas. Beide Substanzen sind durchsichtig, das heißt, sie lassen das Licht durch sich scheinen und ermöglichen eine klare Sicht. Wenn das Klar-Licht ein Problem beleuchtet, bietet sich uns die Möglichkeit, es eindeutig zu verstehen. Läuterung und Reflexion liegen im Einfallsbereich des Klar.

Klar wirkt wie ein Spiegel; es reflektiert, was man ihm entgegen hält und bietet dadurch dem Betrachter die Gelegenheit, sich selbst zu erkennen. Das Klar scheint einen Widerspruch zu enthalten. Wird das Licht eindringen und alles Verborgene aus der Dunkelheit hervorziehen? In einem solchen Falle kann es sein, daß die Person, die diese Kombinationen wählte, Klarheit in ihrem Leben schaffen will und einen Weg beschreitet, der Läuterung, Verstehen und wahrscheinlich auch Leid mit sich bringt. Oder aber wird das ganze Licht zu seinem Ursprung reflektiert, damit sich nichts offenbart? In einem solchen Falle mag die Wahl des Klar auf das Bedürfnis hinweisen, unsichtbar zu bleiben.

Die Kraft des Klar-Lichtes wird durch den Vollmond symbolisiert. Dieser besitzt kein eigenes Licht, spiegelt aber das Sonnenlicht wider. Es leuchtet in der Nacht und erhellt die unterbewußten Gedanken und Gefühle, die zu anderen Zeiten verborgen bleiben.

Klar hat mit Intensität zu tun. Die Klar-Energie verstärkt alles, was es berührt. Mit dem klaren Bergkristall verhält es sich ebenso; auch er vergrößert das Energiefeld. Wenn jemand diese Fraktion wählt, deutet das auf Leiderfahrungen hin, die jenseits derer aller anderen Farben liegen. Wenn Klar in Kombination mit einer Chakra-Farbe auftritt, liegen drückende Probleme im Bereich dieses Energiezentrums vor.

Die Wahl des Klar, vor allem gegen Anfang der Serie, mag bedeuten, daß »die Tränen alle Farben aus meinem Leben gewaschen haben«. Die Person mag ganz einfach ausgelaugt und vor Kummer erschöpft sein. Es kann aber auch heißen, daß sich der Tränenstrom angestaut hat und tiefes Leid sich lösen muß. Gelegentlich deutet es auf eine unbändige Wut hin, so daß sich die Knöchel der geballten Fäuste weiß färben. Andererseits aber besteht auch die Möglichkeit, daß die Person einen Läuterungsprozeß durchgemacht hat und nun in ihre wahren Farben gelangt.

Selbst wenn sich Unbehagen einschleicht, kann es doch ein guter Standort sein. Die Läuterung mag uns zu einem Punkt gebracht haben, an dem wir beginnen, unser Leiden zu verstehen. Wir finden Zugang zu der in ihm verborgenen Weisheit. Vicky Wall sprach häufig von »der Perle in der Muschelschale des Leids«. Ein solches Verstehen kann zu einer möglichen karmischen Befreiung führen. Wenn die Lektion vollständig erlernt worden ist, besteht keine Notwendigkeit mehr, Schmerzen zu ertragen. Auf diese Weise vermögen wir bewußt an dem Läuterungsprozeß teilzunehmen. In seinem Verlauf mag es uns gelingen, einen Lichtkörper zu gestalten und die Begrenzungen der physischen Hülle zu überschreiten. Die weiße Rose gilt als Symbol geläuterter Liebe. Es ist die Liebe, die Tore zur Veredelung öffnet.

Es gibt Zeiten, in denen wir es vorziehen, das Schattenselbst zu ignorieren und jene Aspekte in uns zu leugnen, die wir nicht eingehender betrachten wollen. Klar bringt alle jene Dinge in den sichtbaren Raum, die wir nicht sehen wollen. Diese Verleugnung eines Teils unseres Seins schlägt sich zum Beispiel in übermäßig verfeinerten Nahrungsmitteln nieder, wie Weißbrot oder weißem Zucker, die weder etwas mit Ganzheit zu tun haben noch die Gesundheit fördern.

Der weiße Schnee und das klare Eis sind Formen gefrorenen Wassers, das mit den Emotionen in Beziehung steht. Klar könnte demnach eingefrorene Gefühle symbolisieren. Nur ein Tauwetter vermag sie zum Ausdruck zu bringen. Schnee steht für Reinheit - »rein, wie frisch gefallener Schnee«.

Schnee kann aber auch, wie Weißbrot oder weißer Zucker, als attraktive Verpackung Unerwünschtes bemänteln. Will man ein Haus kaufen, sollte man es tunlichst nicht bei hellem Sonnenschein (ebenfalls eine Manifestation des Klar) oder bei Neuschnee tun, damit man seine Schattenseiten nicht übersieht.

Ebenso wie Magenta, umfaßt Klar ein breites Potential. Alle Farbe spiegeln sich in ihm wider. Jemand, der sich zu ihm hingezogen fühlt, mag einen klaren, hellen Kopf besitzen. Seine intellektuellen Fähigkeiten könnten sich mit philosophischen, mathematischen oder künstlerischen Fragen auseinandersetzen. Vielleicht handelt es sich um einen sehr idealistisch veranlagten, möglicherweise sogar ein wenig puritanischen Menschen. Ein Aspekt der im Klar enthaltenen Stärke mag sich in Gelassenheit und Zuversicht ausdrücken, vergleichbar mit der Harmonie und dem Gleichgewicht des Regenbogens. In einem solchen Gleichgewicht kann sich eine reiche Welt entfalten: Prismen und Schmetterlingsflügel oder Diamantenlichter, die in der sich ständig wandelnden Strahlkraft des Sonnenlichts glitzern und funkeln. Im Klar verbirgt sich ein Kaleidoskop der Kreativität und Erfahrung.

Die in ihm liegende Widersprüchlichkeit zeigt sich stärker als bei den anderen Farben. Leere kann Weite sein; es deutet auf Transparenz oder Reflexion, Kummer und Tränen oder heitere Gelassenheit. Es enthält die Dualität der Quelle des Lichts. Klar ist das Haupt und der Gott der Farben. Es ist Sonne, Mond und Sternenlicht.

Vielleicht kann man Klar als das Licht am Ende des Tunnels bezeichnen, die Lösung der Schwierigkeiten auf dem Pfad, wenn die Myriaden von Farben mit ihren Herausforderungen und ihren Gaben sich vereinen. Das Licht am Ende des Tunnels ist unser Leitstern, der unsere Hoffnung nicht versiegen läßt, uns lehrt zu verstehen, uns inspiriert und erhebt, damit wir den Mut finden, Herz und Augen zu öffnen.

25.

Erwachen

Wir sind am Ende einer der zahlreichen Reisen angelangt. Für mich begannen viele neue, als ich anfing, die Farben in die entferntesten Winkel der Erde zu tragen und Orte besuchte, die mir noch unwahrscheinlicher erschienen als damals jenes Lincolnshire am Anfang dieses Prozesses. Überall auf der Welt wird den Menschen die erleuchtende, heilende Kraft der Farben bewußt. Die aufgenommenen Lichtenergien entfalten sich zu Blüten, wie seinerzeit der Mandelbaum des Hl. Franziskus.

Die Reise durch die Farbtöne und Schattierungen des Regenbogens sowie das Verstehen einiger der in jedem von ihnen enthaltenen Erfahrungen kennzeichnen erst den Anfang von Aura-Soma. Ziel dieses Buches ist es, das Wesen von Aura-Soma zu skizzieren und sein grundlegendes Werkzeug, die Sprache der Farben, darzustellen.

Seit seiner Geburt, vor etwa vierzehn Jahren, hat sich Aura-Soma in jeder Hinsicht erweitert und wirft Licht auf alles, das es berührt. Die Begründerin Vicky Wall, die mit ihrer Kollegin von der gemeinsamen mageren Rente lebte, borgte nicht einen Pfennig und machte auch keine Reklame. Trotzdem wurde dieses System zur Zeit ihres Tode, also nach sieben Jahren, in fünf Kontinenten praktiziert. Es scheint aus eigenem Antrieb überall dorthin gewandert zu sein, wo es gebraucht wurde. Viele von den verborgenen Wahrheiten sind seit jenen frühen Tagen inzwischen verstanden. Beständig enthüllt sich mehr von seiner Weisheit. In Zukunft werden wir wahrscheinlich noch tiefer einzudringen vermögen.

Aura-Soma überschneidet sich heute schon mit den Kenntnissen zahlreicher, meistens uralter Heilsysteme. Die Hauptprimärfarben Goethes korrespondieren beispielsweise mit den Haupt-Konstitutionstypen der Homöopathie. Die Yoga-Lehre von der Dreieinigkeit der Energien entspricht ebenfalls den Primärfarben und kann uns vieles über die Bewußtseinsentwicklung mitteilen. Die buddhistische Philosophie spricht von drei Haupttendenzen menschlichen Verhaltens, die genau den Farben entsprechen. Das Gleiche gilt für die uralte Wissenschaft der Numerologie und der Astrologie. Die bemerkenswerteste Verknüpfung findet sich jedoch zum Lebensbaum der Kabbalah, der »geistigen Landkarte« menschlichen Bewußtseins. Wahrscheinlich handelt es sich dabei um das älteste Weisheitssystem der Menschheit überhaupt.

Alle diese Dinge werden den Studenten, die eine Ausbildung durchlaufen, vorgestellt. Dennoch, das Hauptwerkzeug bleibt die Sprache der Farben, durch die die Intuition zu fließen beginnen kann.

Von Anbeginn an hat es unzählige Situationen gegeben, bei denen die Anwendung der Farbe auf physischer und energetischer Ebene geradezu Wunder vollbrachte. Vicky Wall, die diese Fälle beobachtete, beschrieb sie in ihrem Buch *Das Wunder der Farbheilung*. Diese Erfahrung machten inzwischen Tausende von Menschen überall auf der Welt, die Aura-Soma praktizierten, lehrten oder einfach nur anwandten. Der sechzehnjährige Beweis zeigt, daß Aura-Soma oft tiefgreifende Heilwirkungen auf physischer Ebene hervorruft. Im Laufe der Entwicklung dieses Systems haben wir jedoch festgestellt, daß seine Hauptaufgabe darin besteht, den Bewußtseinswandel zu fördern, was letztendlich zu tieferen und dauerhafteren Veränderungen in unserem Leben und unserem Verständnis führen wird. Die Folge des wiederhergestellten Gleichgewichts und der Wachheit auf höheren Bewußtseinsstufen zeigt sich in den Auswirkungen auf physischer Ebene, was weniger Aufmerksamkeit beansprucht als das bewußte Verstehen des Aura-Soma-Systems.

Immer wieder werden wir daran erinnert, daß wir die Farben *sind*, die wir wählen, und daß diese Farben die Bedürfnisse unseres Seins widerspiegeln. In der Regel wählt jemand diejenigen Farben, zu denen er sich hingezogen fühlt. Ausnahmen bilden besondere Umstände, zum Beispiel Unfälle oder Zeiten, in denen aus irgendwelchen Gründen die bedürftige Person unfähig ist, die Farben selbst zu wählen. Ein wesentliches Merkmal des Aura-Soma-Systems, das es von anderen Heilsystemen unterscheidet, besteht darin, daß es auf der eigenen Wahl basiert. Wenn *wir* unsere Farben wählen, entdecken wir selbst die tieferen Aspekte unserer Unausgeglichenheit. Wir wählen unser eigenes Heilmittel. Das ist sehr wichtig! Zur Zeit ist Aura-Soma das einzige System, das dem Klienten die Verantwortung für seinen eigenen Heilungsprozeß überträgt und scheint daher so einzigartig auf die Transformationsprozesse zu einem neuen Bewußtseinszustand abgestimmt zu sein. Eine Beratung anbietend, mag der Therapeut aufgrund der vom Klienten ausgewählten Flaschenreihe dazu beitragen, eine Atmosphäre zu schaffen, in der er ganz er selbst sein kann. Der Berater bietet Führung und gewährt Einblick in die möglichen Gründe für die Farbwahl, aber er sucht die Farben nicht selbst aus. Dieses Verhältnis unterscheidet sich von Situationen, in denen wir die Verantwortung einem außenstehenden Experten übertragen. Die Begegnung mit dem Balance-System läßt uns entdecken, daß kein anderer Mensch mehr über uns weiß, als unserem Unterbewußtsein bereits bekannt ist. Aura-Soma bietet uns die Gelegenheit, damit zu beginnen, Zugang zu einigen Informationen zu finden und diese buchstäblich ans Licht zu ziehen.

Es scheint, daß angesichts der neunundneunzig verschiedenen Farbkombinationen, von denen wir einige auswählen sollen, der unbewußte oder Seelenaspekt unseres Seins in eine Beziehung, eine Art Gespräch mit den vor uns stehenden Farben tritt. Während des größten Teils unseres geschäftigen Lebens sind wir den höheren Bewußtseinsaspekten entfremdet, und es geschieht leicht, daß wir keine Beziehung mehr zu unseren Bedürfnissen haben. Wir schichten eine Gewöhnung über die andere und entfernen uns immer mehr von der eigentlichen Wahrheit. Diese Grundwahrheit aber ist es, die sich in unserer Farbwahl widerspiegelt. Wenn wir sie doch nur in den Farben, die wir ausstrahlen, sehen könnten.

Es mag durchaus sein, daß dieses Erkennen unserer Farben der Erfahrung im Augenblick des Todes gleich kommt. Wie Zeugen berichten, steht man in diesem Moment der Totalität des Selbst gegenüber, und ohne sich der physischen Augen zu bedienen, erschaut das Bewußtsein die Farben. Die verschiedenen Religionen und auch die moderne Wissenschaft haben das Wesen einer Nah-Tod-Erfahrung als ein Farberlebnis beschrieben. Selbst die Reihenfolge der Farben scheint in allen Fällen die gleiche zu sein. Dies erhärtet die Tatsache, daß wir Farb- und Lichtwesen sind und selbst ohne das Sinnesorgan der Wahrnehmung, unsere Augen, die Farben unmittelbar erfahren können. Menschen, die erst kürzlich dem Tode nahe waren, besitzen einen engeren Kontakt zu ihrem höheren Selbst und neigen dazu, feiner auf die Bedürfnisse ihres Seins eingestimmt zu sein.

Magdalen, die sich tapfer bemühte, vollständig in ihren Körper zurückzukehren, war sich demnach genau ihres Farbbedürfnisses bewußt.

Unfähig zu sprechen oder länger als einige Minuten aufrecht zu stehen, krabbelte sie ängstlich auf dem Boden herum, bis sie schließlich die einzigen Kleidungsstücke fand, die sie tragen wollte, ein violettfarbenes T-Shirt und rosa Strumpfhosen. Interessanterweise waren es dieselben Töne wie die Farben jener Balance-Flasche, die hinter ihrem Kopf gestanden hatte, als sie bewußtlos im Bett lag. Mehrere Wochen lang mußte diese Ausstattung jeden Abend gewaschen werden, da sie nur darin Frieden fand, obwohl ihr verschiedene neue Kleidungsstücke angeboten worden waren.

Jene Zeit bildete für uns in vieler Hinsicht den Abschluß eines Prozesses und den Beginn von etwas Neuem. Das letzte Überbleibsel unseres »Kapitals« bestand aus einigen Schmuckstücken, für eine Weile die letzte Verbindung materiellen Gefangenseins. Sie gingen nach London, um verkauft zu werden. Der Grund hierfür lag in erster Linie in Magdalens Nahrungsauswahl, deren Farben sie ebenso wie die ihrer Kleidung eindeutig selbst bestimmte. Sie benötigte vollkommene Qualität, aber nur sie allein wußte, welche Farbe sie an jedem einzelnen Tage zu sich nehmen mußte. Viele fröhliche Wochen lang aß Magdalen die für sie notwendige Quantität und Qualität: Erdbeeren, Himbeeren, rotes Fleisch, orangefarbe Paprikaschoten, grüne Erbsen. Auf die Nahrungsmittel weisend, kaufte sie monatelang selbst ein.

Ungefähr drei Jahre später begleitete sie mich zu einem Aura-Soma-Treffen in Tokio. Inzwischen fast wie jedes andere Kind lebend, war sie kaum an meiner Arbeit beteiligt. Die Engel, die sie während der ersten sechs Monate ihrer Genesung ausschließlich gemalt hatte, waren nun Bäumen und Blumen gewichen. Die meiste Zeit beschäftigte sie sich mit ihren Spielsachen. Ihr einziger Bezug zu den Balance-Flaschen bestand darin, daß sie Tränke daraus zubereitete und sie über ihre Puppen schüttete. Um sie vor Langeweile zu bewahren, während ich in Tokio meine Arbeit verrichtete, schenkte ihr ein netter Freund drei winzige nackte Zelluloidpuppen. Überrascht bemerkte ich, daß sie trotz des Lärms und der riesigen Menschenmenge den ganzen Tag lang friedlich mit ihnen spielte, indem sie diese kleinen Plastikfiguren immer wieder neu um ein Display von Balance-Flaschen anordnete. Ganz beiläufig bemerkte sie am Abend, daß sie jene Puppen ihre Engelkinder genannt hatte, da sie den ganzen Tag über im Himmel gespielt hatten.

»Du siehst«, erklärte sie mir, »so stelle ich mir den Himmel vor.«

War es nur das Spiel eines Kindes? Möglich; doch ich bin mir nicht so sicher.

Das Leben ist ein Abenteuer, der Eintritt des Geistes in die dichten Reiche, die wir als die materielle Welt erleben, wo die Lichtenergie an vielen Orten so konzentriert vorliegt, daß sie selbst nach außen hin materiell zu sein scheint. In dieser Dimension ist das Licht tatsächlich oft nicht sichtbar. Die Flamme ist gelöscht, und oft wandeln wir in der Dunkelheit. Wir segeln durch enge Felsschluchten und Meeresengen und bauen unser Heim im Dickicht und in schwach beleuchteten Höhlen. Wir durchforschen Berge und Täler. Das Licht schimmert und glitzert, zuckt und tanzt in beständigem Wechselspiel über alles, auf das es fällt.

Es gehört zu unserer Reise, die Dunkelheit zu erkunden, die andere Seite des Lichts zu entdecken. Wir wandern im Schatten und lernen, was er uns zu lehren hat. Wenn das Licht schwächer wird, können wir unseren Weg kaum noch erkennen und machen Fehler. Wir verlieren unser Gefühl für die Richtung, vielleicht verlieren wir sogar die Landkarte. Die Reise wird zur Prüfung. Können wir den Weg zum nächsten Posten finden? Werden wir uns an diesen Fehler erinnern und in Zukunft die Falle vermeiden? Nun, manchmal mag es uns gelingen, manchmal auch nicht. Dann dämmert ein neuer Tag herauf und bringt neues Licht. Wir können die Landschaft überblicken und erkennen, wo wir den falschen Weg nahmen. »Schmerz«, meinte C.S. Lewis, »ist Gottes Megaphon, um die taube Welt zu wecken.«

So durchschreiten wir die Dämmerung einer jeden neuen Erfahrung mit ein wenig mehr Zuversicht und Wissen. Das Licht durchdringt allmählich die dichte Dunkelheit, die ein Teil unserer selbst ist, und unser Verstehen vertieft sich. Doch vielleicht ist das nur die äußere Reise. Der äußerlich gebundene Weg läßt uns erwachsen werden.

Unsere Rückkehr zur Quelle des Lichts, aus der wir einst kamen, erhellt nach und nach jedes Energiezentrum mit dem Licht unserer Erfahrung und unseres Verstehens, so daß wir aufgrund unseres Selbst-Verständnisses beginnen, wahrhaftig miteinander zu kommunizieren. Wenn jedes einzelne Chakra auf »Gottes Megaphon« reagiert, können wir lernen, die Dinge so zu hören und zu sehen, wie sie tatsächlich sind. Erst wenn wir uns selbst erkennen und in uns hineinlauschen, wird es uns möglich sein, die gleiche Qualität des Erkennens unseren Mitgeschöpfen entgegen zu bringen.

Wir schreiten weiter und erleben in jedem Augenblick das Geschenk eines neuen Atemzugs, eines neuen Tages. Manchmal sind wir fröhlich, manchmal still zufrieden. In anderen Zeiten sind wir voller Fragen und manchmal voller Zweifel. Wenn wir bereit sind hinzuschauen, mag die Farbe solche Fragen beleuchten und uns helfen, die Antworten zu finden. Dann können wir uns freimachen von Verwirrung und Zweifel und aufrecht einherschreiten. Alle Chakras dem Licht zugewandt, wandern wir weiter und empor, voller Vertrauen und Zuversicht.

AURA-SOMA KONTAKTADRESSEN

England:
Dev Aura Academy
Little London
Tetford
Lincs LN9 6QL
England
Tel. 0044 1507 533581 Fax 0044 1507 533412

Deutschland:
Aura-Soma Informationszentrum
Wittenerstr. 172
45549 Sprockhövel

Schweiz:
Margrit Krause
Postgasse 38
CH-3011 Bern
Tel./Fax: 0041 31 3119919

Chrüter-Drogerie Egger
Renate und Jörg Egger
Unterstadt 28
CH-8200 Schaffhausen
Tel: 0041 52 6245030 Fax: 0041 52 6246457

Österreich:
Hanni Reichlin-Meldegg
Aura-Soma Austria
Silbergasse 45-1
A-1190 Wien
Tel: 0043 1 368 8787 Fax: 0043 1 368 87874

Mike Booth
Das Aura-Soma Tarot

Das Buch:

Das Aura-Soma Tarot-Buch von Mike Booth zeigt neue Verbindungen auf zwischen Aura-Soma, dem Tarot und der Kabbalah. Es eröffnet ein tieferes Verständnis umfassender Bewußtseinsebenen, indem es sowohl dem Anfänger als auch dem Fortgeschrittenen hilft, die weitreichenden Verbindungen zwischen den Aura-Soma Farbkombinationen und der uralten Weisheitslehre zu erkennen.

Gebunden
ISBN 3-8942?-093-4

Michael Booth

AURA-SOMA
TAROT

Aquamarin Verl

AURA-SOMA
TAROT

Das Spiel:

Mit diesem wunderschön gestalteten Tarot-Spiel, liegt endlich das lang erwartete offizielle Aura-Soma Tarot vor. Die Karten führen in spielerischer Form in das tiefere Verständnis von Aura-Soma ein, die Welt des Tarot und den geheimnisvollen kabbalistischen „Lebensbaum". Dabei führt die tiefsinnige Auslegung von Vicky Wall weit über traditionelle Deutungswege hinaus und eröffnet einen geistigen Kosmos eigener Prägung.

ISBN 3-89427-092-6

SOMA

Anita Bind-Klinger

Aura-Soma

Bach-Blüten und Reiki

Sanfte Wege in die Gesundheit

Aquamarin Verlag

Anita Bind-Klinger

Aura Soma, Bachblüten und Reiki

Sanfte Wege in die Gesundheit

Bisher standen die drei bedeutendsten sanften Heilmethoden - Aura Soma, Bachblüten und Reiki - mehr oder weniger unverbunden nebeneinander. Jedes System war in sich wirksam und abgeschlossen. Mit ihrem bahnbrechenden Buch zeigt Anita Bind-Klinger erstmals Wege auf, diese drei großen Systeme sinnvoll zu verknüpfen. Auf diese Weise entsteht eine „Resonanztherapie", in der verschiedene Heilweisen miteinander eine harmonische Verbindung eingehen. Ergänzt wird dieser Ansatz noch durch eine Edelsteinzuordnung, die ein spezielles, Heilung förderndes Energiefeld aufzubauen hilft.

Mit dieser Veröffentlichung liegt damit ein erster Versuch für ein Gesamtkonzept der sanften Heilweisen vor, das dem Therapeuten wie dem privaten Anwender hilft, sinnvolle Kombinationen für eine ganzheitliche Gesundheit auszuwählen.

Pbk., 220 Seiten, ISBN 3-89427-104-3

Aura-Soma

Gundi Hofinger

Das Aura-Soma-Orakel

Die Aura-Soma-Farbtherapie setzt unaufhaltsam ihren Siegeszug fort. Immer mehr Menschen stellen fest, wie
außerordentlich heilsam die wunderbaren Öle und Farbessen-
zen von Aura-Soma für Körper und Seele sind.

Da es, für die Auswahl der persönlichen Fläschchen, nicht immer ganz
einfach ist, die gesamte Palette der 99 Aura-Soma-Flaschen zu verwenden,
entwickelte Gundi Hofinger ihr inspirierendes Aura-Soma-Orakel. Es enthält Farbabbildungen aller 99 Flaschen sowie ihre zentrale Botschaft, die
Zuordnung zu den entsprechenden Chakras und eine Affirmation.

Mit diesem Orakel läßt sich auf spielerische Weise mühelos die passende
Aura-Soma-Flasche herausfinden!

99 Karten in Schmuckbox.
ISBN 3-89427-109-4

Aura-Soma